김대규 산문집

코·에피소드

두엄

작가의 말

기억해 보면
후회하고, 반성하고
스스로 위안하고 격려하여
New Start를 하게 되니

공부를 게을리 못하네.

그림도 그리고, 소리도 하고
북도 치고, 춤도 추고
연주도 하며 뜀박질을 해댄다.

이것은 내가 하는 부처님 수행의 동기이며

이 글은 내 수행의 이유인 것이다.
나를 인정해 주신 그분께 이 책을 드린다.

2019. 6.
한라산 움막에서, 鷺泉 金大圭 합장

목차

제1부 | 사로잡힌 영혼

제2부 | 너릿재 소년

제3부 | 늙은이의 기억

제4부 | 예술보다 고달픈 세상살이

제5부 | 명상을 만나다

제6부 | 노인은 달린다

- 제1부 -

사로잡힌 영혼

그저 닥치는 일에 성실할 뿐….
그런데 문득 하고 싶은 게 생겼다.
그림도 그리고 싶고
노래도 부르고 싶고
그래서 잘난 체도 하고 싶고
그러다가 그런 것들을
즐기기 시작했는데….

판소리 완창

판소리는 국악의 꽃이라고 한다. 그만큼 예술성이 높다는 뜻일 게다. 예술성이 큰 만큼 표현의 난이도 또한 클 것이다. 옛 선비들 말에 판소리 공부 3년이 넘지 못하면 어디 가서 "아!" 소리도 낼 수 없는 것이라고 했다.

스승이신 아산 조방원 님의 말씀을 듣고 단산 안채봉 님을 찾아가 소리를 배우게 되었는데 그때 나이 만학이랄 수밖에 없는 34세였다. 그래서인지 배울수록 즐겁고도 어려웠다. 주변에서는 드디어 안채봉 선생 후계자가 나왔다고 야단이었다. 이어서 세간에서는 선생님과 사제지간이 아니라 모자지간이라며 양아들을 삼았다는 소문도 돌았다. 어쨌든 선생님은 자신이 하시는 판소리와 남도민요 그리고 창극의 대부분을 내게 전수해 주셨다. 나는 선생님의 모든 공연활동에 그림자처럼 모시고 다니며 선생님의 지정 고수 역할을 했다. 영광스럽고 자랑스러웠지만 한편으로는 나 스스로 주체가 되는 공연이나 국악 활동을 못 하게 되는 상황이 되었다.

그러던 어느 날 광양제철소 창건을 기념하는 성대한 국악공연이 현장에서 열렸다. 남도 도립국악단이 주관하는 이 행사에 나는 처음으로 도립국악단 객원이 되어 출연하게 되었다. 춘향전 중 나무꾼 막을 당시 잘 나가는 국악인 한해자 씨와 콤비가 되어 출연했다. 이렇게 본격적인 나의 국악 인생이 시작되었다. 우선 수천수만의 관객이 놀라웠다. 당시 인기 최고봉이던 가수 장덕, 개그맨 오재미 등이 같은 무대에 출연했다. 국가적 경축 행사였다. 설장고 명인 김오채 선생이 말했다. "당신 데뷔 무대가 참말로 거창하구만—" 어설프고 서툴렀으나 많은 박수와 환호를 받으며 무대를 휘젓고 다녔다. 그로부터 국내는 물론 외국에까지 쫓아다니며 수많은 공연을 했다.

세월이 흘러 판소리 본향을 떠나게 되고 나이 또한 환갑이 지났다. 그동안 활동한 것만으로도 무슨 미련이야 있을까마는 판소리 완창을 해보지 못해 아쉬웠다. 우선 판소리 다섯마당의 눈대목들을 하나로 묶어 3시간 정도 논스톱으로 연창을 해보면 어떨까 하고 고법 스승이신 김성권 님께 여쭈었더니 매우 좋은 생각이라며 격려해 주셨다. 즉시 서귀포 김정문화회관을 공연장으로 대관하고 광주에서 활동 중인 두 명의 고수와 가야금, 아쟁, 대금 반주자를 섭외했다. 제주 KCTV 방송과 녹화중계까지 계약했다. 공연까지 3개월 여유를 갖고 밤낮으로 맹렬히 연습했다. 하루 3시간 산곡에서 악을 쓰는 열공을 하고 6시간 이상 암송을 하는 독공을 했다. 2, 3개월이 왜 그렇게 빠른지 이내 공연날이 되었다. 도포에 상투, 갓치장을 얹어 쓰고 대선을 휘저으며 무대에 올랐다.

판소리 불모지라는 제주에서 관객이 들 것이라는 기대를 못했지만 그나마 열심히 홍보했던 탓인지 아니면 서귀포에서는 처음 펼치는 판소리 공연이어서 그런지 객석의 60%정도는 찬 것 같았다. 나는 TV 녹화 감독에게 말했다. "공연이 끝나면 객석이 거의 비어 있을 터이니 빈 객석은 잡지 마세요!" 어쨌든 대망의 공연은 진행되고 있었다. 조명 구조상 무대 위에서 연기 중인 내게는 객석이 전혀 보이지 않았다. 다만 소리로만 객석의 분위기를 짐작할 뿐이다. 첫소리를 춘향가 중의 어사 상봉 대목을 25분간 끝내고, 바로 그 자리에서 손수 도포와 갓을 벗어 버리고 쾌자와 망건 상투머리 차림으로 적벽가 불지르는 대목 20분을 내질렀다. 곧바로 쾌자를 벗어던지고 동방 차림에 망건 위에 머릿수건을 둘러매고 즉시 흥보가로 넘어가서 가난타령, 돈타령, 흥보 매 맞는 대목과 중타령까지 30분간 불렀다. 그러고 나서 곧이어 30분짜리 수궁가 해결편을 부르는데 머리띠 하나를 풀어서 동방 위에 허리띠로 두르고 망건을 벗어버린 상투머리로 연기했다. 수궁가를 하는 동안 자라 어미가 우는 대목에서 3분 정도 고전무용가 고범성 씨가 무대 왼쪽에 춤사위로 스며들며 소리에 맞춘 즉흥춤을 보여줌으로써 격조를 살렸다. 수궁가를 마친 후 마지막 심청가 중 눈뜨는 대목을 25분간 부를 때는 동방을 벗어던지고 광목 바지저고리, 흐트러진 상투머리에 헤진 부채를 들었다. 신발을 벗어버리고 버선발로 제 나름대로 온몸을 던져 열창을 했다.

소리를 다 마치고 무대 중앙에서 정중히 90° 허리를 굽혀 객석을 향해 인사를 하고 허리를 폈다. 순간 객석에 조명이 들어왔다. 나는 깜짝 놀라 정신을 차릴 수가 없었다. 텅텅 비어 있을 거라고 생각했던 객석이 시작할 때보다 더 많은 관객으로 꽉 차 있었다. 나는 자리에 주저앉으며 객석을 향해 엉거주춤 큰 절을 올렸다. 끊임없는 박수가 시원한 폭포소리 같기도 하고 따뜻하고 부드러운 봄바람 소리 같기도 했다.

판소리 불모지 제주에서의 판소리 완창에 맞먹는 판소리 5바탕 눈대목 연창 180분 공연은 그렇게 치러졌다. 제주 KCTV 방송에서 녹화한 영상기록은 그로부터 일주일간 7회에 걸쳐 녹화방송되었다. 제주의 모든 신문, 방송도 그 내용을 보도해 주었다. 생각보다 반응이 좋아서였는지는 모르지만 그 뒤 시간이 지날수록 나는 또 서서히 그야말로 판소리 완창에 대한 미련과 욕망이 고개를 들었다. 가까운 몇몇 지인들에게 직간접적으로 운을 떠보기도 하고 내 자신의 완창 능력을 스스로 점검하고 공연 여건을 냉정하고 객관적으로 분석해 봤다. 완창을 포기한다면 죽는 날까지 후회하고 아쉬워할 것이 분명했다. 결국 저질러 보기로 결심을 굳혔다. 나는 수궁가를 가장 좋아했고 또 자신이 있었다. 일단 수궁가를 발표하기로 정했다. 먼저 곡을 정리했다. 판소리 스승 단산 안채봉 선생님으로부터 전수받지 못한 수궁가 해결편 즉, 수궁가 뒷부분 30분 분량의 내용을 조상현 명창이 부른 해결편을 대용하기로 했다. 왜냐하면 조상현 명창은 스승이신 안채봉 님과는 같은 문하에서 공부하고 성장해 오신 분이고 두 분이 수궁가를 그 스승이신 정권진 선생님께 사사하셨기 때문에 무난한 일이라고 생각되었다.

때마침 제주도 내에서 가장 큰 현대적 시설을 갖춘 대공연장이 개장했다. 바로 제주아트센터였다. 직접 방문하여 9개월 후 추석 명절에 맞추어 공연하기로 예약했다. 그리고 남은 기간 동안의 맹공 계획을 세웠다. 하루 4시간씩 서귀포 돈내코 계곡에 들어가 하루도 빼지 않고 아홉 달을 맹공했다. 9개월간 매일 4시간! 이른 점심을 먹고 돈네코 원앙폭포에 도착하여 목을 풀기 시작하면 오후 1시경이다. 90분 소리, 10분 휴식 이렇게 세 번, 피를 토하듯 악을 쓰고 나면 이튿날은 소리를 아예 할 수 없이 목이 쉬어 버린다. 몇 번의 시행착오를 겪은 후 60분 소리를 두 번 하고 나머지 시간은 속목으로 사설만 외우는 듯 암송을 하는 방식으로 꾸준히 실행해 나갔다. 그때 생긴 집중력이나 몰입의 경험은 아하, 초인간적이란 이런 것이구나를 실감케 했다. 공부를 하는 중에도 수시로 스스로 놀라는 초능력의 맛을 보았다. 공부를 하다가 정신이 돌아 미쳐 버린 사람이 있단 말이 사실일 수 있겠다고 짐작했다. 나는 내 노력에 스스로 감탄하고 대견해 했다. 공연일을 한 달 앞두고 나는 스스로 북을 치면서 창을 하는 자장단 수궁가 완창을 카세트테이프에 녹음해서 공연 반주자들에게 보냈다. 고수에 임영일, 아쟁에 서영호, 대금에 정회완, 신디사이저에 조은희 등이었다. 그리고 해설 및 진행을 맡아 주었으면 좋을 강현구 씨에게도 테이프를 보내며 행사를 부탁했다. 모두 다 흔쾌히 응하여 협조해주신 덕에 순조롭게 행사에 돌입했다.

판소리 불모지 제주에서 이뤄진 두 번째 완창 공연이 어떤 반향을 일으킬지 몰라 기대와 불안이 엇갈렸다. 또 광주를 중심으로 현역 일선에서 맹활약 중인 반주자들과 진행·해설을 맡아주신 광주광역시 문화재 위원 강현구 님 등이 어떤 평가를 할 것인지도 내심 대단히 궁금했다. 공연과 관련해 어떤 풍문이 돌지도 걱정이었다. 수십 번 목이 쉬고 소리 몸살을 두 번이나 거듭한 뒤 드디어 공연 날이 되었다. 무대 화면에 내가 부르는 소리 사설이 쉴 새 없이 자막으로 지나가고 반주자 다섯 명의 악기 연주는 때로는 감미롭고, 때로는 서러우며, 또 때로는 우렁차게 울리며 환상적인 조화를 이루었다. 진행자의 오프닝 멘트는 완창에 대한 화려한 해설과 완창자에 대한 극찬으로 가득했다. 내 인생에 가장 찬란하고 역사적인 순간이 아닐 수 없었다. 우레 같은 박수에 끌리듯 등단하여 나는 점잖게 단가를 내놓았다. 그리고 그다음부터는 어찌했는지 잘 기억하지 못한다. 3시간의 완창이 금방 끝나버렸다. 소리를 마치면서 얼핏 "내가 소리를 중간 어디를 많이 빼먹고 지나가지 않았나?" 하는 걱정이 스쳐갔다. 그러나 시간을 확인하는 순간 안도했다. 계획한 170분이 지나고 있었다. 수많은 사람들의 격려와 박수, 꽃다발 등으로 정신없는 시간이 지나더니 곧바로 밀려드는 고독

감과 허전함이 나를 에워싼다. 여러 관계자들과 저녁식사 겸 쫑파티를 갖는 자리에서도 파고드는 허전함을 주체할 수 없었다. 그저 애꿎은 소주를 들이킬 뿐이었다.

이튿날 아침 광주에서 오신 반주자들과 손님들의 아침식사를 챙겨 드리고 공항 배웅을 끝으로 내 역사 한 페이지는 막을 내렸다. 치르긴 했는데 성취감을 갖지 못하겠고 무슨 의미가 있는지도 실감이 안 되는 이 감정은 또 무엇인가. 기대한 만큼의 성취가 아닌 것 같았다. 커다란 야망에 비해 내 능력은 거기까지인가 보다. 그러나 나는 아직도 허기지고 배가 고프다. 만족할 줄 모르는 난치병을 어찌 한단 말인가! 만족할 줄 아는 것을 배워야 하는가? 아니면 포기하는 것을 배워야 하는가? 고민하며 생각 중이다.

미국 5개주 순회공연

금호문화재단이 주최하고 광주 KBS 방송이 후원하는 「미국 5개 주 주립대학 초청 및 교민을 위한 국악공연 및 한국화 전시회」였다. 2시간 분량의 창극 춘향전 공연은 금호문화재단 이사장 이강재 님과 회장 박선홍 님을 비롯해서 광주에서 활동 중인 국악인으로 구성되었다. 춘향 역에 한해자, 이몽룡 역에 김대규를 포함해서 모두 10여 명의 소리꾼들과 김정숙의 살풀이춤, 최성남의 대금, 양태옥 선생의 진도 북춤, 남도의 사물놀이 앉은반 등으로 구성하였다. 공연단장으로 MBC 광주방송 이사이신 주동후 씨가 나섰다. 현장 취재를 위해 광주 KBS에서 PD와 촬영감독 등 5명의 스텝이 별도 파견돼 일행에 합류했다. 단체 총 인원이 20명이 넘었다. 나는 황송하게도 창극에서 주연을 맡았고 사물놀이 공연에도 장구를 연주함으로써 단체의 주역(?)이 되었다. 무보수 무임금의 봉사지만 미국 교민을 위한 문화예술 활동이란 명목으로 약 한 달간 매일매일 열심히 공연 연습을 했다. 실력도 날로 늘고 단원들 간의 호흡도 잘 맞아 점점 자리를 잡아갔다.

드디어 출발 날짜가 되어 미국행을 위해 모두 비행장에 집결했다. 출발 당일 첫 문제가 생겼다. 사물놀이 상쇠를 맡은 광주 문화계의 학자란 평을 받고 있는 현역 국어교사 강현구 선생의 비자가 안 나왔다. 뜻밖의 사태에 강 선생과의 이별에 눈물이 났다. 강 선생은 태연하고 침착하게 자신의 사진기를 꺼내 다른 동료에게 건네주며 그 사진기 사용법을 열심히 가르쳐 주고 있는 모습이 참으로 멋지고 당당해 보였다. 단원 모두 침울한 마음을 숨기며 아쉽고 안타까운 마음으로 출국장으로 들어갔다. 우리가 탄 비행기는 LA를 거쳐 아이오와 주까지 무려 28시간이나 걸렸다. 모두들 초주검이다.

교민과 관계자들은 우렁차고 따뜻한 박수로 우리를 맞아 주었다. 잔디밭 너른 정원에 뷔페 음식을 차려 놓고 화려한 야간 조명에 환영 현수막이 시원했다. 피곤함보다는 반가움이 더 컸다. 파티는 한밤중까지 계속되었다. 숙소에 들어가 한잠 자고 나니 새벽인데 그날이 바로 첫 공연 날이었다. 단원 모두가 시차와 피로 때문에 제정신이 아닌데 리허설이 시작되었다. 귀에서 굉음이 계속 울리고 머리는 어지럽고 노래 가사는 긴가민가 오락가락하고 순서도 헷갈리고 몸과 마음이 따로 놀았다. 참으로 가관이었다. 공연 시작 시간은 2시간 남았는데 단장이 엄명을 내린다. "지금부터 한 시간 주무세요. 모두들!" 아이오와 주립대학 실내체육관에서 벌어진 공연은 저녁 7시에 시작되었다. 학생, 어린이, 어른들, 한국인, 미국인 할 것 없이 체육관은 꽉 차 있었다. 단원들은 많은 관객을 보고 초긴장이다. 그때 이강재 이사장님이 한마디 하셨다. "여러분 미안합니다. 2, 3일 쉬어서 해야 허는 것인디…, 그러나 여러분 실수해도 됩니다. 다들 이해할 것이요. 다만, 여러분이 여기 왔다는 것과 최선을 다하고 있다는 것이 중요한 것 아니겄소?" 모두 침묵하긴 했지만 일말의 위안을 갖는 표정이었다.

곧바로 공연의 막이 올랐다. 아! 역시 한국인이었다. 모두들 무대 위를 펄펄 날았다. 공연을 마치고 분장실에 들어왔을 땐 땀으로 목욕한 듯 온몸이 흥건히 젖어 있었다. 미처 옷을 벗지도 못했는데 10여 명의 사람들이 무턱대고 분장실로 밀고 들어왔다. 얼핏 보아 교민들인 듯한데 대부분 60대 이상 고령의 노인들이었다. 그중 한 할머니가 나를 보더니 한 걸음에 달려들어 날 껴안는다. 끌어안은 팔을 한참만에야 풀면서 내 얼굴을 마주 들여다보시는 눈에 그렁그렁 눈물이 가득하다. 나는 깜짝 놀라 “어디 아프셔요?” “아니, 아니…” 그저 고개만 저으며 내 얼굴만 빤히 들여다보시기만 한다. 내가 공연을 너무 잘해서 감동하셔서 그러시는가 했는데 그게 아니었다. “너무 그리워서… 내 고향…” 그 할머니 한마디에 겨우 짐작할 수 있었다. 향수병에 시달리시는 거였다. 알고 보니 교민 대부분이 특히 나이 드신 어른들은 거의 모두가 향수병으로 괴로워하고 계셨다. 단원 모두는 그렇게 손을 잡아 드리고 안아 드리고 같이 눈물을 흘리며 그렇게 오랫동안 분장실이 흡사 이산가족 상봉장 같은 분위기가 되어 버렸다. 꽤 오랫동안 그런 시간이 계속되었고 일행은 간신히 숙소로 돌아왔다.

우리 일행은 하루도 쉬지 못하고 다음 공연장인 오아이오주로 향했다. 그곳에서는 학생들이 대거 관람하고 주 고위 공무원들과 대학교수들이 대거 참여했다. 나는 그곳에서 한국 학생 부부의 초대를 받고 점심 한 끼를 대접받았다. 학생 부부는 함께 박사과정을 밟고 있으며 교대로 직장을 갖고 아르바이트를 하면서 세 살 난 딸아이를 키우고 있었다. 김치를 손수 담궈 먹으며 집안의 꾸밈이나 생활방식이 한국과 별반 다를 바 없이 하면서 힘들지 않고 편안히 지내는 것 같았다. 그들은 학위를 받고 그곳에 계속 머물 계획이었으나 최근 들어 마음이 변해 학위를 받으면 귀국하여 고국에서 살겠다고 한다. 애국심이란 정말 있는 것이고 향수병은 난치병이란 사실을 실감했다.

세 번째 공연은 시카고였다. 화려한 도시였다. 한때 세계에서 제일 높다는 102층 빌딩을 올랐는데 주인이 일본 사람이라는 말에 못내 불편한 심사를 어쩔 수 없었다. 우리를 대접하고 매니저가 되어준 현지 한국인이 있었는데 원로배우 박노식을 꼭 빼닮았다. 진짜 박노식의 친구였다는 천 선생은 자신이 연예계에 나갔더라면 박노식보다는 훨씬 뛰어났을 거라는 그 입담하며 몸짓 하나하나가 웃기면서도 그렇게 멋스러울 수가 없었다. 그는 미국 사는 교민 사회에서 유명 인사가 되어 있었는데 그 사고와 능력에 부러운 생각이 들었다. 미국의 어딜 가나 교민이라는 여자분들은 왜들 그렇게 하나같이 미인들만 있는 것인지 한국의 모든 미인들만 골라서 미국에 보낸 것 같아 국가적 손실이란 생각이 들 정도였다. 한 교민의 집에 초대되어 갔는데 가히 저택이란 말만큼이나 으리으리한 큰 집이었다. 강당만 한 응접실에서 우리의 사물놀이 한 판이 벌어졌다. 나는 장구 잡이를 신나게 했고 집터를 달래준다는 성주풀이를 열창했다.

진수성찬의 융숭한 대접을 잘 받은 그날을 쉬고 다음날 저녁에 있을 공연을 준비 중이었는데 참으로 곤란한 일이 생겼다. 일행 중 사물놀이 북을 치는 박 씨가 사물놀이 의상이 없어졌다는 것이다. 공연시간은 다가오는데 아무리 찾고 뒤져봐도 그 옷이 없다. 박 씨는 내게 오더니 나의 가방을 확인해 보자고 했다. 나는 갸우뚱하면서도 흔쾌히 그러자고 했다. 그런데 이게 뭔 일이란 말인가. 내 가방에서 박 씨의 없어졌던 그 사물놀이 의상이 나왔다. 기가 막힐 일이다. 실수로 내가 집어넣었다고 다들 얘기했지만 난 절대 아니었다. 박 씨는 내 멱살을 잡고 흔들어 댔다. 난 똥벼락을 맞은 기분이었다. 그 사건은 40년이 지난 지금도 밝혀진 바 없고 그저 나의 실수로 결론나고 말았다. 분명히 누군가의 모함일 텐데 나는 그저 분했고 그동안 내가 너무 설치고 잘난 척해서 생긴 부작용이겠거니 여기며 나는 스스로 자중하자며 고개를 숙였다.

다음 공연은 산타페였다. 원래 인디언의 고장이며 사막의 한 중심에 있어서 수백 km 떨어진 곳으로부터 수도관을 설치해 물을 끌어와 도시가 운영되는 곳이었다. 우리가 그곳에 도착했을 때 수많은 그곳 주민들이 마치 명절을 맞은 듯 너 나 없이 인디언 전통복장을 차려 입고 우리를 환영해 주었다. 우리는 도착 하자마자 공연 준비를 하는데 주민들은 이미 사전행사로 춤추며 노래하며 공연 중이었고 객석 또한 이미 만석인데 대부분이 화려한 전통복장을 차려 입었다. 한국 교민 할머니, 할아버지들 몇몇도 한복을 차려 입고 나왔다. 마치 명절을 맞은 도시의 풍경 같았다. 그런 가운데 우리 공연이 시작되었다. 살풀이춤에 이어 창극 춘향전이 진행되는 동안 우리 교민들은 물론 지역 주민들까지도 신중하다 할 정도로 집중해 관람했다. 진도 북춤, 대금 산조에 이어 마지막 사물놀이 공연이 연주될 때는 그곳에 모인 모든 관중 전원이 일제히 일어나서 춤추고 흔들었다. 그야말로 축제의 무도장이 되고 말았다. 특히 우리 국악 장단에 환호하는 그들은 굿거리, 세마치, 자진모리 장단에 더욱 심취하는 것 같았다. 우리와 더불어 어깨춤을 덩실덩실 추는 인디언 원주민들의 순수한 미소에 따스한 정감을 느끼며 행복한 밤이 깊었다. 사회자가 공연 종료 멘트를 날려도 끝이 나질 않았다.

가든파티에서 송아지 고기 스테이크로 저녁 식사 겸 파티를 마쳤다. 예약된 호텔로 가도 되지만 콜을 받은 사람에 한해서 홈스테이를 하게 되었다. 나는 두 집에서 콜을 받았는데 한 사람만 가는 것은 안 된다 해서 대금 연주가 최 씨와 짝이 되어 콜 한, 두 사람 중 나이 많은 백인 할아버지 할머니 집으로 가기로 했다. 칠순 넘은 백인 노부부는 우리를 보고 너무 좋아하며 반가워하셨다. 식사 테이블에 넷이서 둘러앉아 커피를 마시고 와인을 마시며 오붓한 밤 한때를 보냈다. 말이 잘 통하진 않지만 보디랭귀지를 섞어가며 즐거운 추억을 만들었다. 두 노인네가 외로워서 어떻게 지내냐는 질문에 외롭지 않다며 두 식구가 더 있다며 베란다에서 손바닥만 한 거북이 두 마리를 자랑스럽게 보여 주었다. 내가 보기에 두 노인은 숨이 막히는 듯한 외로움을 힘겹게 견디고 있는 것 같아 참으로 안타까웠다. 선물로 가져간 내가 그린 족자를 드렸더니 할머니는 너무 고마워하며 눈물까지 보인다. 갈대 몇 가닥이 흔들리는 속에 기러기 두 마리가 마주 보고 있는 노인 그림을 보며 할아버지는 그림을 향해 두 손 모아 한참을 기도했다. 할머니는 눈물을 훔치며 내일 아침식사 메뉴를 주문 받겠다며 날더러 뭘 먹고 싶으냐고 물으신다. 괜찮다고 했으나 어차피 마트에 다녀와야 하니까 좋은 걸 말하란다. 해주고 싶은 대접을 잘 받아주는 것도 두 노인을 기쁘게 해주는 일 같아서 흔한 몇 가지를 말했다. 베이컨에 우유, 시리얼, 토스트를 주문했다. 밤이 깊어 인사를 나누고 각자 방에 들어 꿈같은 밤을 보냈다. 아침에 할머니는 벌써 일어나 커피를 준비해 놓고 우리가 일어나기를 기다리고 계셨다. 모닝커피를 마시면서 할아버지는 아직 주무시는가 보다 했더니 벌써 한 시간 전에 베이컨을 사러 마트에 가셨단다. 한 시간 후면 돌아오신다는데 마트가 멀어서 왕복 2시간이 걸린단다. 얼마나 미안하던지…, 아무튼 송구한 아침식사를 마치고 헤어지면서 할머니는 내 입술에 부끄러운 뽀뽀를 해 주셨다. 그리고선 눈물을 또 쏟으셨다. 할아버지는 흐뭇한 표정으로 바라만 보셨다. 늙음과 외로움은 어디나 존재하는 것 같다. 다만, 따라오는 우울증을 극복하는 조치가 문제일 것이다.

한 달여의 미국 공연 여행은 그렇게 마무리되어갔다. 고향이 그립다며 밤마다 울며 잠든다는 살풀이 무용수를 포함한 몇몇 단원도 그렇고 서로 친해져서 단짝이 된 단원도 있었다. 서로 불편하여 거북한 관계가 되어 버린 단원도 있고 웃음도 없고 대화도 없고 칭찬도 않지만 화를 내지도 않고 그저 모두가 침묵으로 일관하는 단원들이 대부분이었다. 단체여행이 힘든 것이란 걸 말로만 들었지 실제로 해 보니 특별한 리더가 없는 한 어려운 일이란 걸 알게 되었다. 모든 행사를 마치고 귀국 후 KBS에서 동행 취재한 다큐가 방송되고 대한민국 문화예술사절단의 훌륭한 업적이었다고 평가를 받았다. 물론 나 개인적으로도 커다란 경험이요 큰 공부였다. 선택받은 행운이었으며 내 청춘의 한 역사였음은 분명했다. 그 공연행사가 수익을 위한 비즈니스가 아니란 것이 참으로 다행스러운 일이었고 일행들 모두에게 단 한 푼의 수당도 지급되지 않았다는 것이 지금도 편안한 마음이다.

금수강산 전

화가가 꿈이었던 나는 서른 살이 넘어 만학도의 길에 들어섰다. 희재 문장호 선생님을 스승으로 모시고 만 1년 넘게 사군자 묵화를 배웠다. 이어 아산 조방원 선생님 문하에 들어 전문적인 산수화 수업을 받았다. 그 3년 후부터 몇 차례 개인 전시회를 열었다. 그러면서 늘 획기적이면서도 실험적이고 다른 화가들이 지금까지 해보지 않은 색다른 전시가 없을까 곰곰이 생각하고 고민했다. 규모 있는 큰 그림을 그리고 싶었다. 한곳에 앉아서 보이는 풍경을 요리조리 조정하고 만들어 그리는 한정된 그림을 넘어서는 산이나 강 전체를 한눈에 볼 수 있는 큰 그림을 그릴 수는 없을까.

그러던 어느 날 광주시민회관에서 판소리 명창 박동진 선생의 심청가 완창 공연이 있었다. 네 시간에 걸친 그 길고 긴 스토리를 얘기가 아닌 소리로 음악으로 전개해 나가는 판소리에 매료되었다. "그림도 저렇게 그리면 되지 않을까."라고 생각했다. 고민과 주저를 거듭하다가 어느 순간 실험에 돌입했다. 우선 가까이 있는 무등산을 대상 모델로 삼고 동쪽은 우측 화순 동복수원지로부터 전개를 시작해서 2수원지, 증심사, 잣고개, 4수원지, 광주호, 식영정, 환벽당, 소쇄원까지 무등산을 한 바퀴 돌면서 바라보이는 무등산을 한 화면에 다 그려보았다. 물론 그러려면 병풍 그림일 수밖에 없다는 결론도 나왔다. 꽤 재미있을 것 같고 얼마든지 실천이 가능한 신나는 작업일 듯했다. 전면 아래쪽에 자리한 광주 시내의 표현은 세계에서 유명한 온갖 건물이나 시설은 물론 우리나라의 유명한 명물들을 앉혀놓고 무등산을 가로지른 무지개가 광주 시내를 싸안고 아래쪽에서 위쪽으로 올라가면 봄, 여름, 가을, 겨울의 풍경을 변화해가면서 표현하자니 맨 윗부분 꼭대기는 자연스럽게 눈 덮인 서석대가 되었다. 모든 지형을 실제 지형과 동일하게 그려 넣어서 그림 외곽에 표지 명표를 달아두면 지금까지 없었던 볼만한 작품이 될 것 같았다. 욕심은 또 생겼다.

무등산만 그릴 것이 아니라 백두산, 금강산, 설악산, 지리산, 한라산까지 다 그려보자는 생각이 들었다. 자료 수집을 위해 광주 무등도서관을 비롯한 모든 도서관과 모든 대학의 자료실을 뒤져 자료를 모았다. 그러나 아무리 해도 자료만으로 실제 산을 그리기는 뭔가 부족하고 빈틈이 보였다. 실제 산을 답습하며 스케치하고 사진 찍고 비디오카메라로 동영상을 찍어서 작업을 하기로 했다. 설악산은 3박 4일 종주를 2회, 지리산 3박 4일 종주를 3회 했다. 그런데 백두산과 금강산은 갈 수가 없으니 고민하다가 등고선이 나와 있는 지도를 구해서 군대에서 배운 독도법으로 실제 지형의 작은 모형을 만들 수 있었다. 그렇게 백두산은 천지로부터 한반도로 뻗은 백두대간의 형상을 찾았고 금강산 또한 등고선을 참고한 지형을 만들고 동해바다에서 바라본 금강산의 형상을 찾을 수 있었다. 한라산을 포함해서 여섯 개의 산을 그렸으나 뭔가 아쉽고 부족한 느낌이었다. 뭔가 빠진 듯해 생각해낸 것이 있었다. 내가 좋아하는 불화 중에 십이천불상, 십장생도, 십이간지도를 포함하자는 생각이었다. 열두 가지 동물 수백 마리가 한 그림 안에 서로 상생하는 동물 12간지 그림, 우주를 다스리는 열두 천신들 위용과 장수를 상징하는 열 가지 십장생 그림이 서로 어울리는 풍경을 합하여 모두 9개의 병풍이었다. 병풍 하나를 10m씩으로 하여 전지 높이인 140cm를 세워서 그렸는데 어언 7년이 걸렸다. 기법 또한 흔히 보던 것이 아니라 점묘법을 이용한 전면 점화를 이루어 냈다. 실로 실천이 불가능할 수 있는 그림 용량이지만 꿈과 철학의 달성을 위해 이를 악물었다.

때마침 광주에 건립된 지 2년 된 광주시립미술관은 권위와 위세의 전시관으로 한 번도 개인전이 열린 적이 없었다. 원로화가이신 임병성님의 추천을 받아 그 어려운 전시 결정을 받았다. 당시 광주시장과 김양균 광주고검 검사장을 비롯한 많은 어른들, 그리고 지인들이 와주셨다. 광주지역의 여러 방송국과 신문기자들이 운집한 가운데 「로천 김대규의 한반도 금수강산 병풍대작 전시회」가 성대히 열렸다. 시립 미술관장이 사회를 보고 임병성 원로 회장님이 축사를 하시고 잠시나마 동네가 시끄러웠다. 폭 1m가 넘는 도록 1,000부는 전시 이틀 만에 동이 났다. 전시 5일째 되던 날 스승이신 아산 조방원 선생님이 제자들을 대동하시고 전시장을 찾아주셨다. 전체 100m가 넘는 병풍 그림들을 둘러보시고선 "애썼네!" 한 말씀 남기시고 앉지도 않으시고 차 한 잔 안 하시고 총총히 돌아가셨다. 못내 서운한 마음에 어찌할 바를 모르는 나에게 동료 몇이 귓속말을 해줬다. 선생님으로서는 최고의 칭찬이고 찬사라고…, 기가 막힐 노릇이었다. 어쨌든 전시 기간 내 신문방송에서 특집으로 보도됐고, 생방송 프로그램에 출현하느라 정신없이 분주했다. 또 죽마고우 김필호의 주선으로 서울시장님께 인사를 드리고 서울 세종문화회관에서 앙코르 전시를 갖게 되었다. 정치인 정대철님을 비롯해서 주요 인사들이 오픈 테이프 커팅을 해주심으로 금수강산 전은 다시 한 번 전국에 선을 보여 중요하고도 많은 인연을 맺게 되는 역사가 이루어졌다.

이화여자대학병원 신경정신과 이근후 박사님과의 만남이 바로 그것이었다. 이 박사님은 훗날 나의 인생 멘토였고 영원한 내 편이었다. 세종문화회관 전시가 있는 동안 매일같이 관람을 오시던 팔순 되신 노인 한 분이 마지막 날 오전에 오셨다. "선생님! 저는 이북에 고향을 둔 실향민인데 백두산이 저의 고향입니다. 실제로 가본 것처럼 반갑습니다. 제가 선생님께 감사의 절을 올리겠습니다." 많은 사람이 운집한 전시장에서 곧바로 바닥에 엎드려 큰절을 올리는 그 노인께 얼른 맞절을 드리며 노인을 일으켜 드렸다. 내가 그림을 그리기 시작한 이후 그림으로서는 최고의 평가를 받는 순간이었다.

소요산 칩거 10년을 마치고 따뜻한 남쪽나라 서귀포에 정착한지 6년 되던 해 제주가 세계자연유산으로 지정되었다. 세계자연유산보전총회를 제주에서 개최하는 세계적인 행사가 펼쳐졌다. 전 세계 지도자들은 물론 전문 지식인들 그리고 유명 인사들이 대거 참석했다. 세계대회를 치르기 위해 제주도에서는 부대행사 계획에 나의 「한반도 금수강산 작품」을 전시해 보자고 하여 제안서를 제출하였다. 다행히 채택되어 검은 오름 입구에 신축한 세계자연유산센터에서 행사기간 동안 전시회를 갖게 되었다. 제주의 모든 방송과 신문 등 매스컴에서 대대적인 홍보를 해주었다. KBS와 MBC에서는 전국방송까지 동원해 주었다. 성황리에 이루어진 「한반도 금수강산 전」은 기존의 9개 병풍 외에도 제주 올레도와 한라산 십장생도를 추가로 제작하여 11개의 병풍을 내놓았다. 그러한 대작들을 완성하는 동안 나의 작업상을 보면 그 집중력과 열성에 스스로 놀랄 지경이었다. 한 번 붓을 잡으면 네 시간에서 여섯 시간 동안 화장실도 가지 않고 먹지도 않았다. 오로지 그리는 그림에 몰입했다. 그렇게 몇 년을 보내니 자연스레 생활화되었다. 나의 집중과 몰입은 뒷날 내가 명상 수행을 하는데 밑거름이 되었을 것이란 생각을 한다.

찬사와 감탄이 풍성한 전시를 마무리하고 돌이켜 생각해 보면 모두 보람과 행운의 역사였다는 생각이다. 다만, 그 행사를 치르기 위해 그토록 위세를 부리고 군림하는 사고에 갇혀 사는 행정공무원들에게 받은 서운함과 유감들이 암 덩어리처럼 지금도 나의 가슴에 안타까움과 원망으로 남아 있다. 나는 지금 또다시 새로운 그림을 작업 중이다. 그 정열과 집중력이 그대로인 걸 보면 예술에 나이가 미치는 영향은 없는 것 같다. 점묘법의 집중과 전개의 새로운 그림을 찰순 넘은 노인이 되어 열공하고 있는 것과 늙어서 폐를 끼치거나 도움을 받지 않겠다는 나의 주장을 실천하는 것이 내가 살아 있는 증거라고 생각한다.

네팔의 다른 세계

“네팔 갑시다!” 전화기를 들자마자 대뜸 튀어나온 목소리. 이화여대 병원 신경정신과 과장이며 한국석불문화연구회 회장인 이근후 박사님의 힘찬 목소리였다. 매년 의사협회에서 네팔에 의료봉사를 가는데 금년에는 나를 동참시켜서 그림 전시도 하고 판소리 공연도 겸하는 행사를 하시겠다는 계획이었다. 나로서는 영광일 뿐 아니라 큰 보람이 있는 여행이 될 것 같았다. 재미 또한 기대되는 바가 컸다. 동행하는 일행들은 의사들이 대부분이고 시인과 수필가도 있고, 평소 존경하던 소설가 박완서 님도 동행하신다고 했다. 내겐 횡재요 대박일 수밖에 없었다. 세부적으로 계획을 세웠다. 그림 전시는 달마 그림전으로 하되 「달마 100태」라 하여 6호 그림 액자 100점을 준비하고 1인 국악공연으로 판소리 단가와 사랑가를 30분 정도만 하기로 했다. 도포와 갓, 대선, 소리북 등을 챙겼다. 두 달여 만의 준비 기간이 지나 드디어 출국하는 날이 됐다. 공항에서 합류한 30여 명의 일행과 반가운 초면 인사를 나누고 순조로우면서도 설레는 흥분을 다독여 가며 역사적인 여행에 동참했다. 내 인생에 횡재 같은 이 뜻깊은 여행에 감격하며 나를 챙기고 주선해 주신 이 박사님께 감사할 뿐이며 이번 여행에 행여 저

해되는 짓을 조심해야지 하고 마음먹었다.

네팔의 수도 카트만두에서 제일 크다는 전시장 "나인 갤러리"는 네팔의 유명작가 아홉 명이 공동 운영하는 전시장이다. 전시회에는 지역 유명 인사들은 물론 현지 작가들이 대거 참여했다. 수많은 관광객과 지역 주민들, 지역 언론과 매스컴이 총출동한 큰 전시가 되었다. 뜻밖에도 유럽 관광객들의 호응이 대단하여 예상 밖으로 거창한 행사가 되었다. 전시가 끝나기도 전에 전시 작품이 모두 팔렸다. 단장이신 이근후 박사의 제안으로 판매수익금을 티베트 난민촌에 기부했다. 의료봉사와 함께 선행 평가를 받아 네팔 정부의 감사장을 받기도 했다.

어느 날 우리 일행은 포카라로 옮겨가서 어디인가를 거쳐 티베트 난민촌엘 들렀다. 60년대 우리나라 군대 막사 같은 텐트촌에 힘없이 널브러져 있는 사람들, 천을 짜는 재래식 목재 도구에 매달려 허연 먼지를 잔뜩 뒤집어쓰고 허우적거리듯 작업하는 여인네들…, 측은하기 그지없었다. 전시회가 끝나는 날 까지도 의사협회의 의료봉사는 꾸준히 이루어졌고 이어서 계획대로 국악공연이 펼쳐졌는데 출연진이 나 혼자다. 공연장엔 우리 교포들, 지역 주민, 관광객들, 수많은 인종과 온갖 민족들이 다 모인 듯했다. 차분하고 점잖은 단가 편시춘으로 시작해서 사랑가를 부르고 아리랑과 진도아리랑을 피날레로 마쳤는데 열렬한 환호와 엄청난 박수에 나 자신도 놀랐다. 공연을 마치고 차를 마시는 자리에 마침 소설가 박완서 님 옆자리에 앉게 되었는데 "로천 선생님! 옛날 우리나라 선비들의 제일 큰 매력이 뭔지 아세요? — 그건 선비가 갓을 쓰고 있을 때 갓 그림자가 얼굴에 내려져 있을 때 가장 섹시하다는 겁니다. 오늘 로천 선생님이 그랬어요!" 그동안 내가 살면서 받아온 찬사 중에 최고라고 말씀드리고 선생님의 눈을 보았더니 맑은 신비로움이 천사의 얼굴이 저럴 것이라는 생각이 들었다. "로천!

이곳 박물관에 몇 가지 기증을 하고 갑시다.” 또 느닷없는 이근후 박사님의 제안이었다. 소리북, 갓, 도포, 합죽선 등을 기념박물관에 기증하여 이곳 교민들을 위로하고 기증자의 명예도 세우자는 말씀에 흔쾌히 공감하고 즐거운 마음으로 기증하니 홀가분하면서도 뿌듯한 마음이었다.

일정에 모험적이면서도 낭만적인 코스가 있었다. 큰 강에서 두세 명 정도 탈 수 있는 무동력 나무 보트를 타고 각자 노를 저으며 흐르는 강물을 따라 유희를 즐기는 프로그램이었다. 무작위로 서로들 짝을 지어 배를 탔는데 나는 박완서 님과 그녀의 따님, 그리고 나 그렇게 셋이 짝이 되었다. 작은 종이배 같은 배를 타고 셋이서 흐르는 강물에 시간과 목적지를 맡겼다. 배는 세 사람을 같은 운명처럼 싣고 흘러갔다. 하지만 서먹한 분위기에 어찌할 바를 몰랐다. 무슨 얘길 해야 하나. 무슨 질문을 할까. 노래를 불러야 하나. 잠시 고민했지만 조용히 침묵으로 고요를 즐기는 것도 좋을 것 같아 침묵을 꼭 붙들고 있었다. 한 시간쯤 지났을까 작은 배는 꼬깃꼬깃 물을 따라 흐르다가 목적지에 다 와 가는지 깊고 넓은 큰 강줄기에 다다랐다. 배도 요동 없이 편안해졌다. 드디어 박완서 님이 말씀하셨다.

“로천 선생님은 소리나 그림을 쉬는 날 없이 매일 하십니까?”

“억지로 하지는 않습니다. 마음 있을 때 하게 되는데 그래서 많이 서툽니다.”

“그게 아니라 아무리 재주가 좋아도 매일 하지 않으면 그렇게 매끄럽지 않을 것 같아서요!”

“그렇긴 하지요. 소리는 하루를 쉬면 자신이 알고 이틀을 쉬면 선생이 알고 사흘을 쉬면 청중이 안다고 합니다. 그림도 그렇구요.”

“우리 인생이 그렇지요. 그러니 열심히 살아야지요.”

멋진 선문답을 선물로 받은 기분이었다.

그날 저녁 큰 호텔 저녁 만찬에 나는 바지저고리에 도포를 걸치고 머리에 망건을 쓰고 머리띠를 둘렀다. 나의 그림 퍼포먼스가 있었다. 폭 50cm, 길이 2m의 긴 화선지를 펴놓고 주먹만 한 대붓으로 일필휘지, 히말라야산맥을 그려냈다. 그리고 여백을 따라 「I Love Himalaya. 大韓民國 鷺泉 金大圭 合掌」이라고 휘저어 넣었다. 환호와 박수갈채에 보답해 매·란·국·죽 사군자 몇 점을 더 그려보는 객기를 부리기도 했다. 나의 룸메이트인 김철권 박사님은 그날 밤 나를 주물러 주었다. 거의 매일 밤 파티가 있었는데 그러던 어느 날 밤 돌아가면서 각자 소감을 한마디씩 하게 되었다. 모두들 주옥같은 멋진 말들을 쏟아놓는다. 모조리 기억할 수는 없지만, 네팔이 정신적인 선진국이란 사실이 후진국을 면치 못하는 데 대한 변명이 될 수 없다는 말을 기억한다. "저를 함께 하게 해줘서 감사하고 여러분을 만난 일은 큰 행운이었습니다." 나의 간단한 발표에 박완서 님은 황당하게도 "이번 저의 여행은 로천 선생을 만난 일이었습니다."라고 딱 한마디만 하시고 소감을 마쳤다. 나는 "내가 너무 설쳐댔나 보다." 하고 생각하면서도 어깨에 힘이 들어갔다.

다음날 아침 식사를 하면서 단장님이 말씀하셨다. "오늘은 네팔을 자유롭게 느껴 봅시다." 나는 이근후 박사님께 물었다. "단장님은 오늘 뭘 하실 겁니까?" "아무 것도 안 합니다. 그냥 요 앞 강가에 앉아서 하루를 보낼랍니다." 나는 머리를 한방 맞은 듯 멍해졌다. 곰곰 생각해 보니 네팔 여행 중 가장 소중한 스케줄이란 생각이 들었다. 나는 그날 그저 이곳저곳을 천천히 배회했다. 바람결처럼 걷거나 서거나 하면서 네팔에서의 나를 느껴보려 했다. 하루가 다 가는 저녁 쯤 어느 작은 갤러리를 만났다. 알고 보니 세계 최고 수준의 만다라를 전시 판매 제작한다는 갤러리였다. 복이 터졌다고 생각했다. 만다라에 대한 관심과 설렘으로 만다라만 평생을 그려왔다는 화가 스님의 작업실에 들렀으나 별 감흥을 받지는 못했다. 작업과정을 잘 볼 수 없을 뿐 아니라 전시된 작품 또한 별 감동을 느낄 수가 없었다. 정교함과 치밀도가 떨어지고 세밀도가 없으며 색상도 떨어지고 정성이 미흡한 작품들이어서 구매할 의욕이 식고 말았다.

일행 모두는 다음날 의료봉사 일정을 모두 마치고 전세버스를 타고 공항으로 향했다. 살아오면서 많은 여행을 해봤지만 이번 여행처럼 즐겁고 보람차며 행복한 여행은 처음이었다. 가만히 생각해 보니 우선 같이 했던 동료가 중요했던 것 같다. 모두 다 최고의 지성과 인격과 교양을 갖춘 분들이어서 그랬을 것이다. 수행에도 가장 중요한 요소가 도반이란 말을 실감하는 순간이었다. 주관하신 이근후 박사님의 주도면밀한 계획과 리더십이 주요했다고 생각했다. 2주 남짓한 시간을 의료봉사와 각종 모임 행사 그리고 공연, 전시까지 소화해 냈으니 수고하신 모든 분들께 감사와 위로, 그리고 격려의 박수를 드린다. 내 인생에 기회가 된다면 이런 곳에서 수행이란 걸 해 봤으면 하는 꿈을 가져본다.

스승님 스승님 나의 스승님!

군대 생활 10여 년 만에 고향 광주로 전속되었다.「조선대학교 학군단 교관」이것이 나의 직함이다. 군 생활 내내 바람이요 소망이었던 고향에 왔으니 특별히 뭘 해야 한다고 생각했고 또 그렇게 하고 싶었다. 그동안 강원도, 부산, 서울, 논산 등지를 전근하면서 고향은 항상 그리웠고 한 서린 꿈이 되어 있었다.

광주는 그림이나 음악이 번성하는 선진 예술의 도시 아닌가. 기억해 보면 나 역시 초등학교 때부터 그렇게 그림을 좋아하고 잘 그렸지만 극장 간판장이 운운하며 반대하고 꾸짖으시는 아버지 때문에 포기했다. 또한 수시로 열리는 학예회에 고정 출연하던 노래 실력도 갖고 있었다. 이리저리 궁리하던 차에 마침 학군단 회식이 있던 날 광주가 고향이며 예술에 조예가 깊고 교양을 갖추신 학군단장님께 여쭈었다. "현재 광주에서 유명하신 동양화가가 누구신가요" "많이 계시지만 사사를 받으려면 나이 많은 원로보다는 젊은 화가가 좋지! 아마 의재 선생 제자이신 희재 문장호 선생 같은 분이면 적당하지 않겠나!?" 이튿날 증심사 입구를 지나 배고픈 다리 인근에 위치한「연진회」라는 의재 선생님 학원엘 갔으나 쉬는 날이라며 문이 잠겨 있고 당직하시는 노인을 만났다. "혹시 희재 선생님을 아십니까" "예! 그분은 일주일에 한 번 오시는디 그분 개인 학원이 따로 있어! 시내 무등극장 옆에 있는디, 한번 가봐!"

무등극장 옆 건물의 비좁은 계단을 오르면 20평 남짓한 큰 방이 있었는데 네댓 명 수강생들이 그림 공부를 하고 있었다. 총무라는 분이 나를 맞아 주시는데 나이가 지긋하고 흰머리가 고상해 보이는 김 부장 선생이었다. "어찌고 장교님께서 그림을 그린다고 그러쇼? 선생님은 내일 6시쯤에 오시면 뵐 수 있을 것이오!" 그렇게 희재 선생님을 어렵게 뵙게 되었다. 소중한 인연은 만나기 쉽지 않다는 말이 실감이 갔다. "선생님! 열심히 하겠습니다." 그날부터 바로 수업료를 내고 토, 일요일을 제외하고 매일 퇴근 후 6시부터 10시까지 하루 4시간씩 학원에서 그림을 그렸다. 집에 가면 11시, 그제야 저녁밥을 먹고 잠자리에 들면 하루가 빠듯하다. 생활이 보통 힘들지 않았다. 그렇게 시작한 사군자 공부를 1년 만에 수료했다. 수료에 맞춰 마침 열린 회원 전에 특별 추천을 받아 생애 첫 전시에 출품했다. 출품작은 반절지 현판의 "풍죽"이었다.

내가 조선대학교 부속중학교 시절 미술선생님이던 김종수 선생님은 조선대학교 미술학과 교수가 되어 계셨는데 그 전시 오픈에 오셔서 나를 기억하셨다. "그때 자네가 그림을 했더라면 지금은 훌륭한 화가가 됐을 것이여. 아! 이 풍죽이 탁월하구만—!" 꽃과 화려한 의상들로 번쩍이는 전시장에서 나는 군복을 입고 설쳐대고 있었다. 남들 보기엔 어떻든 내가 좋은데 어쩌랴. 거친 듯 여린 듯 붓 한번 지나간 자리에 움이 트고 꽃이 피는가 하면 그 붓이 잠시 머문 자리에 암벽이 서고 안산이 앉았으니 이런 신비로움과 마술 같은 즐거움이 주는 쾌감과 행복감에 취해 세월 가는 줄 모르는 붓놀림의 재미에 푹 빠져 살았다.

그렇게 시간들이 지나갔다. 하지만 희재 선생님의 특징인 선도 아닌 것이 점도 아닌 것이 모였다 흩어졌다 하면서 생겨나는 산이며 숲이며 나무며 물이며 하는 것들이 어렵고 또 어려웠다. 같이 공부하는 문하생들은 모두 잘한다. 윤복희 여사, 인전 선생, 인촌 선생, 지암 선생, 박희석 선생 등은 이미 프로다. 그런데도 왜 여기 학원에서 공부를 계속하는지 의문이 들기도 했다. 특히 우산 선생의 산수화를 보면 그 구름과 안개의 묘사가 내 정신을 빼놓는 것 같았다. 1년이 넘게 다녔지만 겨우 사군자를 그것도 기초적인 것만 떼었을 뿐이고 산수화를 시작도 못하고 있었다. 하지만 희재 선생님께 직접 지도를 받는 일은 그저 어쩌다 한 번이었다. 실망과 허탈감, 그리고 불평이 생겼다.

어느 날 난 마음먹고 선생님을 일부러 만났다. 대뜸 한 말씀 올리는 말씀이라니 "선생님! 제가 그동안 선생님께 사군자를 배웠는데 산수화는 아산 조방원 선생님께 사사 받는다면 어떻겠습니까?" 이 말을 들은 희재 선생님은 잠깐의 주저도 없이 "그래요. 좋은 생각이네요. 아산 형님의 화풍이 장교님 성정과도 잘 맞을 거예요…." 내가 아산 선생님의 제자가 되겠다는 말에 어쨌든 반대하지 않겠다는 표현이셨고 나는 이미 마음속으로 아산 선생님의 제자가 되어 가고 있었다.

소문을 좇아 알아본즉 광주댐 상류 담양 남면 지실리에 학숙을 차리시고 제자들을 살게 하며 숙식을 포함한 모든 생활 경비를 아산 선생님이 자비로 전액을 제공하시어 공부를 시켜준다는데 이를 알고 수많은 미술 지망생들이 찾아오지만 엄격한 선생님만의 잣대를 통과하기가 매우 어렵다는 것이다. 못내 두렵고 망설여졌으나 꼭 합격해야만 한다는 마음으로 용기를 내어 토요일 오후 퇴근 후 광주댐 상류 아산 학숙을 찾아갔다. 가서 보니 그곳은 다름 아닌 내 고향 충효동과 서로 인접하고 있는 지실마을이었으며 내게는 고향마을에 돌아온 것과 다름없이 느껴졌다. 무슨 생각에 그랬는지 모르나 육군 장교 정장복을 근엄하게 갖추어 차려입고 말쑥한 모양새로 학숙에 들어서니 대여섯 명의 젊은 친구들이 저마다 그림을 그리거나 책을 보거나 부엌에서 뭔가를 하거나 각자 그러고들 있었다. 모두 처음 보는 사람들이지만 장차 나의 동료 화우들이겠거니 생각하며 "실례합니다." 하고 말을 붙였다. 동곡 조광섭 씨가 그 중 좌장인양 나서며 나를 맞아 주었다. 사정을 들은 동곡은 "오늘은 선생님이 안계시니 내일 오후에 다시 오시면 선생님을 뵐 수 있을 것입니다." 차를 나누며 학숙 돌아가는 얘기며 공부하는 방법이나 절차 등을 일러 주었다.

다음날 다시 방문하여 드디어 선생님과 대면하고 큰 절을 올렸다. 나의 얘기를 다 들으신 후 선생님은 엉뚱한 말씀을 하신다. "장교님은 어디 김 씨요?" 장교복 명찰을 보면서 던지신 첫 번째 질문이었다. "예! 광산 김가입니다." "요 앞 동네가 광산 김 씨 본촌인디…?" "예! 저의 문중입니다. 이 위에 있는 배재마을이 저의 태생지입니다." "그러면 저 충장사 충장공 집안이요?" "예! 제게로는 10대조 할아버님이십니다." "허— 허—" 선생의 표정이 바뀌고 눈이 빛나시더니 흥분하신 듯 말씀을 시작하셨다. 십 수 년 전 충장사를 세울 때 개관식 이틀 전 무던히도 비가 오는데 왠지 충장사에 가보고 싶은 충동을 느끼셨다고. 지인의 차를 빌려 충장사에 갔는데 놀랄 일이 벌어져 망연자실했다. 10여 개의 묘지 중에 6개의 묘지봉이 폭우로 인해 다 무너져 있었다. 즉시 관계 기관에 연락하여 비상조치가 이루어졌다. 밤샘 공사로 겨우 계획대로 개관식을 치를 수 있었다. 충장공 선영이 선생님을 시켜 일을 수습하도록 했다고 믿으셨단다. "오늘도 충장사를 지나오는디 어쩐지 꼭 들어가 보고 싶더란 말이여. 영정까지 뵙고 왔는디 화실에 장교님이 와 계신 것은 보통일은 아닌 것 같구만."이라고 하셨다.

"충장사를 만든 사람이 김남중 씨인데 그분하고는 어떻게…?" "예! 집안의 형님 되십니다. 저와 항렬이 같아서…." "아! 그러요. 어쨌든 반갑소! 그런디 보니까, 그림 그리시겄소. 열심히 해보쇼!" "감사합니다. 선생님!" 나는 그렇게 통과해 아산 학숙에 입학하게 되었다. 아니 아산 조방원 선생 문하에 들게 되었다.

학숙 입학이 허락이 된 그날 집에 돌아와 학숙 입소를 위한 정리를 하고 있는데, 어수선하던 5·18 광주 민주화 운동이 극심해졌다. 학숙 입학이 곤란해졌다. 학군단에선 별명이 있을 때까지 출근하지 말고 집에서 대기하라는 외출금지령이 내려졌다. 들려오는 온갖 풍문과 소문은 사람을 미치게 만들었다. 공수부대가 투입되어 시민을 학살한다는 소문이었다. 학군단 사무실은 아예 전화도 불통이었다. 3공수 부대는 1년 전까지 내가 근무하던 부대다. 전우이고 부하였던 그들이 내 고향에 와 있다. 내가 학군단에서 교육훈련하는 대학생들은 나의 학생이고 우리 시민이다. 이럴 때 나는 어찌해야 하는가. 내가 지금 할 일은 무엇인가? 나는 송정리 공군부대에 주둔하고 있는 3공수 부대에 사복을 하고 도보로 찾아 갔다. 민간인인척하고 지역대장인 하주선 소령을 면회했다. 그 동기생은 나를 보더니 울먹이며 소리쳤다. "나는 안 그랬어야! 나는 오히려 학생들을 피해 다녔어. 경계선 병력들에게 움직이지 말고 가만있으라고만 했어야! 그리고 내 앞에 들이닥친 학생들에게 말했어. 나도 전라도여! 라고—." 우리는 서로 손을 잡고 하염없는 눈물을 흘렸다. 그래도 혼돈의 시간은 흐르고 있었다.

한 달쯤 지났을까. 5·18은 수습 국면인데 앙금은 첩첩이다. 고민하고 괴로워하던 끝에 결론이랄 수도 없는 결론을 내렸다. 전역지원서를 제출하고 십수 년 군인 신분을 포기했다. 아산 선생님이나 희재 선생님은 나의 이런 생각에 침묵으로 대답해 주셨다. 순식간에 군복을 벗어던지고 민간인이 되어 이불 보따리를 싸 들고 담양 아산 학숙소에 입소했다. 1년을 살며 그림에만 매진했다. 5·18의 충격을 다스리고자 그림 수련에 전념했을 수도 있었겠지! 어느 날 스승께서 나를 불러 전축에 LP 판을 걸어 놓고 들어보라 하신다. 판소리란 걸 알겠으나 도대체 무슨 내용인지, 누가 부르는 것인지, 언제 적 노래인지 모를 일이었다. 나중에 LP 판 표지를 보니 유명한 전설의 명창 임방울 선생의 수궁가와 적벽가였다. 다음날도 스승님은 그 음악을 온 집안 울리도록 틀어놓으셨다. 듣고 듣기를 몇 번 반복해 들으니 그 곰삭은 목소리가 좋아지기 시작했다. 문득문득 다시 듣고 싶은 충동이 생겼다. "이 사람아. 잘 들어보소. 전무후무한 천하 명창의 소리라네. 우리가 죽을 때까지도 이보다 더 좋은 소리를 만나지는 못할 것이여. 소리도 그림과 꼭 같은 것이여. 그러니 옛날부터 선비, 문인들이 창부를 불러다가 그 소리를 들으며 그림을 그리고들 했제—!"

스승님도 한때 토굴을 마련하고 소리 공부를 하신 전력이 있으시다고 했다. 그림 공부가 소홀해질까 봐 중도 포기하셨다고 한다. 버릇처럼 소리를 흥얼거릴 때는 언제나 적벽가 중 새타령이나 녹수청산 등을 읊조리신다. 전대에 활약하신 모든 국악인들의 특징과 경과를 모르시는 바가 없다. 국악에 관한한 사통팔달이요 자타가 공인하는 귀명창이시다. "현재 활동하시는 국악인은 누가 계십니까?" "지금 광주에는 안채봉이 있는디 시립 국악원에 있다지 아마." 내가 누군가. 호기심 많은 실천가 아닌가. 일간 외출하여 국악원에 안채봉 선생님을 찾아뵈었다. 이순이 못되신 나이에 작고 단아한 모습이 꽃봉오리와 너무도 흡사하였다. 얼마나 소리를 많이 하셨는지 목소리는 남자 같았지만 얼굴은 쪼그만 참외처럼 예뻤다.

"선생님의 제자가 되겠습니다!" "월사금만 내면 누구나 배우지라우!

어찌고 군인 아저씨가 우리 전통 소리를 좋아하신다요?" 나는 그날부터 스승님의 소리 제자가 되어 뭇 학원생들과 함께 어울려 단가를 배우기 시작했다. 일주일에 한 번, 한 시간가량 스승님과 1:1 수강으로 소리를 복창하며 배우고 학숙에 돌아오면 일주일 동안 그 소리를 익히는 학습이 시작되었다. "어와 청춘 소년님네 장부가 들어보소~" 내가 평생 하게 될 국악의 첫 스승을 만나 입문하여 입을 여는 첫 소리였다. 얼마나 즐거운지 모른다. 이런 소리를 내가 낼 수 있다는 신기함이 행복하고, 음악이 주는 황홀함이 이런 맛이었다니 처음 느끼는 희열이 있었다. 내 속에 그것 말고 심지어는 무언가가 있어 가슴에 앉은 상처가 치료되는 것 같았다.

훗날 나는 안채봉 스승님의 지정 고수가 되었다. 스승님의 대부분의 공연에 동참했다. 양자로 삼았다는 주변 소문이 점차 사실처럼 되어갔다. 내 소리 실력도 늘어서 수궁가 한바탕 소리를 거의 다 배웠고, 그 외에도 여러 단가와 다섯 바탕소리의 눈대목들과 육자백이를 포함한 남도민요를 대부분 다 배웠다. 나중에야 알게 된 사실이지만 원래 안채봉 스승님은 보성소리의 큰 기둥이신 정권진 선생이나 김명환 고수와 동문수학했다. 당시 국내에서 판소리 최고봉으로 추앙받았던 김소희 명창의 엄격한 선배이시고 내로라하는 소리꾼 성창순, 성우향, 조상현의 윗전 선배로 지덕체를 갖추시고 교양과 지성이 높으셨다. 그 누구도 함부로 대하지 못하는 희대의 국악계 어른이요 영웅 같은 분이셨다. 그렇게 훌륭한 어른을 만나게 된 것은 오로지 아산 선생님 덕분이었다. 훗날 스승님께 "저 단산 안채봉 선생님께 소리를 배우고 있습니다." "응! 그랬는가. 눈치는 채고 있었네만—. 열심히 해보소." 그림과 병행하여 배워도 무방할 것이라 허락하는 말씀으로 알아들었다.

그러던 어느 날 안채봉 스승께서 "나하고 어디 좀 같이 가세!" 광주

지역에 거주하면서 활동하고 있는 국악인들끼리 모임을 만들어 한 달에 한 번씩 모여서 하루를 즐기며 친목을 도모하고 인맥을 다지는 계모임이었다. 아쟁과 장구를 주특기로 하는 그 유명한 김오채 선생님, 북 장고의 명인 김성권 선생님, 판소리하는 한해자, 박진숙, 김초향 선생 등등 내로라하는 국악인들이 모두 모였다. 이들이 즉흥적으로 벌이는 국악놀이가 하루 종일 이어졌다. 가히 지상 최고의 음악 잔치였다. 그 중 제일 젊고 잘 생긴(?), 그러면서도 아직 때 묻지 않은 신선함이 있다는 나는 귀여움과 총애를 한 몸에 받는 행운을 누렸다. 그렇게 몇 년이 지나자 나는 몇 안 되는 고수 중의 한 사람이 되었다. 안채봉 스승의 제자 겸 양아들이 되어 예비 소리꾼의 자리를 굳혀가고 있었다.

그러던 어느 날 예기치 못한 엄청난 사건이 일어났다. 판소리 고수로 알려진 친목계원인 청암 김성권 선생님이 느닷없이 국가지정 인간문화재가 되셨다. 그 배경은 이렇다. 당대의 훌륭하신 고수 3인방이 인간문화재로서 건재하고 있었는데 근년 세 분 모두 차례로 타계하셨다. 제일 먼저 세상을 떠나신 분은 보성소리판의 숨은 주인 격인 일산 김명환 고수였다. 이 분의 북 연주는 "뼈다귀 장단"으로 불리는 대각 반주이다. 그 위세가 너무 격하고 엄하여 누군들 함부로 소리 맞출 엄두를 내지 못할 정도였다. 정통 고법의 대마디 북장단이란 특징을 갖추신 분이었다. 다음 돌아가신 김득수 명고는 그 추임새가 참으로 절묘하여 고수의 세 가지 구비조건 중의 추임새의 최고봉을 이루신 예인이셨다. 마지막으로 타계한 김동준 명고는 전주에서 김연수 선생의 판소리 문하에서 주로 활동한 분인데 북을 연주하는 자태가 그야말로 학처럼 우아하며 그 너름새가 고상하고 거룩한 문화재셨다. 그러고 보니 고수 부문의 문화재가 없어졌으니 이를 곤란하게 여긴 국악 원로이신

황병기 선생이 서둘러서 다음 문화재를 선정 추천하는 것이 급하게 되었다. 그리하여 현존하는 국악인 고수 중에 청암 김성권(래) 선생이 아무런 예비동작이나 절차 없이 덜컥 인간문화재로 선정 발표되었다.

문화재청의 부름을 받고 상경하여 「문화재 인정증」을 받아들고 광주로 내려오는 기차를 타고 오던 중 선반에 얹어 놓은 가방을 열고 문화재증을 확인해 보고 올려놓고 좀 있다가 다시 꺼내 보기를 몇 번이나 했다고 한다. 이런 김성권 선생에게 새로운 고민이 하나 생겼다. 지금까지 살아오면서 그저 노래하고 북만 치고 지냈지 제자를 양성하거나 동호회나 후원회 한번 가져본 적이 없으셨다. 그런데 문화재 지정이 되면 3명 이상의 전수자를 양성해야 할 의무규정을 이행해야 한다. 백방으로 살펴보다가 판소리를 배우고 있는 윤진철과 북을 배우고 있는 박시양, 그리고 같은 계원으로서 가당찮은 나를 전수자로 하겠다는 것이다. 어쨌든 행정상 서류로 필요한 것이니 협조해 주어야 한다는 주위의 권유가 많았고, 장차 좋은 일이 생길 수도 있다는 희망을 말하는 사람도 있었다. 나는 김성권 선생을 졸지에 스승으로 모시게 되었다. 한동안 어색하고 서먹서먹한 분위기가 이어졌으나 점차 친숙해지기 시작했다. 얼마 되지 않아 전수자 3명은 이수자가 되었고 그중 내가 1호 이수자가 되었다. 얼마가 지난 뒤 이수자 3명 중에 전수조교 1명을 임명하게 되었다. 스승께서는 내게 말씀하신다. "전수조교는 자네가 되어야 마땅하겠으나 박시양이 가난하니까 전수조교에게 지급되는 교통비조의 수당이라도 받게 해주세!" 하시면서 박시양을 전수조교로 임명하셨다. "전수조교 수당의 두 배를 제가 박시양에게 지불하겠습니다."라고 하면서 스승님의 결정에 반발했으나 받아주시지 않았다. 주위의 안타까움과 비웃음을 느끼면서 난감하기 짝이 없었다. 하지만 스승님의 의지를 꺾을 수는 없었고 문화재를 향한 나의 의지와 희망은 일순간 희박해졌다.

만학이란 그래서 서러운 것인가 보다. 국악계뿐만 아니라 미술계에서도 실력이 물론 중요하겠지만 스승의 편애는 문제가 아닐 수 없다. 너무도 훌륭하신 원로를 모시는 만학도는 여전히 스승을 존경하고 사랑한다. 그저 대견하고 기특하다고 생각해 주시는 희재 문장호 스승님! 욕심부린다고 꾸짖으시는 아산 조방원 스승님! 자기만 챙겨달라고 보채시는 단산 안채봉 스승님! 주는 것 없이 밉기만 하다는 청암 김성권 스승님! 지금은 네 분 모두 안 계시지만 영원한 나의 스승님들이시다. 지금도 가르침을 주고 계시다고 나는 느낀다.

"스승님들! 스승님들의 은혜로 저의 인생이 게으르지 않았습니다. 하고 싶은 걸 하면서 사는 인생을 갖게 하셨으니 제 인생은 행복했고 스승님은 은인이십니다. 명예와 부귀영화를 얻지는 못했지만 예술은 얻었습니다. 감사하고 또 감사합니다. 스승님 스승님 나의 스승님!"

쌍청재

무등산 배재마을은 울 아버지가 태어난 곳이다. 아버지는 결혼하면서 배재마을을 떠나 광주 계림동에서 신혼생활을 시작했다. 그곳에서 나는 태어났다. 그러나 생활에 필요한 대부분의 물자는 배재마을에서 조달되었으니 배재는 내 고향인 셈이다.

내 고향 배재마을 어귀에는 커다란 묘지들이 있다. 바로 충장공 김덕령 장군과 그 가족들의 묘이다. 배재마을 모든 가구가 모조리 우리 일가이다. 한 집안사람들만 살고 있는 일성촌이다. 집안의 영웅이며 선조이신 김덕령 장군의 거짓말 같은 전설은 어린 내 귀에 못이 박혔다. 바위를 손가락으로 꾹꾹 누르면 바위에 손가락 자국이 생기고 환벽당 서까래를 한 손으로 잡고 매달려 지붕 속 참새를 잡아내는가 하면 매일 자신의 생가인 성안마을에서 무등산 정상 서석대까지 한두 번씩 날듯 뛰어다니고 훌쩍 뛰어내려 땅을 밟으면 두발이 무릎까지 땅속에 박혔다고 했다. 양쪽 겨드랑이에는 날개가 있어서 날아다닌다 하여 익호 장군이란 별호를 가지셨다. 그런 분이 임진왜란을 맞아 의병을 일으켜 왜적을 물리치니 영웅이 났다 하여 세상에 칭송이 자자했다. 당시 조정이 혼란한 틈에 장군에서 권력을 빼앗길까 봐 이몽학의 난

등을 구실로 역적 누명을 씌웠다. 장군은 고문 끝에 옥사하셨다고 한다. 세월 지나 왕이 바뀌고 장군의 진심을 알고 계시던 정조 임금께서 김덕령 장군에게 충장공을 제수하시고 복권시켜 무덤을 고향인 배재마을에 장례했다. 훗날 광주 시내 가장 번화한 거리가 충장공의 호를 따서 충장로라 명명됐고 그의 생가가 있는 성안마을은 충효리라 짓고 충열비가 내려졌다. 족보를 들여다보니 충장공은 나로부터 10대 조할아버지이신데 아무런 수고 없이 큰 명예의 은혜를 입었다는 생각이지만 아무튼 가문이 자랑스럽다. 청년이 되면서 군에 몸담아 11년간 현역 장교 생활을 마치고 아산 선생님 문하에 들어 그림 공부를 하게 되었는데 그 학숙 또한 성안마을 바로 앞 식영정 옆집이라는 것도 놀랄만한 우연 아닌가. 아니, 우연 아닌 인연인지도 모를 일이다.

나는 충장공 할아버지 생가가 있는 성안마을에 장차 여생을 살아갈 집을 마련하기로 마음먹고 집터를 찾던 중 한 달여 만에 마음에 쏙 드는 곳을 찾았다. 옛날에는 고을마다 크고 작은 서당들이 있었다. 양반 자제나 벼슬아치의 자식들이 다니는 서당은 동재라고 불렀고 일반 평민이나 하급 관리의 자제들이 다니는 서당은 서재라고 불렀다. 내가 집터로 찾은 자리는 당시에는 빈터지만 10여 년 전만 해도 동재 건물이 있었던 서당 터였다. 토지가 문중 소유여서 누구도 매입하거나 사유할 수 없었다. 그래도 스승님의 고견을 듣고 싶어 자문을 간청 드렸다. "광주에서 난이 일어나면 그 난을 피할 수 있는 곳이 바로 이곳 충효리와 지실 지역이란 것이 옛 선인들의 말씀이라네. 자네가 본 그 서당 터는 몇 년 전 내가 취하고자 했으나 자네 문중과 협상이 불가하여 포기했네만 자네는 집안 문중이니까 협상이 가능할 수 있겠네. 만일 그곳에 자네가 성주를 하고 살게 된다면 아마 3년 내에 발복할 것이네. 집터가 매우 세고 큰 명당 터임에 분명하네." 나는 스승님 말씀에 더욱 고무되어 꼭 그곳에 집을 짓고 살아야겠다는 결심이 더욱 굳어졌다.

땅 넓이가 500여 평인데 주위보다 열자 이상 올라서 있고 우측으로부터 뒤로 돌아 좌측으로 병풍을 두른 것처럼 10m 넘는 언덕이 둘러쳐 있었다. 앞쪽 평지 끝자락에는 300년 넘은 늙은 팽나무와 귀목 10여 그루가 일렬로 늘어서서 집터를 보호하고 있었다. 전방 평지에는 2㎞ 넘는 논이 펼쳐져 트여 있고 그 너머에는 코끼리가 옆으로 서 있는 듯한 먼 안산이 자리하고 있다. 그 너머 멀리에 높은 무등산 정상이 아스라이 보였다. 이런 명당이 세상에 또 어디 있겠는가. 족보에는 성안부락의 지도가 실려 있고 그 집터에 "쌍청재"라고 표기되어 있었다. 동재 서당의 당호가 쌍청재였던 것이다.

어느 날 그간 나의 노력이 헛되지 않아 임시 문중회의가 열리고 쌍청재 임대차 건에 대한 공론이 이루어졌다. 남이 아닌 집안의 인재가 교육과 학문을 위주로 교육사업을 한다는 조건으로 수락을 받았다. 여러 차례의 회의를 거친 후 결국 부연을 쓴 30여 평의 기와집을 착공했다. 난관을 수없이 거친 1년 후 준공을 보게 되었다. 쌍청재란 당호 간판을 내걸고 아산 스승님의 축하를 받게 되었다. "내가 그렇게 욕심을 내고 돈 보따리를 문중에 제의하고도 못 이룬 일을 자네가 해냈구만! 축하하네!" 바람과 달빛이 맑고 밝아 쌍청(雙淸). 그곳 주인도 그곳을 찾는 사람도, 맑고 밝은 기운을 누리며 살았다. 그로부터 그곳은 내가 그림과 글씨, 그리고 판소리의 기초실력을 탄탄하게 닦는 도량이 되었다. 나는 평생에 네 번의 성주를 했는데 그 첫 번째 성주가 바로 내 고향 광주 충효동에 축조한 쌍청재였다.

자재암 칩거

나는 현역 장교 복무 11년, 국방부 행정 5급 사무관 16년, 합쳐서 27년의 청장년 시절을 공직생활에 바쳤다. 곡절 많은 군 생활을 어렵사리 마치고 영예로운 명예퇴직을 하게 되니 한 인생을, 젊음을 잃어버린 듯한, 도둑맞아 버린 듯한 허전함과 허탈함만 남는 그런 느낌이었다. 살아남기 위해 또 존재감을 갖기 위해 평소 좋아하던 국악과 한국화를 열심히 공부해서 예술인으로서 살아가기로 마음을 정했다. 스스로 희망과 정열의 인생을 살아가리라 맹세하면서도 내심 허전하고 황망해진 가슴을 어쩌지 못했다. 그럭저럭 시간을 보내면서 때맞춰 깨져버린 가정의 허망함도 감당키 버거운 판에 갈라선 부인의 뒤치다꺼리도 그렇지만 그녀가 몰래 저질러 놓은 부끄럽고 추잡한 일들이 입소문을 따라 퍼진 광주 바닥에서 얼굴을 들고 살아가기가 곤란한 지경에 이르렀다.

그럴 즈음 마침 평소 상호 존경심을 가지고 지내오던 선광 스님으로부터 한 통의 전화를 받았다. "일단 올라오시지요. 당분간 편히 쉬셔도 되고 오래오래 계셔도 무방합니다. 일단 오셔서 저하고 같이 지내십시다!" 나는 일단 여행 삼아 고향을 잠시 떠나기로 작정하고 어머니께 허락을 구했다. "한 달만 절에 있다가 올게요. 어머니!" 학교 다니는 삼 남매와 어머님을 고향에 남겨둔 채 소요산 자재암 일주문에 도착한 것은 밤 열시가 넘어서였다. 온 천지가 당시 내 처지처럼 암흑이었다. "스님! 일주문 앞인데요?" "오셨군요. 지금 가로등을 켤 테니까 길을 따라서 쭉 올라오십시오." 칠흑 같은 산중에 일렬로 늘어선 가로등이 켜졌다. 신비한 느낌을 즐기며 천당길인지 지옥길인지를 향해서 홀로 밤중 산길을 걸었다. 처음으로 밤에 만나는 소요산의 풍광은 수려하고 신비로워서 과연 "경기 소금강이라 할만하다."고 생각했다. 기암괴석이 좌우 전후 상하에서 살아있는 듯 움찔였다. 나를 비껴가며 흐르는 물소리는 산신령의 숨소리 같았다. 나는 자꾸만 사방을 두리번거렸다. 이따금 나타나는 크고 작은 폭포는 사람의 경기(驚氣)를 부르는 것 같았다.

선광 스님과의 인연은 그렇게 짙게 쌓여가고 일단 가고 보자던 한 달은 두 달이 되었다. "스님, 고향에 가서 집안 정리를 좀 하고 와야 할 것 같습니다." 집에 돌아오니 집안은 특별한 변화가 없고 어머님과 애들은 여전해 보였다. "별일 없었느냐?" "네!" 애들의 짧은 외마디 대답에는 원망과 미움이 절여있는 듯했고 그렇게 대화는 더 이상 이어지지 못했다. "어머님! 한두 달만 더 있다 올게요!" 나는 유언 같은 몇 마디를 남기고 어머님과 자식들의 원망의 눈빛을 뒤통수로 읽으며 고향을 떠나 자재암으로 왔다. 스님과 덕담을 나누고 맛있는 차를 마시고 선문선답을 하며 절 밥을 얻어먹고 살기를 2년이 지나던 즈음, 그 생활이 마땅치가 않았다. '내가 지금 여기서 뭘 하고 있는 건가?' 또 다시 방황과 불안함이 엄습한 시간을 보내던 어느 날 소요산에서 동쪽으로 깊숙이 산을 타고 왕방산을 오르게 되었다.

왕방산 입구 깊숙한 계곡에 자리한 움막 같은 집들 서너 채를 만났다. 움막 사이를 흐르는 계곡물은 바로 떠먹을 수 있는 식수로 손색이 없었고 그대로 빨래터이자 목욕탕이었다. 10여 명 밖에 안 되는 동네 주민들은 오랫동안 그곳에 살아온 화전민의 후예였다. 그저 일밖에 모르는 산사람들이었다. 화장실에 들어갔는데 내가 어린 꼬마였을 때 내 고향 할아버지 집에서 보았던 그런 화장실이었다. 돌멩이 두 개를 놓고 그 밑에 일을 보고 재를 뿌려 마무리하는 40년 전 화장실이 그곳에 있었다. 개울을 지나 산길을 오르는데 2km쯤 올라가니 2~3천 평 넓은 평지가 나왔는데 풀밭이었다. 정면으로 사방이 탁 트였다. 양명한 곳이었고 뒤쪽으로 둥그스름한 산 능선이 후광이 되고 앞으로 저만큼 뚝 떨어져 앉은 앞산은 수려하기 그지없었다. '아―! 이런 곳이 명당 아니겠는가!' 감탄사가 절로 나왔다. 그간 배웠던 풍수지리와 역학 지식을 총동원하여 그 땅을 감정해 보았다. 나는 앞으로 남은 인생에서 할 일을 마치고 삶을 마무리하는 데 이곳이라면 흡족하겠다는 확신이 생겼다.

퇴직금을 모조리 털어 그 땅을 샀다. 나무와 황토만을 써서 30평 건물 두 채를 1년에 걸려 지었다. 드디어 내 인생의 독공의 시대가 열린 것이다. 쌍청재에서 익힌 판소리와 한국화의 기초지식을 이제 자기 것으로 삭힐 기회를 만든 셈이다. 오전에 그림을 그리고 오후엔 소리를 하고 새벽엔 글을 쓰고 밤엔 명상을 했다. 게으름 피우지 않고 하루 온종일 혼자서 독공했다. 몇 년 세월에 소문이 잦더니만 알만한 선생들이 찾아오고 신문사며 방송국 기자들의 방문으로 그때마다 도망 다니기 바빴다. 공부하고 싶다는 몇몇 제자들을 받아들인 것 외에 단체나 기관 등의 방문이나 취재는 적극 피했다. 오직 자기수련과 훈련에만 매진했던 10년 세월이었다. 나의 소요산 칩거는 그랬다. 서툴고 부족한 실력을 갈고닦아 스스로 그 분야의 일가를 이루는 소중한 세월이었다. 그림, 서예, 판소리, 고법 등. 하고 싶은 모든 장르를 섭렵했던 시기였다. 잠자고 운동하는 시간 8시간을 빼고 하루 15시간을 독공의 시간으로 썼다. 쉬는 날도 없고 노는 날도 없었다. 훗날 선광 스님은 회고하셨다. "몇 달 만에 한 번씩 만나보면 볼 때마다 사람이 달라져 있었어요!" 부모 자식을 떠난 설운 곡절도 있었지만 그럴 수밖에 없는 사연을 잊고자 자신을 연마하고 연마했다. 그 시절은 그렇게 자신을 이겨가는, 견디어 가는 과정이었다.

나는 소요산 칩거 10년이 되던 어느 날 거처를 제주도로 옮기기로 마음 먹었다. 나를 아는 모든 사람이 반대하고 만류했다. 심지어는 내 집을 매수하려는 사람에게 겁을 주거나 설득하여 집을 사지 못하게 방해하는 일까지 공공연히 일어났다. 하지만 떠난 마음을 어찌하랴. 겨울이면 영하 27℃까지 내려가는 혹한의 시간이 가장 무서웠고 없던 도로를 애써 만들었더니 주위에 음식점이 들어서서 식수를 망가뜨렸다. 인근 주민들의 시기와 질투 같은 텃세도 힘들었다. 가을이 익어가는 어느 날 아무런 연고 없는 낯선 땅 서귀포를 향해 혈혈단신 허유허유 떠났다. 소요산 왕방산의 깊은 정을 가슴에 꼭꼭 채워서 웃음 반, 울음 반을 흩뿌리면서 나는 그렇게 칩거를 마치고 있었다.

입산 놀음

이유가 뭐냐고 물으면 딱히 들이댈 이유는 없지만 나는 이따금 깊은 산속 산사가 그리웠다. 누구나 그렇듯이 그런 곳에서 홀로 며칠씩 지내고 싶은 마음이 들 때가 많았다. 집에서 5km쯤 떨어진 효명사에 찾아가 주지스님을 뵙고 떼를 썼다. 도량 모퉁이에 임시로 지어놓은 비닐하우스 안에 가설된 방이 있어 그곳을 쓰기로 허락받았다. 나는 매주 금요일부터 일요일까지 2박 3일간 그림 작업과 음악 녹음을 핑계대며 1년여를 그렇게 지냈다. 여러 가지로 좋은 점이 많았다. 혼자만의 그 시간은 자유와 여유 그리고 해방감을 맛볼 수 있었다. 그러나 효명사 스님을 불편하게 하지 않나 싶어 그곳을 나와 또 다른 산중 절을 찾아다니는데 1년여의 시간을 허송했다.

그러다 평소 존경하는 선돌선원 백간 스님을 찾아가 선돌선원의 빈 방 하나를 주선해 주실 것을 간곡히 부탁드렸다. "생각해 봅시다!" 선뜻 응해주지 않아 포기했는데 어느 날 백간 스님은 나를 데리고 선원에서 1km 정도 떨어진 계곡 깊은 곳의 외딴 오두막을 보여주었다. 차량이 갈 수 있는 산길에서 100m 정도를 숲 우거진 오솔길을 뚫고 가니 방 한 칸 부엌 한 칸의 외벽만 남은 헛간 같은 움막이 있었다. "40

년 전에 내가 선돌에 처음 왔을 때 이 집을 짓고 여기서 살았었지요. 조금만 손보면 살 수 있을 게요." 생각할 여유도 없었다. 아니 깊은 숲 속이고 계곡이어서 더욱 좋았다. 당장 업자를 불러다 보수작업 감정을 받아보니 위험해서 보수는 어렵고 쓸어버리고 신축하는 것이 시간과 경비가 적게 들고 안전하다고 말했다. 혼자 지내면서 수행하고 그림 그리고 음악 하는 집이라면 화려하고 고급스러울 필요가 전혀 없었다. 중고 컨테이너 하나를 들여놓고 거기에 붙여서 단칸방 흙집을 지어 이어 붙였다. 컨테이너 안에 수세식 화장실과 싱크대를 놓고 흙으로만 지은 방 한 칸에는 구들을 놓고 온돌방으로 꾸몄다. 집을 짓고 효명사에서처럼 일주일에 3일 정도만 머물 생각이었다. 하지만 때마침 급작스럽게 가정이 파탄되는 사정이 생겨 그 움막에서 아예 살 수밖에 없게 되었다. 나는 딴 세상 같은 계곡 깊은 그곳에 홀로 남겨져 버린 신세가 되어버렸다.

그곳에서 한라산 정상 쪽으로 1km쯤 오르면 백간스님 계시는 선돌선원이고 산 아래쪽으로 1km를 내려오면 516도로와 만나면서 선덕사가 있다. 움막에서 왼편으로 계곡을 따라 300m쯤 내려가면 축구장 두 개 정도 되는 호수가 숨어있고 호수 아래쪽에는 주민 한 가구가 산다. 강윤봉이란 젊은 사람이 포클레인을 가지고 농사를 짓는다. 본래 직업은 석공인데 음악을 하는 멋진 친구다. 인성이 착하고 의로워서 그와는 막걸리 친구로 오랫동안 절친으로 지내는 이웃이 되었다.

2014. 9. 23. 가을이 시작될 즈음, 서귀포에 정착한 지 10년 만에 한라산 깊은 계곡 작은 움막에서 시작된 역사는 영원한 마지막 입산이었다. 몇 가지 가재도구와 문방구류와 책만을 한 차에 담고 조용히 숨어들 듯 들어온 이주였다. 나는 생애 마지막 이주이기를 바라며 삶을 정리해야 할 때였다. 모든 걸 끊고 홀로 살 생각이었다. "끊고 버리는

일"은 참으로 어렵고 또 그것이 이루어지려면 오랜 시간이 필요하다. 인정도 끊고 세속도 버리고 비우고 또 비우고 홀로 머묾, 그러면 그 빈자리에 자연과 자유와 자기만 있을 것이었다. 산채 움막에서의 첫날 밤. 해가 지면서 침구정리를 해야 했다. 담요 한 장을 깔고 그 위에 전기장판을 펴고 밍크이불과 담요 하나를 겹으로 깔았다. 가을이지만 깊은 산속이라 초겨울 날씨였다. 침구 단속을 하고 나니 시장기가 돈다. 움막 주위에 널브러져 있는 부러진 나뭇가지며 낙엽 등을 두 손으로 부둥어다 놓고 간이 부뚜막에 불을 지폈다. 불꽃은 기다렸다는 듯 활활 소리 내어 웃으며 나를 밝혀주었다. 그 불빛에 나는 금세 환해졌다. "이것이 행복이란 것인가." 하는 생각을 하며 자기도 모르게 "헛허!" 외마디 짧은 웃음을 뱉는다. 그렇게 입산생활이 시작되고 있었다.

컨테이너 하나 놓고 잇대어 흙으로 방 하나를 짓는데 방 전체에 구들장 놓기가 버거워서 누울 자리만 구들을 깔기로 했다. 들은풍월 서툰 솜씨로 구들을 깔았다. 큰 기대를 가지고 붙여본 아궁이 첫 불은 기대한 만큼 잘 타고 불기도 잘 돌았다. 불기와 연기가 확확 잘 빠져나가지는 않지만 적당한 것이 어느 정도 기능을 하는 것 같았다. 흐뭇한 미소를 지으며 방에 들어오니 방안에 연기가 가득하다. 흙속에 있는 느낌이 좋아서 방바닥이나 벽에는 도배를 하지 않았는데 마른 흙의 틈 사이로 연기가 새어 들어왔다. 어쩔 수 없이 바닥 도배를 해야 했다. 흙방 하나 만드는데 혼자 하는 작업이라서 꼭 한 달이 걸렸다. 바닥 도배까지 하고 나니 얼마나 힘들었던지 저녁이면 허리도 쑤시고 어깨도 뻐근하고 온몸이 다 망가진 것처럼 힘들었다. 하지만 나는 즐겁고 흐뭇한 마음에 밤이면 단잠을 잤다. 잠이 들면 꿈속엔 항상 밤하늘의 모든 별들이 나를 내려다보고 있었다. "헨리 데빗 소로우"가 쓴 「월든」이란 책 내용과 거의 흡사한 생활이 된 것 같았다. 신통력 넘치는 선돌의 전설은 그만 두고라도 누구라도 함부로 범접할 수 없는 신령스러운 도량임이 증명되는 것 같았다. 그런 곳에 산다는 사실이 감사하고 감사했다. 전생에 내가 나라를 구했는지 아님 태산 같은 선업을 쌓았는가? 잠자리에 들면 온갖 풀벌레 소리, 숲의 바람소리, 침실 지붕을 뚫어 만든 하늘 창문으로 쏟아지는 별들의 반짝거리는 소리를 들으며 어느새 잠이 들고 아침을 만나는 것이었다.

많은 시간은 아니라도 동트기 직전 여명의 시간, 30분 정도 좌정하고 명상에 들면 그곳은 천국 속에 천국이 있고 그곳에서 나를 만나 하루를 시작한다. 마당에 나서면서 신발장 위에 놓아둔 올리브 압착 오일을 한입 물고 20분간 가글하여 머금는다. 강요된 묵언(?)을 하며 개밥도 주고 고양이 세수를 하고 화장실도 가고 아궁이와 움막 뒤편을 둘러본다. 화분 두세 개에 물을 뿌리고 러닝화에 운동복을 걸치면 눈치 빠른 쵸코와 까미가 그 말간 눈망울을 내 앞에 굴려댄다. 간단한 준비운동을 하고 입을 헹구고 "가자. 쵸코!" 말이 무섭게 재빠르게 달려 나가는 두 놈을 따라 새벽안개에 잠긴 숲속의 하루를 달리기 시작한다. 아침 조깅이 시작되는 것이며 지역 순찰이 되기도 하며 하루의 시작이 되는 것이며 내 인생이 운영되고 있는 것이다. 길도 없는 움막 뒤쪽 오르막을 오른다. 그냥 제자리 뛰기를 하듯 천천히 한발씩 디뎌 오른다. 하늘도 잘 뵈지 않는 그 숲의 주인은 이 세상에는 없을 것 같다. 요모조모 아기자기한 계곡, 냇물, 언덕을 요리조리 1km쯤 오르면 백간 큰스님 계시는 선돌선원을 지나 선돌 절벽의 웅대함을 타고 뒤쪽으로 오르면 입석 두상에 앉게 된다. 멀리 남태평양 치맛자락이 보이는 곳이기도 하다. 그렇게 앉아 있으면 황송하게도 그 골의 주인이 된 듯 흐뭇하니 나는 한없는 행복을 즐긴다. 바로 좌측으로 돌아들면 사시사철 아무리 가물어도 마르지 않고 뿜어대는 용천수 원천이 있다.

그 유명한 선돌 약수가 그것이다. 한 모금 두 손으로 받아 마시면 보약이요 생명수 아니겠는가. 특히 눈과 귀 입속을 깨끗이 헹구고 선경 같은 계곡을 나오면 기암괴석에 둘러싸인 언덕을 또다시 굴러 내려와야 한다. 바로 그 부근 어디였다. 어디선가 "푸드락!!" 튀는 소리에 얼른 보니 전번에도 본 적이 있는 노루가 저만치 서서 멋쩍은 표정으로 나를 쳐다본다. "안녕!" 인사를 받자 튀는 놈을 "휘—익!" 휘파람으로 보내고 나면 까마귀 서너 마리 "까—악!" 거리며 나무를 건너다니며 나를 칸보이 하는 것 같다.

선덕사를 지날 때는 선덕사 이 처사를 만나기 일쑤였다. "아! 왜 그렇게 뛰세요. 힘들게!" "바빠서요!" 매우 명료한 답이지만 환한 웃음으로 서로의 마음을 읽는다. 여기서부터 일주문 관음보살상을 뵙고 나면 2㎞ 이상 급한 오르막길이다. 중간쯤에 외딴집이 하나 있는데 그 집 개가 우리 쵸코와 까미에게 텃세를 부리기는 하지만 그냥 통과하여 목표지점에 도달한다. 턱에 찬 숨을 고르며 언덕 위의 공터를 감싸고 있는 공동묘지의 수많은 영령들의 박수갈채를 받으며 넓은 평지를 돌아 뛴다. 즐거워하는 내 강아지 쵸코와 까미의 재롱과 함께 북쪽 위로 보이는 한라산 꼭대기와 남쪽으로 보이는 서귀포와 쇠소깍 앞바다에서 펼쳐나간 남태평양 한 조각을 바라보며 해왕신을 외친다. 그렇게 뭔가를 빌면서도 뜀질을 멈추지 않는다. 그곳에서 마주 바라본 선돌선원은 날고 있는 봉황새 그 자체다. 금수강산 병풍 대전에 내가 그린 봉황새와 너무 흡사하여 마치 이곳을 보고 그린 것처럼 똑같이 생겼다. 신기할 만큼 희한한 일 아닌가. 어찌 해석해야 할지 모르나 선돌선원에 사는 김 보살은 자기가 봉황이라며 먹그림 전시회에 봉황새를 그리겠다며 내 봉황 그림을 참고로 작품을 낸 것도 인연이라면 인연일 게다.

전면에 보이는 한라산 선돌 봉황대에 마냥 합장질을 해대며 달리기 하산을 재촉한다. 선덕사 해수관음보살상과 사자문을 지나 대적광전 전면에 삼배한 후 선덕사를 빠져나온다. 선돌과 한라산 정상을 정면에 두고 뛰는데 여기서 이따금 천국의 장면을 보는 듯한 풍경을 만난다. 선돌 입석대에서 시작된 무지개가 좌전향으로 비껴 보이는 한라산 정상을 통과하여 서귀포 시내 쪽으로 내리꽂는 장관을 바깥쪽으로 하고, 안쪽으로는 선돌에서 따로 솟은 작은 무지개가 안산 중턱을 슬쩍 넘어 조금 전 달려온 공원묘지 뒤편으로 흘러 내려가는 쌍무지개의 향연을 만난다.

연거푸 합장을 계속하며 오르막길을 달려 작은 석굴 암자에 이른다. 천정 있는 평지 숲길 300m를 만난 다음에 오르막길을 쉬지 않고 달려 강윤봉 씨 집 진입로를 막 지나는데 바로 전방 50m 지점에 뭔가 홱 지나더니 우뚝 서서 나를 본다. 쵸코와 까미가 자지러지게 짖어댄다. 늙은 화가는 놀라면서도 뜀을 멈추지 않는다. 언뜻 보아 크기가 송아지만 한 멧돼지였다. 필경 저놈이 어젯밤 내 움막 마당에 나타나 여기저기 냄새를 맡으며 휘젓고 다니며 쵸코와 까미를 경악케 한 그놈일 거란 생각을 한다. 나는 못 본 듯이 갈 길을 서서히 달리는데 그 녀석은 그렇게 잠시 지켜보더니 우측 숲으로 들어가 버린다. 속으로 안도의 한숨을 내쉬며 계속 올라 출발 시 지나왔던 선돌 용천수원지를 휘돌아 움막을 향해 내리막 하산 길로 접어든다. 이슥고 울창한 숲을 만나는데 황칠나무가 군락을 이루고 있다. 거목뿐 아니라 2,3년 된 묘목 또한 여기저기 무리를 이룬다. 아름답고 신비로움에 탄성이 저절로 나온다. 거기엔 분명 신선과 선녀들이 모여 살고 있을 거라는 생각을 하며 움막으로 향한다.

출발 60분 만에 움막에 도착하기까지 흙을 한 번도 밟아보지 못했다. 온통 낙엽과 부엽토로 산이 뒤덥혀 어디를 딛어도 느낌이 보송보송, 소복소복이다. 가끔은 뱀이 놀라서 지나가기도 하고 멀지 않은 곳에 멧돼지가 지켜보고 서 있기도 했다. 쵸코가 놀라서 짖어대지만 묵묵히 할 일을 했고 앞뒤에 갑자기 뛰어 지나가는 노루의 출현은 다반사였다. 어차피 그 산중에 함께 공존해야 할 나의 식구이고 친구라는 생각에 한가한 애정을 즐겨본다.

움막에 도착하면 쵸코와 까미는 마당 한켠 수세장에 넘쳐흐르는 맑은 물을 열심히 핥는다. 나는 옷을 모두 벗어 마당 벚나무 가지에 걸어두고 알몸이 된다. 따뜻한 오전 햇살을 온몸으로 받으며 정리 체조를 한다. 수세장에서 면 수건 한 장으로 온몸 냉수마찰을 마치고 집안에 들어간다. 찻물을 올리고 바나나 하나와 사과 한 알을 찻상에 올려놓고 아침식사를 마친다. 운동복 정도의 편안한 옷을 입고 느긋하게 붓을 잡는 시간은 오전 만이다. 글을 쓰거나 책을 읽거나 청소를 하기도 한다. 그렇게 서너 시간을 보내고 나면 어김없이 배가 고프다. 김치찌개나 된장국을 데우고 흰쌀밥 한 그릇을 뚝딱 해치운다. 녹차를 한두 사발 들이키면 소화 걱정은 하지 않아도 된다.

오후 일과는 좀 더 복잡하다. 판소리나 민요를 부르기도 하고 북을 치거나 아쟁이나 기타를 만지면서 대중가요를 부르기도 한다. 그래서 하루의 시간은 늘 너무 빠르다. 울어대는 까마귀 떼가 가끔은 시끄럽다. 마당은 좁아서 서너 평 정도에 불과하다. 그래도 해질 무렵엔 마당 한가운데 의자를 놓고 도톰하고 넓은 숄을 두르고 가부좌를 한다. 그렇게 진중하게 앉아 90분 정도 명상에 든다. 언뜻 눈을 뜨면 작정했던 90분 시간이 5분 오차가 날 뿐이다. 명상하는 동안 내 속에 들어온 자연의 희열이 온몸에 배이고, 한량없는 고요와 평화 그리고 자유를 느낀다. 그리고 그것을 감사해 한다. 이미 어두워진 움막에 불을 켜면 또 다른 나의 천국이 나를 맞는다. 냉장고를 활짝 열어놓고 저녁식사를 준비한다. 돼지고기, 갈치나 고등어, 막걸리, 찌개, 볶음 등에 쌀밥을 한 사발 퍼놓고 디저트로 떡이나 차를 준비해 놓고 풍성하다 못해 풍만한 저녁 만찬을 즐긴다. 식사 중에는 음악을 크게 틀어 놓고 TV를 보면서 전화통화를 하기도 한다. 저녁일과는 거의 열시가 되도록 계속되는데 달이 밝을 때는 마당 주위를 서성이며 차나 술을 홀짝거리기도 한다. 밤이 으슥해지는 시간이 되면 잠자리에 들어 오늘 한 일과 내일 할 일을 생각하지 않는다. 왜냐하면 계획하거나 반성할 때 마음이 무겁기 마련이고 생각이 많아지기 때문이다.

매주 토요일은 반가운 손님들이 정기적으로 나의 움막에 모인다. 그날은 아침 운동을 일찍 마치고 움막 곳곳을 정리하고 청소하고 차림도 단정히 하고 서너 명 손님을 맞는다. 10년 가까이 꾸준히 나에게 그림 수업을 받아온 화우들이다. 팔순이 다 된 할배도 계시고 마흔 살 갓 넘은 새댁도 있다. 그들은 한결같이 늙지 말라. 죽기 전에 그림을 다 가르쳐 달라는 등 억지 주장을 한다. 겉으로 웃어넘기면서도 자못 흐뭇하다. 「먹그림 전」이란 타이틀을 걸고 회원전을 매년 하여 어느덧 6

회를 치룬 실력가들이다. 그려온 그림을 봐주고 새로운 채본을 해주고 차를 마시고 그렇게 두세 시간을 보내는 것이 일주일에 한번 내 움막에 성주풀이를 하는 듯하다.

산중 움막 생활 4년이 지날 즈음도, 아침 운동은 여전하고 오일장을 즐겨 다니게 되었다. 장날마다 홍어탕을 먹는 재미 때문이다. 해마다 한겨울이 되면 두 달간 움막을 닫고 미얀마에 건너간다. 삐누린에 있는 파욱명상센터에 입소하여 수행에 올인한다. 혼자 있는 것과 머무는 것과 알고 있는 것과 비워 버리는 것과 고요를 유지하면서 자유를 즐긴다.

- 제2부 -

너릿재 소년

내가 한 게 아니라 그냥 태어났다.
그저 팔자가 지어지고
그냥 저냥 키워졌네.

나무꾼 영감님

엄마가 이른 대로 이른 점심을 물 말아 김치에 먹고 소년은 신작로 당산나무 밑 널찍한 바위 귀퉁이에 기대앉아 그 할아버지를 기다린다. 산새들이 머리 위 가지를 오가며 뭣이라 시끄럽다. "안 올랑가?" 혼잣말로 눈길을 신작로 모퉁이에 힐끔대며 어제 본 그 나무꾼 할아버지의 점심을 생각하니 절로 침이 꿀꺽인다. 오늘도 그 할아버지의 식사를 구경하고 싶어서 나름 때를 맞춰 기다리고 있는 것이다. '얻어먹고 싶은 것은 더욱 절대 아닌 것' 이라고 생각하며 기다리고 있다.

바로 그때였다. 신작로 돌아가는 저 끝에서 지게에 얹힌 장작 나무 한 짐이 끙끙대며 올라온다. 그 큰 나뭇짐 밑에 작은 몸집의 늙은이가 보인다. 머리카락은 하나도 없고 앞니도 몽땅 빠져버린 늙은이가 눈길을 발부리에 박아 놓고 목줄을 불끈이며 뒤뚱뒤뚱 끙끙거리고 올라온다. 이마엔 땀 먹은 면 수건을 옆으로 질끈 동이고 배꼽이며 가슴팍이 다 드러난 헤진 적삼을 풀어 입고, 무릎 위로 걷어 올린 낡은 홑바지를 휘적이며, 휘어진 짧은 지팡이 하나를 두 손으로 온몸을 의지하듯 짚어가며 신음 같은 끙 소리를 휫소리처럼 질러내며, 꺼뜩꺼뜩 다가온다.

머리 얼굴 하며 가슴팍 손 팔뚝에선 땀이 줄줄 새어서 기름기 없이 검고 엷은 살가죽이 번득거린다. 우째 우째 나뭇짐을 당산나무 옆에 겨우 받쳐 놓고는 지게 목발을 붙든 채로 통곡 같은 긴 한숨을 토해낸다. "후휴!—" 소년을 한번 힐긋 보는가 했더니 이내 나무지게 목발 윗목에 대롱거리던 작은 호박만 한 보따리를 끌러내어 바위 위에 펼쳐 놓는다. 뭔지 알아보기도 힘든 까만 보리밥 덩어리와 된장 한 덩어리가 서로 한데 뭉개져 있다.

소년은 신기한 듯 눈을 초롱이며 꼬나보고 있다. 누가 봐도 길가에 뒹구는 소똥 한 덩어리 퍼다 놓은 듯하다. "저걸 먹으려나?" 소년은 더욱 궁금하고 흥미로워졌다. 할아버지는 머릿수건을 풀어 흐르는 땀을, 머리 얼굴 목은 물론 가슴팍까지 훑듯이 한 번에 닦아냈다. 그리고는 머리 위 나뭇가지를 두 개 똑똑 분질러 무차별적인 젓가락질을 하는데 거의 씹지 않고 그저 꿀떡! 오물우물 꿀꺽! 머리카락이 하나도 없는 할아버지가 이빨도 하나 없이 턱 끝에 붙은 몇 가닥 안 되는 수염이 춤을 추듯 꺼떡꺼떡 몇 번에 점심 식사가 끝났다.

밥을 쌌던 행주 같은 광목천 여기저기 붙어 있는 밥풀 몇 알을 몇 번 입술질로 마무리하고 천을 두 번 접어 지게 목발에 끼워두고 이내 바위에 벌렁 쓰러지듯 대자(大字)로 누워 버린다. 즉시로 "드르렁!" 코를 고는가 싶더니 금세 깜짝 놀라 일어나며 혼잣말을 내뱉는다. "잠들뻔했네, 큰일날뻔했어야!" 잠이라도 들어 시간을 지체한다면 도착지점에 갔을 때는 밤길을 도모할 수밖에 없으니 큰일 아닌가.

놀라기는 소년이 더 놀랬다. 할아버지 코 고는 사이 열려진 배꼽의 숨 쉬는 모양을 물끄러미 보면서 '된장만 갖고도 밥을 그렇게 맛있게 잘 먹을 수 있다니…, 나도 그렇게 한 번 먹어 봐야지.' 라고 생각하고 있었다. 그야말로 잠깐 누웠던 할아버지는 금세 일어나 끙! 지게를 다시 지고 일어섰다. 지게를 진채로 소년을 한번 힐긋 봤을 뿐 말 한마디 표정 하나 남기지 않고 고개를 돌려 꼬부라진 신작로를 뒤뚱대며 허우적허우적 내려간다.

소년 역시 할아버지에게 웃어 보이거나 손을 흔들 생각은 아예 못하고 그저 멀어져가는 할아버지를 내려다보고만 있다. 할아버지가 사라져 버리자 기다렸다는 듯이 집안으로 들어가 엄마한테 조잘댄다. "물이라도 한 그릇 떠다 줄 일이제!" 엄마 말에 '오매 그럴 것을!' 하면서도 소년은 쑥스럽다고 스스로 생각한다. '내일도 올랑가? 오면 엄니한테 물이라도 떠다 주라고 해야지!'

나무꾼 할아버지는 사흘 뒤 다시 왔다. 소년은 엄니한테 나무꾼에게 물 한 그릇 떠주라고 말도 하지 못했고 할아버지한테도 말을 붙이기는 커녕 눈인사 같은 미소도 짓지 못했다. 할아버지 역시 소년을 힐끔 보았을 뿐 저번과 똑같은 행동거지가 일상처럼 진행되고 있었다. 소년은 항상 있던 그 자리에 서서 멀어져 가는 장작 지게를 물끄러미 바라보고 있는 것이었다. 1950년대 전쟁통의 여름은 그렇게 지나가고 있었다. 소년과 할아버지는 인사나 말 한마디 나누진 않았지만 서로를 생각하며 알 수 없는 인연의 정 같은 것이 전쟁의 어수선한 세상에서도 이어졌을 것이다.

그 후 소년은 자기가 노인이 된 후에도 힘들고 배고플 때는 그 나무꾼 할아버지의 빈곤한 차림이 생각나고 그 할아버지의 고달픈 극기가 생각나고 그 초라한 식단을 진수성찬처럼 맛있게 먹는 허기의 교훈이 인생의 좌우명처럼 떠올랐다. 불쌍한 그 할아버지! 그렇게라도 굶지 않아서 다행이긴 한데 그 보자기 도시락이 너무 작았다는 생각에 지금도 가슴 한쪽이 짠하다.

풍금과 하모니카

소년은 너릿재 꼭대기 초가 외딴 집에 엄마랑 단둘이 살고 있다. 순사 아빠가 있지만 코찌(경찰 초소)에 주로 근무하시고 한밤중이나 한낮에 잠시 잠깐 들렀다가 금세 가버리니 소년은 아빠 얼굴을 잘 못 알아볼 정도여서 아빠에 대한 친숙함이나 보고 싶은 적이 있거나 하지는 않았다.

외아들이 나이가 찼는데 학교를 가야했다. 광주시에 있는 국민학교로 4~5km 정도 경사가 심한 고갯길을 오르내려야 하는데, 도보 등하교는 불가능하고 지나가는 트럭이나 군경 차량을 얻어 타는 수밖에 없다. 학교 가는 첫날 지나가는 트럭의 짐칸을 엄마와 함께 얻어 타고 위험한 비포장길을 휘청거리다 드디어 학교 앞에 내려섰다.

신작로부터 학교로 들어가는 소로는 양쪽에 이름 모를 꽃들이 줄지어 피어 있었다. 꽃길을 처음 보는 소년은 꽃 이름도 모르면서 황홀경에 빠졌다. 꿈길 같은 꽃길이 끝나고 생전 처음 보는 널찍한 운동장이 나타나자 "와!!" 외마디 소리를 질렀다. 안쪽에 큼직한 건물을 보고선 '저기 뭔 집이 저렇게 크당가?' 꼬마는 얼이 빠지고 넋이 나간다. 조그만 교실 두 칸의 일본식 판자집인데 소년의 눈에는 천국의 궁전 같아 보였다.

학교 선생님은 엄마와 얘기를 나누시고 나서 소년에게 미소를 띠며 친절하게 말했다. “얘야 저 방에 보면 풍금이 있는데 소리 한번 들어 볼래?” 소년은 생소하고 두려워서 아무 대답도 못하고 고개만 숙이고 있다. “선생님이 풍금 쳐줄게!” 선생님은 풍금이 있는 방으로 들어가 시고 소년은 문밖에서 유리창으로 보이는 광경을 신기한 눈으로 바라 본다. 선생님은 풍금의 뚜껑을 열고 의자에 앉더니 한발로 발판을 밟으며 동요를 연주한다. ‘달 달 무슨 달 쟁반같이 둥근 달 어디 어디 떴나 남산 위에 떴지!’

소년은 생전 처음 들어보는 그 아름답고 신비로운 소리가 황홀해서 숨조차 쉴 수 없다. 풍금을 닫고 나오신 선생님은 창문으로 구경을 하며 얼이 빠져있는 소년에게 말했다. “너 오늘 학교에 온 첫날이니 저 풍금을 쳐볼 수 있게 해줄게! 오늘뿐이야! 해볼래?” 시골 소년은 물론 해보고 싶지만 용기도 없고 두려워서 고개를 절레절레 흔든다. “싫구나!" 선생님은 한마디 하시며 돌아서 버린다. 소년은 얼마나 아쉬운지 눈물이 날 것만 같다. 한 번만 더 쳐보라고 아니, 들어가 풍금을 만져보게라도 해줬으면 좋았을 것을. 창문 넘어 그림의 떡, 풍금을 보기만 하고 엄마 치마 끝에 끌려 학교를 나왔다. 지나가던 트럭 뒤에 실려서 집에 돌아온 뒤에도 소년은 온통 풍금 생각뿐이었다.

'다음날이라도 학교에 가면 그 풍금을 꼭 다시 만나야지.' 마음먹고 있었지만 어쩐 일인지 며칠이 지나도 엄마는 학교에 가잔 말을 안 한다. 용기를 내어 물었다. "엄니! 학교 언제가?" "학교는 내년에 갈 것이여!" 기가 막힐 일이다. 입학 날짜를 훨씬 지나서 왔기 때문에 교과서가 없어 내년에 다시 가야 한단다. 소년은 온몸에 힘이 빠지고 실망감에 혼자 숨어서 울었다. 불평 한마디도 못하고 혼자서 홍역을 앓듯 지내던 어느 날 기억해 낸 사건이 있었다.

꽤 오래전 한 달도 더 전 아빠의 후배라는 젊은 순사 아저씨가 집에 왔다. 아저씨는 호주머니에서 하모니카를 꺼내 불어주기도 하고 소년에게 만져보게도 하고 불어보게도 했던 일이었다. 그때는 몰랐는데 풍금에 대한 그리움과 그 기억이 겹치면서 하모니카를 갖고 싶다는 생각이 들면서 소년의 눈은 반짝거리기 시작했다. 소년은 그렇게 난생처음 음악을 접하고 있었다.

다음날인가, 손님 같은 아빠가 집에 오셨다. 손님처럼 식사를 마치시고 곧바로 집을 나서시는 아빠를 향해 소년의 용기 있는 한마디. "아부지—, 하모니카…." 아빠를 쳐다보지도 못하고 고개만 숙이고 있다. "뭐—?" 나무라듯 외마디 소리를 던지시고는 그냥 나가버리시는 아빠. 그 후 몇 달을 아빠가 올 때마다 혹시 하모니카를 사오시나 고대하고 기대하고 또 기다리다가 결국은 포기하고 말았다. 어린 나이에 포기를 너무 많이 배우고 말았다.

어느 날 아빠가 방에서 뭉칫돈을 세고 있었다. 엄마도 마주앉아 세는 돈에 시선을 박고 있었다. 소년은 생각했다. '저 돈 한 장만 있으면 하모니카를 살 수 있을 것인디—' 아빠는 지폐 몇 장을 따로 세어 엄마한테 건네곤 일어선다. 소년은 또 한 번 한껏 용기를 내어 아빠를 보며 말했다. "나 한 장만—" 순간 엄마는 놀라서 소년을 내려다보았다.

돈이라고는 모르는 아들이 돈을 달라는 것은 처음 있는 일인데 아들이 저런 용기가 있었나 싶었을 것이다. 반면, 그 돈이 왜 필요했을까 궁금했어야 한다. 그런데 아빠는 "택도 없는 소리!" 한마디 뱉고 방문을 탁 닫고 나가버리는 차가운 암벽 같은 아빠의 그 뒷모습을 칠순이 넘은 그 소년은 생생히 기억하면서, 싱거운 미소를 흘리며 그 무서운 아빠를 그리워한다.

산에 사는 꼬마

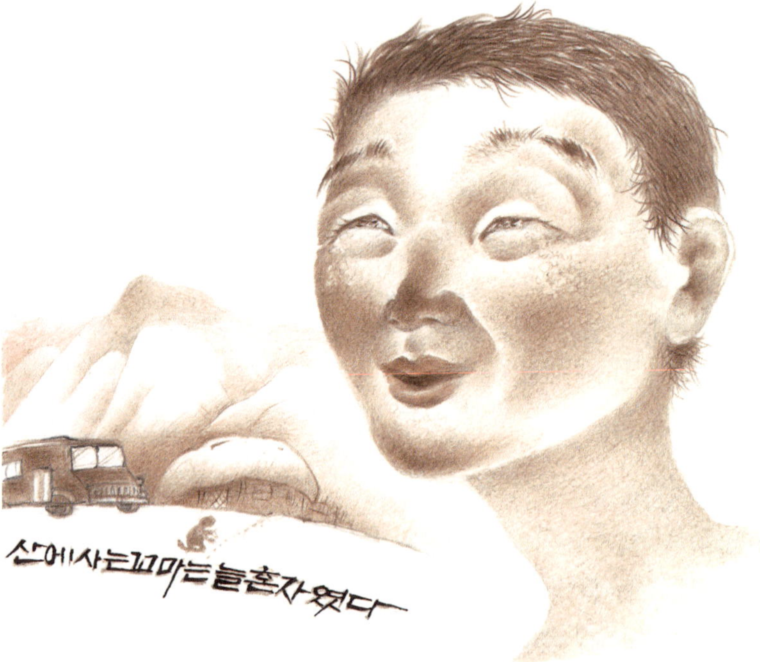

아침나절엔 광주에서 화순 쪽으로, 산그늘 짙어진 저녁때는 화순 읍내에서 광주 쪽으로 하루 두 번 너릿재 겨운 비포장 고갯길을 낡은 시외버스가 툴툴대며 힘겹게 꼬맹이 집 앞을 지나간다.

광주와 화순 사이에는 커다란 산이 가로막고 있는데 두 지역을 오가려면 너릿재를 넘어야 한다. 험준하기 짝이 없는 너릿재는 경사가 심한 꼬불꼬불한 비포장 신작로인데 그 낡은 시골버스는 광주·화순을 한 시간을 기어야 겨우 편도를 마친다. 버스는 하루 한차례 너릿재를 넘어 광주와 화순을 오간다.

너릿재 꼭대기엔 검문을 위한 경찰 초소가 목을 빳빳이 세우고 서 있다. 초소 맞은편 저만치에 꼬맹이의 집이 있다. 초가지붕에 방 하나 부엌 하나뿐인 조그만 오두막이다. 식구는 순경 아빠와 엄마, 그리고 꼬맹이다. 꼬맹이 나이는 일곱 살. 아빠가 순경인 관계로 시국이 무서워서 경찰이 주둔한 초소 가까이에 움막을 손질하여 살고 있었다. 산골 꼬맹이에게 하루 한 번 재를 넘어가는 버스와 만나는 일은 유일한 즐거움이고 가장 중요한 하루 일과였다.

버스를 기다리는 일이 중요한 이유는 운전사 아저씨가 한순간이지만 힐긋 웃어주는 눈인사가 너무 좋아서 그래서 그렇다. 엄마 아빠 외에는 만나는 사람이 없는 꼬마에게는 운전사 아저씨의 눈인사가 외부 세상과 연결되는 유일한 통로였다. 외로움이 뭔지도 모르는 나이에 외로움에 젖어 사는 것이다. 손을 흔들거나 "안녕하세요?" 하며 인사라도 하련만 그저 순진무구 부끄럽고 쑥스러워 눈도 마주치지 못하고, 한번 흘깃 보는 것만으로도 만리장성(?)을 쌓는 것이었다.

그러던 어느 날 아침 일이었다. 버스 운전사가 꼬마를 미처 보지 못하고 그냥 지나가 버렸다. 소년에겐 큰 충격이 아닐 수 없었다. 버스가 가버린 뒤 꼬마는 울음보가 터져 울고불고 난리가 났다. 하루 종일 꼬마의 설움은 그치지 않았다.

그 다음날 내내 버스를 기다리던 소년은 막상 버스가 오자마자 집안으로 들어가 버렸고, 오히려 그 운전사는 앞뒤를 두리번거리며 꼬마를 찾는 눈치였으나 버스는 그저 그냥 툴툴거리며 지나가고 말았다. 버스가 가는 것을 숨어서 보던 꼬마는 이내 그 넓은 신작로에 나가 어두워지도록 땀을 흘리면서 주먹만 한 돌들을 주워 모아 한 줄로 줄을 세워

놓으니 이른바 자갈 한 줄의 바리케이드를 설치했다.

꼬마는 다음날 아침 버스가 오면 일어날 엄청난 사건을 상상하며 방망이질을 하는 가슴을 움켜쥐고서 겨우 잠이 들었다. 아니나 다를까 아침이 되고 버스가 지나가는데 야단이 났다. 누가 신작로에 돌벽을 쌓아서 길을 막았다며 웃고 떠들고 난리가 아니다. 꼬마는 스스로 죄인이 되어 나가지도 못하고 방안에서 바깥 눈치를 보며 벌벌 떨고 있었다. 진한 사랑의 배신감으로 생긴 고통을 복수라는 행위로 달래거나 보상받고자 물리적인 방법을 실천했으나 막상 그 결과 파생될 짐작할 수 없는 상황 전개에 꼬마는 불안과 공포에 숨이 막힐 지경이었다. 괜한 짓을 했다며 후회를 해 보지만 어쩌지도 못하고 그저 맨붕에 빠져 벌벌 떨고 있을 뿐이었다. 얼마나 지났을까. 꼬마는 눈물이 그렁이고 얼굴이 백지장이 되어 입이 마르고 속이 탔다.

버스가 떠나고 한참이 지나 엄마가 방문을 열고 들어오자 소년은 울음을 터트렸다. “잘못했어라우. 엉~!” “왜 울어? 시끄라!” 무뚝뚝한 엄마는 쓸데없는 짓을 했다고 꾸짖으면서도 실실 웃는 눈치였다. “그놈이 크게 될 놈이구만 이라우!~” 버스운전사가 남기고 간 말이란다. 그 넓은 신작로를 주먹만 한 돌멩이를 한 줄로 길을 막아논 걸 보고 모두가 실소를 금할 수 없었더란다. 꼬마는 방에서 나오지도 않고 엄마 눈치만 보고 있는데도 엄마는 말 한마디 눈길 한번 주지 않았고 꼬마는 대낮이건만 모로 누워 쥐죽은 듯 잠이 들었다.

꼬마는 늦은 점심때가 다 돼서야 눈을 떴다. 잠이 덜 깬 꼬맹이는 힘없이 “엄니 밥 줘!” 부엌을 통해 밖으로 나가는 방문을 삐긋이 열어보지만 엄니는 없다. 좁은 마당과 붙어있는 신작로를 따라 둘러봐도 엄니는 없다.

꼬마는 빈 신작로를 헤적이며 아랫길로 검정 고무신을 털부덕거리며 끌고 간다. 귀찮은 듯 소리를 질러 본다. "엄니—!" 인적 없는 빈 산골엔 메아리만이다. 꼬부랑 모퉁이가 나올 때까지 갈 생각이다. 그곳엔 작은 옹달샘이 있는데 꼬마의 집에 유일한 식수원이다. 아마도 엄니는 그곳에서 빨래를 하고 있거나 먹을 채소 등을 씻고 있을 것이다. 계속 "엄니!"를 소리치던 꼬마는 문득 생각한다. 이 세상에 엄니가 우리 엄니 말고도 무수히 많은 엄니가 있을 텐데 뉘 엄니인 줄 알고 엄니가 대답을 할까. 그래서 기발한 생각을 해낸다. "대규 엄니—!" 자기가 자기 이름을 부르는 것이 좀 이상했으나 계속 불렀다. "대규 엄니—!" 메아리만 있었다.

얼마나 갔을까. 내리막 경사진 언덕에 흐드러진 진달래 참꽃 밭이 나타났다. 꼬마는 주저 없이 내리막 경사진 꽃밭을 달려 내려간다. 여기저기 만개한 참꽃을 주섬주섬 따서 입에 넣는다. 왼손 가득 꽃가지를 거머쥐고 보이는 대로 닥치는 대로 정신없이 이리저리 뛰는 모양이 마치 산중 고라니 같다.

바로 그때. "빠아앙—" 한참 떨어진 윗 신작로에 경찰 지프차가 한 대 서 있고, 꼬맹이 아빠처럼 군복을 입은 경찰관 두 사람이 차에서 내려 능선 아래 꼬마를 향해 소리친다. "야! 꼬마야. 너 거그서 뭣 허냐? 얼른 요리 올라오니라 잉!" 꼬마는 별로 놀라지 않는다. "울아부지 상관들인가? 꽃 좀 더 따먹을란디! 혹시 껌이나 사탕을 줄랑가도 모릉께 올라가 볼까?" 두 경찰은 꼬마를 끌어안아 지프차 뒷자리에 태우고서 꼬마가 엄니를 부르며 힘들여 내려왔던 그 길을 휑— 달려서 꼬마의 빈 집 앞에 내려놓았다. 그리고는 주는 것도 없이 "집에 들어가 있어라 잉?" 붕— 먼지를 날리며 가버렸다. 한국전쟁이 끝날 무렵이라서 이곳 무등산 일대에도 빨치산·반란군 토벌작전 등으로 음산한 분위기였을 것이다. 그 순간 꼬맹이는 동무도 없고 가족도 없고 할 일도 없고 배고픈 꼬맹이만 있다.

꼬마는 왼손에 쥐고 있던 진달래 꽃가지를 그냥 신작로에 홱 던져버리고 "엄니!" 외마디를 부르며 집으로 들어간다. 빈집에 엄니는 없고 밥도 없고 배는 고프고 꼬마는 방바닥에 풀석 엎드린다. 한참을 사위는 고요만 있다. 꼬마는 잠이 들려나 보다. 윗목의 작은 바가지엔 찐 감자 두 개가 보자기를 덮어 쓰고 있고 그 위에 파리 몇 마리가 붙어 있다. 꼬마는 배고픈 눈꺼풀을 덮고 엄니가 오면 밥 줄 거라 생각하며 잠이 든다. 그렇게 꼬맹이는 하루하루 자라고 있었다.

외갓집 피서기

나는 엄마랑 한동안 외갓집에 살러 간 적이 있다. 전쟁통이라 그랬던가 보더라. 아빠는 외갓집과 우리 집을 오가시고 엄마와 나만 외갓집에서 먹고 자며 살 거라고 했다. 외갓집 사랑채에는 외할아버지와 외할머니가 각방을 쓰고 계시는데 엄마는 할머니 방에서 자고 나는 외할아버지와 함께 자게 되었다.

우리 동네 배재에서 분토동 외갓집을 가려면 큰 재를 하나 넘고 꼬불꼬불한 계곡 물길을 따라 지루하게 걸어야 한다. 거의 하루를 가야 한다. 푹푹 찌는 여름 어느 날 외갓집 마을 앞을 가로질러 흐르는 큰 개울을 건넌다. 종아리까지 잠기는 개울물을 건널 때는 종일 걸었던 피곤함이 절반은 풀리는 듯한 시원함과 상쾌함이 있다. 외갓집 사랑채에 짐을 풀고 저녁을 대충 때우고 쓰러지듯 잠들었다.

외갓집에는 외숙모, 외숙부, 누나, 형들이 있었는데 얼굴도 제대로 보지 못했다. 나는 친구가 없어 외갓집 생활이 그리 즐겁지 않았다. 아니 친구할 사람이 없지는 않았다. 그 동네에만 외삼촌이 모두 네 분이나 사시는데 거기 외사촌 형제들 중 같은 또래가 네댓 명은 된다. 그러나 왠지 잘 어울려지질 않고 모두들 말수가 없다. 그저 힐끔 보기만 할 뿐이었다. 그러다 보니 나는 항상 외할아버지 곁에 붙어 있었다. 같이 먹고 같이 자고 같이 누워 뒹굴고 심지어는 할아버지가 화장실에 가시면 화장실 문 앞에서 기다린다. 외할아버지는 그런 외손주를 귀찮아하지 않고 따뜻이 안아 주시었다. 무뚝뚝한 엄마와는 비교도 할 수 없이 외할아버지가 좋았다.

나는 점잖고 말 잘 듣고 착하고 성깔 부리지 않는 데다 할아버지를 잘 따랐다. 잠자리에 들기 전 할아버지 수염 땋는 일까지 내가 배워서 땋아드렸다. 외할아버지 수염은 하얀 명주 실타래를 붙여 놓은 듯했다. 도사나 산신령님처럼 수염이 길어 배꼽까지 내려오고, 커다란 김장 배추처럼 풍성했다. 소년은 할아버지 수염을 세 갈래로 나누어 누나들 머리를 땋듯 땋아 내려가다가 맨 끝에는 작은 고무줄로 꼭 묶어 드린다. 할아버지 수염은 꼭 여자들 머리처럼 보인다. 그렇게 주무시고 아침에 세수를 하신 뒤 수염을 풀고 빗으로 수염을 빗는다. 수염이 가운데로 모여지면서 그 자태가 얼마나 아름답고 우아한지 모른다. 어린이 눈에도 할아버지는 멋있는 신선 같았다. 나는 그런 할아버지 수염이 그렇게 좋을 수가 없었다. 잘 때도 잘 땋은 수염을 꼭 붙잡고 할아버지 품에 안겨 잠이 들었다. 나는 엄마 아빠 품에서 잠들어본 기억이 없다. 나는 원래 외할아버지만 그렇게 애들을 안아 주는 것인 줄 알았다. 엄마 아빠에게 안겨 본 적이 없는 나는 외할아버지 품의 맛을 알고부터는 외할아버지가 엄마 아빠보다 훨씬 소중한 사람이 되었다.

언젠가 비가 많이 온 다음날 동네 사람 몇몇과 외갓집 식구들이 마을 앞 시냇가에 천렵을 나갔다. 모두 다 흥겨워하며 들떠 있었다. 밥도 먹고 술도 먹고 전도 부치고 고기도 굽고 매운탕도 끓인다. 그러나 무엇을 해도 흥미를 못 느끼고 시큰둥하던 나는 사람들 틈에 끼어 냇물 속에 물고기를 잡아보기로 한다.

가슴통만한 물속 돌덩이를 부둥켜안듯 하며 돌 밑바닥을 손으로 더듬으면 바닥과 돌 틈 사이에 숨어 있는 고기가 만져진다. 그것을 꼭 쥐어 잡아 꺼내면 붕어, 장어, 메기 등이 잡혀 나왔다. 이런 고기잡이 첫 경험은 너무 즐거웠다. 아마 열 마리 정도의 붕어를 나 혼자 잡았던 것 같다. 동네 사람들이 그날 잡은 물고기가 얼마나 많았던지 큰 양동이로 하나 가득이었다. 집에 가져와 큰 가마솥에 매운탕을 끓여 다시 동네잔치를 벌였다. 잡은 고기가 너무 많아 남은 고기를 큰 옴박지에 물을 채워 담아 외갓집 뒤안에 두었다. 나는 쪼그리고 앉아 옴박지 안에서 꼬리를 흔들며 노니는 고기들을 보고 있었다. 물고기들의 답답한 몸부림을 보니 내 마음도 답답했다. '동네 우물에 넣어 주면 잘 살까?' 나는 밤새 갇혀있는 물고기 생각뿐이었다. 천진한 동물 사랑 체험을 처음 해 보는 것이었다.

아침에 일어나자마자 뒤뜰로 가서 그 옴박지를 살펴보니 아직 살아 있는 물고기가 열 마리도 더 돼 보였다. 나는 그중 큰 붕어를 양손에 한 마리씩 쥐고 주위를 살피며 도둑질하듯 대문을 나와 동네 공동우물로 뛰었다. 동네 우물은 사방으로 높이 1m 정도의 턱이 둘러 있는데 우물 안쪽 벽은 온통 이끼와 풀로 덮여 있고 습기를 잔뜩 머금은 풀섶은 물방울을 뚝뚝 떨어뜨리고 있다. 나는 붕어를 한 마리씩 쥔 양손을 받들 듯 들고서 조심스레 우물 턱에 가슴팍을 기대며 우물 안쪽으로 양손을 힘껏 뿌려치는 순간, 상체는 우물 턱 안으로 들어가고 허리 아랫배가 우물 턱에 턱 걸쳤는데 두 손은 우물 안 벽을 짚었다. 두 발을 허공에 허우적이며 외마디 비명을 질렀으나 놀라고 겁에 질려 그 다음은 신음은커녕 숨도 잘 쉴 수가 없었다. 순식간에 일어난 사고다. 시간이 멈춘 듯 그저 그렇게 그러고 있었다. 아무런 생각도 나지 않고 울음도 나오지 않고 그저 겁에 질려 앓는 소리를 낼뿐….

얼마나 지났을까. 엄니도 보고 싶고 울고도 싶다. 눈앞에 보이는 저 우물 밑바닥은 얼마나 깊은지 캄캄하여 보이지도 않고 공포 그 자체였다. 한가한 시골의 골목길은 사람이 오가는 것도 그야말로 간간이다. 얼마나 지났을까. 사람의 발자국 소리가 어디선가 들리더니 점점 우물 가까이 오고 있었다. "오메—! 이거 뭐여?" 다급한 남자 어른의 목소리였다. 동네 아저씨 한 분이 우물을 지나다가 우물 턱에 어린애가 거꾸로 처박혀 걸려 엉덩짝과 두 다리가 바둥대고 있는 희한한 광경을 보게 된 것이다. 얼른 달려들어 끄집어 내놓으니 꼬마의 얼굴은 뚱뚱 부은 사색이요 눈에 초점이 없다. 울지도 못하고 멍하니 있는 걸 보더니 "허 이놈 박 씨 어른네 외손주 아녀!"

아저씨 등에 업혀 집에 온 꼬마는 죄인인 듯 쭈그려 있는데 엄마는 느긋하게 다가와 얼굴을 한번 만져보더니 "거그를 뭣허러 갔다냐?" 하고는 이내 돌아가 자기 할 일을 하고 꼬마는 그 일을 당한 후 울음 한번 터트리지도 못했고 우물에 걸쳐있는 동안 얼마나 몸살을 했든지 우물 턱에 걸린 아랫배는 심하게 긁혀서 피도 나고 쓰라린 데도 다친 데 없느냐고 묻기는커녕 살펴보지도 않고 그냥 가버린 엄마가 야속한데 다른 이들도 모두 "우물에 안 빠져서 다행이구만…!" 그러면서 모두들 태평하고 태연하다. 내가 죽을 뻔했는데…, 나는 그런 엄마가 낯설고 남 같은 느낌에 외갓집이 싫어졌다. 혼자 남겨져 집 뒤뜰 구석에 쭈그려 앉아 훌쩍이고 있는 나에게 엄마가 소리쳤다. "아침밥도 안 먹고 어디 갔나 했더니 동네 우물가엔 왜 갔냐? 얼른 밥 묵어!" 나는 꾸역꾸역 눈물 젖은 아침밥을 먹었다.

이튿날 아빠가 왔다. 얼마 만에 보는 아빤가? 아빠는 나를 자전거 앞에 태우고 1시간을 달려 시골 장터에 갔다. 아빠를 따라 생전 처음 가본 시골 장터에서 나는 처음으로 국수란 걸 먹어 보았다. 미끌미끌

한 것이 쪽 빨면 입안으로 쏙 들어오는 것이 신기하고 재밌고 얼마나 맛있는지 별세계가 따로 없었다. 국수를 먹게 해 준 아빠 얼굴이 하느님 같아 보였다. 아빠를 만난 어떤 아저씨가 내 머리를 만지며 귀엽다며 건네주는 돈 한 장 "사탕 사 묵어라 잉!" 나는 그 때 돈을 처음 만져봤다. "사탕 사 줄까?" "아니 그냥 아빠…!" 하며 돈을 아빠 얼굴 앞에 내밀었다. "그럼 갖고 있을게!"

나는 생각했다. '오늘은 참 좋은 날이다. 아빠도 보고 국수도 먹어 보고 돈도 받아 보고 엉덩이는 엄청 아팠지만 자전거도 타 보고….' 그래도 어제 우물에서 다친 아랫배 상처보다는 훨씬 덜 아팠다. 아빠에게 말하고 싶었으나 오히려 혼날지도 모른다는 생각에 말하지 않았다. 나만 아는 아랫배 상처는 아무도 몰랐으며 거의 한 달이 지나서야 상처가 나았다. 그 해 여름은 여러모로 힘든 한 철이었지만 외갓집은 평생 그리운 곳이고 정겨운 마을로 내 기억의 보물처럼 남아 있다. 외할아버지에게서 받은 따스한 사랑이 지금의 내 감성을 성장시켰다고 생각한다. 외가 마을에서 부대끼던 여러 이웃은 내 성장의 자양분이 됐을 것이다.

필통

소년의 양철 필통에는 늘 몽당연필 한 자루 만이 외롭게도 가방 속에서 늘 시끄럽게 딸랑거렸다. 그것도 연필심이 부러져 나간 새끼손가락만 한 연필 한 개. 깎을 칼도 없고 잘못 쓰면 지울 지우개도 없고 길이를 잴 자도 없다. '오늘은 집에 가면 잊지 않고 부엌칼로 꼭 연필을 깎아 놔야지!' 소년은 속으로 다짐을 한다. 짝꿍에게 칼을 빌려 쓸 수도 있으나 쉬운 일이 아니어서 매번 집에서 부엌칼을 이용해야 하는데 잊어먹고 그냥 가거나 쓰다가 부러져서 다시 깎아야 할 때는 짝꿍의 칼을 빌려야 한다. 그럴 때마다 짝꿍의 핀잔과 성냄을 감수해야 한다. 소년에게 소원이 있다면 다른 친구들처럼 크고 작은 연필 여러 자루를 칼이랑 지우개랑 함께 담아서 필통 뚜껑이 잘 닫히지 않을 만큼 가득 담긴 필통을 가져 보는 일이었다. 연필을 쓰다가 심이 부러지면 다른 연필을 쓸 수 있는 편리함과 여유로움을 즐기는 것은 소년에게 그냥 꿈일 뿐이었다.

학년 초가 되면 새 공책과 연필을 부모님이 사주시는데 연필 한 자루 지우개 하나 과목별 공책 네 권이 전부였다. 연필이나 지우개를 다 쓰면 학교 쓰레기통을 뒤지거나 친구들이 버린 몽당연필을 주워서 쓰고 지우개는 보통 빌려 쓰거나 지울 부분을 연필로 그어서 표시하는 것으로 대신한다. 엄마한테 다시 사달라고 하면 아껴 쓰지 않는다는 둥, 공부도 못하는 게 잃어버리고 나서 저런다는 둥, 듣기 싫을 만큼 심하게 꾸중을 해대니 그게 듣기 싫어서 소년은 연필 사달라는 말을 1년 내내 하지 않는다. 그리하여 소년의 양철 필통은 1년 내내 심 부러진 몽당연필 한 개가 딸랑거린다. 그래서 소년은 공부를 못했고 학교가 싫었다.

소년이 국민학교 4학년 때의 일이었다. 소년의 집 문간방에는 병무청에 근무하는 해군 아저씨 한 분이 하숙을 하고 있었는데 그 아저씨가 우연히 소년의 필통을 보았던 모양이었다. 그 아저씨는 노란색 연필 1다스! 그것도 연필 뒤끝에 빨간 지우개가 붙어 있는 비싼 고급 연필 열두 자루를 소년 앞에 턱 내놓았다. 소년은 기절할 뻔했다. 멍하니 바라보고 있다 얼른 집어 들고 왔다. 고맙단 인사나 했는지도 모르겠다. 매일 학교 지각을 일삼던 소년은 그날 학교에 일찍 등교했다. 아침을 먹는 둥 마는 둥 뛰어서 왔다. 너무 일찍 와서 교실이 텅 비어 있었다. 자기 책상에 앉아 선물 받은 연필 1다스를 상자 채 책상 가운데 얹어 놓고 벙글거리며 내려다보고 있다. 그날 소년은 자기 반에서 충분히 주인공 대접을 받았다고 스스로 생각하며 잔뜩 자부심과 자존심을 키우고 있었다. 보물 같은 그 연필 한 다스를 얼마나 아끼고 또 아끼고 했는지 국민학교를 졸업할 때까지 그 연필을 사용하고도 남았다. 문구류는 공부를 하는 도구에 불과한 것이지만 인생을 살아가는 도구이기도 한 것을 나중에 소년은 알았다.

소년이 성인이 되어 육군 장교가 되었는데 그의 사무실 책상 서랍에는 항상 노란색 연필 1다스가 잘 깎여져 정돈되어 있었고 칠순이 넘은 늙은 화가가 되었을 때도 서랍에는 연필을 포함한 온갖 필기구와 지우개·칼·자 등의 문구류가 모든 서랍에 가득하다. 책도, 공책도, 연필도, 인생을 개척하는 도구이며 방편이었다. 붓 한 자루로 감성을 표현할 수 있게 된 지금 이들 문구류들은 스승님 못지않게 소년을 가르치고 다져준 스승이며 교과서였다.

오꼬시와 할아버지

소년이 사는 집은 막다른 골목의 끝집 이었다. 골목 입구에 한 평 남짓한 점방(상점)이 있다. 그 가게 앞, 턱이 기다란 판자 위에는 커다란 유리병들이 있고 어른 밥그릇만 한 뚜껑이 덮여 있다. 일렬로 줄지어 있는 유리병들에는 빨간 사탕 · 파란 사탕 · 하얀 사탕 등이 담겨 있다. 그 뒷줄에는 여러 가지 과자들이 들어 있는 유리병들이 대여섯 개가 줄지어 있다. 그뿐이었다. 소년은 한 번도 그 가게에서 뭘 사 먹어 본 적이 없었다.

어느 날 소년이 가게 앞을 지나는데 같은 골목에 사는 또래 친구 인수가 가게에서 과자를 사 먹고 있었다. 뒷줄에 있는 고동색 오꼬시를 3원어치 6개를 사서 양손에 두 개씩 들고 한입에 두 개씩이나 넣고 입볼이 터지도록 어그적 거리며 씹어 먹는 모습을 본 소년은 놀라지 않을 수 없었다. 두 개 1원씩 하는 비싼 과자를 여섯 개나 산다는 것도 놀랍고, 과자를 한 개씩 조금씩 깨서 아껴먹는 것이 아니라 그것을 한 개도 아닌 두 개를 한꺼번에 한입에 넣고 거칠게 우적우적 깨물어 먹는다는 일은 상상조차 할 수 없는 대범한 일이었다. 소년은 그날 이후 자나 깨나 오꼬시 생각에서 헤어나지를 못했다.

오꼬시는 그 크기가 한 입에는 버거운 큰 깍두기만 한데 겉에는 물엿이 도배되어 절반은 건조되어 적당히 끈적이고, 그 속은 쌀 튀밥만 한 단단한 밀가루 과자들이 큰 깍두기 크기로 단단히 응집되어 있는데, 그 당분과 고소함이 진하게 어울려 행복한 쾌감을 주며 이빨이 튼튼한 사람은 우직하게 깨물어 먹는 감촉 또한 너무도 매력적이어서 소년 또래의 애들은 물론 어른들도 즐겨 먹는 최고의 인기 간식이었다.

어느 날 해 질 녘 소년은 하굣길 그 가게 앞에 서서 오꼬시가 담긴 유리병을 한참이나 쳐다보고 있었다. 같은 골목에 살고 계시는 큰집 할아버지가 외출에서 돌아오시다가 소년의 그 모습을 보시게 되었다. "야 이놈아야! 너 거그서 뭣허고 있냐? 엉! 빨리 집에 가제!" "예! 할아부지!" 소년은 느린 걸음으로 할아버지 뒤를 따라 집을 향해 걸었다. 골목에 들어섰는데 할아버지가 느닷없이 소년의 손목을 잡고 부리나케 오던 길을 되돌아 사탕가게로 향한다. 소년은 영문을 몰라 어리둥절한데 가게 앞에 떠억 서신 할아버지가 조끼 주머니를 뒤진다. 담배쌈지며 라이타 등 소지품들을 꺼내며 주머니를 여기저기 바쁘게 뒤지신다. 소년은 짐작한다. '돈을 꺼내서 과자를 사 주실 모양이다.' 그런데 할아버지 표정에 당황한 기색이 돈다. 돈이 한 푼도 없다. 당황한 할아버지는 멋쩍게 더듬거리면서도 큰소리로 당당하게 말한다. "다음에 사줄게. 과자! 잉? 가자!" 소년은 고개를 끄덕이고 다시 할아버지 뒤를 따라 걸었다.

할아버지 걸음은 조금 전보다 더 빠르고 소년의 걸음걸이는 더 느려져서 할아버지와 거리가 점점 멀어지고 있었다. 소년은 그런 할아버지가 야속하고 미웠지만 할아버지가 감사하고 또 좋았다. '우리 할아버지가 그렇지 뭐—' 소년은 혼자 중얼거렸다. 소년은 할아버지 체면을 생각해서 엄마나 아빠에게 말하지 않았다. 소년은 할아버지 편이었다.

소년은 훗날 어른이 되고 할아버지가 되어서도 오꼬시를 즐겨 먹는다. 제주에서도 오일장에 들르는 날이면 오꼬시가 있는지 살핀다. 그때 그 맛을 느껴보려 하지만 그 맛은 이제 추억의 맛일 뿐이다. 추억은 할아버지에 대한 사랑과 감사를 담고 있다.

술 깬다 저리 가라

환갑을 지내신 아버님이 거의 매일 하시던 말씀 중 하나가 "술 깬다. 저리 가거라."이다. 광주 무등산 자락 충효동에 온 가족이 새로 지어 이주한 쌍청재 집에서 오순도순 새 생활을 시작하게 되었다. 온 가족이 순탄하게 여유를 즐기며 그럭저럭 화목하게 살던 시절. 굳이 걱정거리를 들춘다면 약주가 과한 아버님이 걱정이었다.

집 주위에는 주막이 앞 동네 뒷동네 몇 개 있었다. 아버님은 오전에 집을 나서면 이곳저곳 주막집들을 전전하며 사람도 만나고 얘기도 나누고 약주도 나누시며 하루를 소일하시고 저녁때쯤 집에 들어오신다.

나는 가끔 주막집에 들러 그동안 지어놓은 아버님의 외상 술값을 갚아 드리곤 했었다. 그런데 어떤 땐 약주가 과하셔서 누워 앓으시거나 식사를 전혀 못하시는 경우도 더러 있고 술이 깨어 있거나 술기가 약할 때는 손발이 떨리고 거동은 물론 대소변 가리는 일 조차 곤란할 지경이 되었다.

어머님의 노고가 말로 다 할 수 없이 컸고 나 또한 그러한 아버님이 미웠다. 그런데도 아버님의 약주 사랑은 변함이 없어 어떠한 식으로라도 술을 구해다 숨어 마시는 일이 꾸준히 이어지고 있었다. 나는 아버님이 마시다 남은 술병을 들어 아버님 앞에서 땅에다 부어버리면서 "이놈의 술을 왜 끊지 못합니까?" 아버님은 아무 말도 없이 나를 보는 것이 아니라 쏟아지는 술을 안타까운 표정으로 뚫어져라 바라보며 그 자리에 주저앉아 버리신다. 나와 식구들이 모두 방에 들어가 버린 뒤에도 아버님은 그냥 그 자리에 주저앉아 계셨다.

나는 아직 어린 당신의 손자 손녀들에게 할아버지를 방으로 모시라고 시켰다. 손자 손녀가 달려들어 "할아버지 들어가요!" 하며 끌어당기면 할아버지는 애써 뿌리치며 "야 이놈들아 저리 가거라. 나 술 깬다 이놈들아!" 나는 어처구니가 없었다. 아버님은 평소에도 어린 손주 손녀들이 재롱을 떨어도 늘 "저리 가라 나 술 깬다!"라고 하셨다. 없는 돈에 눈치를 보며 어렵게 마신 술이 손자들 재롱을 보다가 거나한 술기가 깰까 그것이 아까웠을까? 술 취한 그 기분이 아버님에게는 그만큼 소중했던 것일까?

나는 아버님 술을 빼앗아 눈앞에서 쏟아버렸던 못된 행동을 두고두고 후회하며 부끄러워했다. 그런데도 아랑곳하지 않던 아버님은 주정꾼이었을까, 아니면 술 신선(酒仙)이었을까? 아버님은 5년을 더 술만 드시다가 결국 알콜중독으로 술에 취해 돌아가셨다. 지금도 나는 술에 취하면 아버님께 술 한 잔을 꼭 권해 드린다. 술만큼 자기를 사랑해 주는 대상을 찾지 못하신 아버님께 자식으로서 죄송한 마음이다. 세상 그 누구도 그럴 수 있고 나도 나이 들며 아버님을 닮아가고 있으니까.

울 엄니는 차워라!

'맞아 엄니는 내 친엄마가 아녀! 절대 아녀. 그러니까 지금도 밉지만 앞으로 더욱 미워해야 돼.' 소년은 다짐하듯 몇 번이고 되뇌었다.

아침에 김치 국물에다 밥 몇 숟갈을 말아서 먹이고 외출한 엄니는 해가 저물고 어둡이 내렸는데도 집에 오지 않았다. 종일 굶으며 엄니만 기다리던 소년은 머리끝까지 화가 나 있었다. 마루 끝에 앉아 씩씩거리고 있다가 방으로 들어가 엄니의 옷장을 열어보니 울긋불긋 화려하고 보드라운 비단천의 고슬고슬한 엄니의 치마저고리 한복이 옷장에 가득 찼다. 옷을 몽땅 두 팔로 끌어안아 방바닥에 팽개쳐 놓으니 방안 가득 퍼진다. 비단 옷감의 감촉과 향기로운 냄새가 참 좋다. 그 냄새에 더욱 화가 치민 꼬마는 가위를 집어 들고 널브러진 옷들을 닥치는 대로 난도질한다. 그러나 꼬마는 몇 차례 가위질에 문득 겁이 났다. 가위질을 멈추고 소년은 생각한다. '어쩌지—?' 엄니의 성난 얼굴과 욕설이 생각났다. 덜컥 겁을 집어먹은 소년은 가위를 던져버리고 집에서 도망 나왔다.

동네 밤거리를 헤매지만 갈 곳이 없다. 생각할수록 겁이 나 무섭고 배는 고파 쓰러질 지경이다. 온 시내를 헤매던 소년은 한밤중이 되어 소년의 집 앞에 나타났다. 집안에 불이 켜진 걸 보니 엄니가 들어온 듯한데 조용하다. 소년은 숨을 죽이고 대문간에 기대앉았다. 새벽쯤 됐을까. 아들을 찾아 밖으로 나선 그 엄니는 대문간에서 쭈그리고 잠이 들어있는 아들을 발견한다. 소년은 번갯불을 의식하며 방으로 끌려 들어갔고 소년은 엄니의 눈물을 보게 되었다. 사업을 크게 하시는 아빠의 여성 행각에 치를 떨고 그 분풀이를 꼬마 아들에게 퍼붓는 엄마. 그 엄마는 남편에게 쏟아붓고 싶은 욕설과 포악을 죄 없는 아들에게 대신하게 되는 상황이라, 엄마는 그 아들놈이 밟혀서 집을 박차고 나갈 수도 없고 이혼할 수도 없다고 한탄한다. 결론은 아들의 존재가 엄마의 새 삶의 가능성을 막아 버리는 애물단지라고 생각하고 있는 것이다. 아무 죄 없는 소년은 아빠로부터의 무관심, 엄마로부터의 원망이 깔린 학대를 받으며 결코 알뜰한 사랑이나 학교교육이나 가정교육 등 보살핌을 잘 받지 못하면서 자랄 수밖에 없었다.

지금도 소년의 기억엔 엄니 외에 작은 엄니 한 둘은 늘 있었고 집에서 아빠를 볼 수 있는 기회도 한 달에 한두 번이 고작이었다. 그러던 어느 날 소년은 토방에서 넘어져 왼팔을 삐었는지 손을 쓸 수가 없었다. 엄니한테 팔이 아프다고 몇 번을 말했지만 한마디 대꾸도 없다. 이삼일 지나고 나니 아픈 팔뚝이 무처럼 뚱뚱 부어서 아예 움직일 수도 없는 고통에 눈물만 흘릴 뿐인데도 엄니는 무슨 조치는커녕 다친 팔을 한번 살펴보지도 않았다. 소년은 아빠만을 기다리고 있다가 하루는 아빠가 근무하신다는 버스회사를 찾아가서 여기저기 기웃거리며 어디서라도 아빠가 나타나기를 기다리고 있었다.

해가 질 무렵, 뒤에서 누군가 "대규야!" 하고 불렀다. 아빠 목소리였다. 소년은 대답도 못하고 속울음을 터트렸다. "너 팔이 왜 이래?" 아빠는 소년을 뼈 맞춤집으로 데려갔고 뼈 부러진 애를 이제야 데려왔다고 아버지한테 핀잔을 주는 접골사 선생의 성난 목소리가 얼마나 시원하고 후련한지 몰랐다. 탈골된 뼈를 맞추어 부목과 깁스를 하고 아빠가 사준 아이스케키 하나를 입에 물고 행복의 콧노래를 부르며 집으로 돌아왔다. 깁스를 한 모양을 본 엄마는 놀라는 듯했으나 애써 태연한 척하면서 한마디 했다. "애비한테 갔었냐?"

어느 날 한가한 오후 엄니는 방안에서 바느질을 하고 있었다. 소년은 방바닥에 뒹굴면서 혼자 놀다가 귓구멍을 만졌는데 불은 쌀알만 한 귓밥(귀지)이 굴러나왔다. 소년은 깜짝 놀라서 엄마한테 말한다. "엄니! 이렇게 큰 귓밥이 나왔어!" 엄마는 귓밥을 살펴보더니 "짜식! 까불고 있어!" 못 믿고 거짓이라 치부한다. "참말인디!" 얼마나 귀속 관리를 안 했으면 귀속이 그 지경이었을까? 소년은 그제야 귓속 청소를 해야겠다는 생각도 했고 그동안 한쪽 귀가 잘 안 들렸던 것도 깨닫게 되고 수시로 성냥 골을 이용해서 귀 청소를 하게 되었다.

소년은 머리털이 빠지는 기계독을 항상 달고 사는가 하면 축농증으로 코가 막히고 두통이 심했다. 목 뒤와 귀 뒷부분이 항상 짓무르고 터지는 피부염도 끊일 날이 없었다. 늘 그렇게 고통 속에 살았지만 엄니한테는 물론, 아빠에게도 무서워서 말하지 못하고 그저 숨기고 혼자 앓고 견디며 살았다.

언젠가는 넘어져 손바닥이 심하게 찢어졌었다. 걸레 조각으로 둘둘 감아 꼭 쥐고 지내는데 우연히 엄마가 보았다. "왜 그냐?" "찢어져서 피나!" "#*$^&*%!" 소년은 상처를 돌봐주기는커녕 호된 호통에 벼락을 맞은 듯 정신이 하나도 없었다. 그 후로도 이빨이 충치로 흔들리고 빠져 나가고 젖니가 다 없어지도록 소년은 엄마 아빠 몰래 혼자서 처리했다. 들은 소리는 있어서 이빨을 혼자 빼서 지붕에 던지고 종기가 생기면 혼자서 고름을 짜고 부스럼이 나면 혼자서 딱지를 뜯어내고 소금물로 씻었다.

그래도 소년은 자라서 성인이 될 때까지 항상 노래 잘하고 이쁘게 생긴 엄마가 좋고 욕하고 구박만 하는 엄마가 밉지 않고 따뜻한 말 한마디나 한 번도 안아준 기억이 없는 엄마지만 싫지 않았다. 군대에 들어갔을 때도 제일 많이 그립고 보고 싶은 사람이 엄마였다. 한 번이라도 따뜻이 안아주거나 뽀뽀해준 적이 없고, 사랑한다, 이쁘다, 잘했다, 칭찬해주는 말 한마디 들어본 기억이 없는 그 엄마가 가장 보고 싶었다. 그때나 지금이나 아무리 생각해도 이해가 안 되는 희한한 일이었다.

소년은 엄니가 자기에게 퍼붓는 욕들을 일기장에 기록해 봤던 기억이 있다. "저 썩을 놈."을 비롯해서 무려 30여 종류가 되었다. 쳐 죽일 놈, 되질 놈, 염병할 놈, 잡놈의 새끼, 씹어갈 놈, 씨발 놈, 호랑이가 물어갈 놈 등등의 욕을 배터지게 먹고 자란 소년은 어떤 면에서 남들보다 일찍 철이 들었다는 것은 사치스러운 말이고 어린 나이에 자린고비가 되었다. 인색하고 베풀 줄 모르고 남을 도와줄 줄 모르는 욕심쟁이가 되었다. 사랑할 줄도 모르고 사랑받을 줄도 모르는 철저한 이기주의자가 되었다. 성인이 되고 직장인이 되고 가장이 되고 군인이 되고 예술가가 되었으나 나이 듦에 비해 점점 외롭고 불쌍한 독거노인이 되었다. 잔정 없는 무정한 엄니는 요양원에서 정신줄을 놓고 지낸다.

추운 겨울 어느 날 세상은 동계 올림픽으로 축제가 화려한데 해 질녘 노인이 된 소년은 알아보지도 못하는 엄니의 손을 잡고 휠체어 곁에 앉아 있다. 그 두 사람 사이엔 그저 회한의 침묵이 흐를 뿐이었다. 보호와 사랑을 받으며 잘 자라고 교육도 충분히 받았더라면 삶이 지금과 달라졌으리라는 생각을 이따금 한다. 하지만 자식들에게 빚을 물려주지 않고 감옥 갈 죄를 짓지 않았으며 남에게 피해 주지 않고 남의 도움을 꼭 필요로 하지 않고 살고 있음을 천만다행이라 생각하며 작은 안심을 갖는다.

도화지 숙제

국민학교 4학년 때였던가. 담임 선생님은 일주일에 한번 미술시간에 꼭 숙제를 내준다. 도화지에 그린 그림 한 장을 제출해야 한다. 숙제를 안 해온 학생이 교단에 칠판을 짚고 엎드리면 부지깽이만 한 각목으로 종아리나 궁둥이를 때리신다. 어찌나 아픈지 온몸이 마비되거나 전기를 통하는 듯 찌릿하여 하늘이 노랬다. 그런데 매를 맞는 사람은 거의 정해져 있었다. 도화지 살 돈이 없는 나 같은 사람이거나 그림을 아예 못 그리는 친구들이다. 돈이 있고 그림을 못 그리는 사람은 도화지를 두 장 사서 내 짝꿍 중석이를 준다. 중석이는 한 장에 그림을 그려주고 남은 한 장은 그림 그려준 대가로 받는다. 나는 그림도 못 그리지만 도화지 살 돈이 없으니 일주일에 한 번 미술시간엔 맡아놓고 각목으로 종아리를 맞았다.

어느 날 학교 쓰레기장을 청소하다가 버려진 도화지 한 장을 주웠다. 좀 구겨지고 그리다 만 그림이 몇 가닥 칠한 물감이 번져있는 종이인데 어쩌면 한 번쯤 숙제용으로 써먹을 수 있을 것 같았다. 구겨진 곳을 잘 펴고 때 묻은 곳을 지우개로 잘 지웠더니 거의 새것처럼 되었다. 뜻밖의 횡재에 만세를 부르면서 좋아했고 내 짝꿍 중석이에게 말했다. "도화지 한 장 밖에 없는데 그려주면 다음에 꼭 한 장 갚을게!" "안돼!!" 너무도 단호했다. 나는 짝꿍이니까 좀 봐줄 줄 알았는데 일언지하에 거절당하고 나니 중석이가 밉기도 하고 원망스러웠다.

나는 중석이가 부탁받은 그림을 그리는 것을 눈여겨 관찰했다. 똑같은 그림을 여러 장 되풀이해서 그리는데 눈으로 다 외울 수 있었다. 나도 한번 그려볼까 하는 생각이 들었다. 쓰레기장에서 주워온 그 도화지를 꺼내 놓고 아무도 모르게 눈여겨 봐둔 그 그림을 그리기 시작했다. 망쳐도 어쩔 수 없다는 각오를 하고 크레용도 아니고 색연필도 아니고 수채화 물감도 아니고 4B 연필도 아닌 그냥 글씨 쓰는 몽당연필로 끄적끄적 그렸다. 그림을 그리는 동안 마음에는 긴장, 흥분, 좌절, 포기, 실망 등의 감정이 일어났다 사라지고 사라졌다 일어났다. 그럭저럭 그림이 다 되어 가는데 그런대로 느낌도 있고 괜찮은 것 같았다. 보고 또 보고 고치고 또 고치고 덧칠하고 덧그리고 그럴수록 '아—! 내가 이걸 그렸단 말인가?' 혼자 흥분하고 중얼대며 희열이 느껴졌다. 기다리던 미술시간. 나는 당당하게 선생님께 숙제를 내밀었다. "중석이가 그려줬냐?" "아니요! 제가." "피— 자식." 선생님은 믿지 않는 눈치였다. 그러나 소년은 얼마나 기뻤는지 모른다. 그 그림은 교과서에서 볼 수 있는 수염 난 안중근 의사의 초상이었는데 그림이 짝꿍 중석이 수준이란 것이 확인된 것이다.

그 후 소년은 안중근 의사 얼굴뿐만 아니라 길거리에 붙어 있는 영화 포스터를 떼어다가 영화배우 얼굴을 그리기 시작했다. 언젠가는 계림극장 뒷마당에 가서 환쟁이(미술가)들이 극장 간판 그림을 그리는 것을 신기롭게 구경하기도 했다. 소년의 모든 공책의 표지 안쪽은 영화배우 얼굴들로 꽉꽉 차 있었다. 허장강·박노식·최무룡·황해·김진규·김지미·김승호·문정숙 등, 당시 유명한 영화배우 얼굴을 다 그렸다. 물론 그 뒤론 담임 선생님께 종아리 맞는 일도 없었고 몇몇 동무들로부터 그림 숙제 부탁을 받기도 했고 더욱 놀라운 일은 그해 성적 통지표는 미술 과목만〈수〉를 받았다. 이를 두고 '전화위복' 이라고 말하지 않겠는가.

여름방학 어느 날 엄마를 따라 외갓집에 간 일이 있었는데 외할아버지 방에서 뒹굴다가 할아버지 담배인 '봉초' 껍데기 종이를 펴서 안쪽 흰 부분에 배우 김진규의 얼굴을 연필로 대강 그렸는데 할아버지가 보시고 놀라워하시며 하얀 창호지 한 장을 벽장에서 꺼내 주시며 "여기에다 그려 봐라." 소년은 신이 나서 그렇게 크고 흰 좋은 종이는 처음인데 정말 그리기가 재미있었다. 외할아버지는 크게 좋아하시며 그 배우 얼굴 그림을 벽장문에 붙이고 몇 년을 두고 보시면서 오시는 손님들께 "우리 외손주가 그린 것이여!…" 하며 자랑하셨다.

소년의 아버지는 이런 소년을 호되게 꾸짖었다. "극장 간판장이가 될래? 검·판사가 돼야제!" 그래서 나는 극장 간판장이나 화가는 천박하고 가난하고 못난 사람들이 하는 것인 줄로 알게 되었다. '화가를 안 하면 되지. 그래도 그림이 좋으니까 그림만 재미로 그려야지!' 나는 그런 마음으로 그렇게 절충점을 찾고 있었고 그 절충점은 중·고등학생 때도 의도적으로 미술부에 들어가지 않았으며 성인이 되어서도 미술 공부에 호기심이 생겼지만 의식적으로 관심을 두지 않았다.

나이가 들어서야 그림 공부를 시작하게 된 동기가 생겼다. 나는 나이 40이 넘은 육군 장교로 직업군인이 되었는데 근무하는 부대 남한산성 인근에는 도자기 공장이 많았다. 도자기 공장의 기능인들이 도자기 만드는 작업을 보고 거기에 푹 빠졌다. 그렇게 훗날 도자기로 문화재가 되신 지순택 선생과 친하게 되었다. 자연스럽게 지순택 선생께 도자기를 배웠다. 어느 날 물레를 돌리고 있는 내게 선생이 말했다.

“장교님은 이런 일보다는 동양화 그림을 그리면 정말 잘 할 것 같습니다마는….” 나는 생각한다. ‘그래 내가 원래 그림을 그리고 싶어 했었지—!’ 그는 그림 배울 기회를 찾아 백방으로 노력했고 결국은 희재 문장호 선생의 문하에 들어가 아산 조방원 선생의 제자가 되었다. 그리고 지금은 다 늙은 화가가 되어 부처님의 법을 따르고 부처님의 법을 배우며 수행자로서 제주 한라산 계곡 깊은 곳에 머묾의 삶을 누리고 있다.

거의 평생을 그리기를 하며 지낸 삶이 훗날 수행자가 될 수 있는 발판이 되었을 것이라 생각한다. 참으로 다행스러운 일이었다고 회고한다. 그리고 나를 수행의 길로 이끌어 준 그림 그리기의 위대함을 통감한다.

봉사 아줌마의 소리

소년은 난생처음 엄마를 따라 광주 장날 양동시장에 갔다. 시장에 들어서니 평소 상상만 하던 온갖 먹을거리들이 지천이어서 소년의 정신을 빼앗아 간다. 수많은 군중이 이리저리 휩쓸리듯 물결치고 소년은 눈을 휘둥그레 뜨고 별천지인 듯 황홀해 할 뿐이다.

매장마다 널려있는 옥수수며 튀밥이며 토마토랑 홍시, 오꼬시 과자하며 주먹만 한 눈깔사탕, 구름 같은 솜사탕에 말로만 듣던 아이스케키랑 야끼모, 보는 족족 소년은 엄니의 치맛자락을 잡아끈다. “장보고 나오면서 사주께!” 하면서 엄니는 그 흔한 꽈배기 하나도 안 사줬다. 입이 퉁나발이 되고 두 눈에 눈물이 범벅이 된 소년은 참고 참고 견딜 수밖에….

얼마를 걸었을까. 엄마가 외마디 비명을 질렀다. “오메! 내 돈!” 그 비명 소리에 소년의 꿈이 홀연 사라졌다. 엄마는 셈을 치르느라 들고 있는 보퉁이 속에 넣어둔 전대를 찾았는데 없다. 이미 소매치기를 당한 후였다. 엄마는 새파래진 입술로 울고불고 발광을 하건만 주위 사람들의 혀 차는 소리가 공허할 뿐이었다. 소년은 엄마를 멍하니 바라보았다. 어안이 벙벙하고 정신을 차릴 수가 없었다. 주변 근처를 이리

저리 헤매고 돌아다니다가 어쩔 수 없이 두 모자는 그저 허적허적 왔던 길을 돌아오고 있었다. 수많은 군중이 운집해 있는 하천가 넓은 빈 터에서 피리·젓대·장구 소리가 신이 났고 간드러진 소리 가락이 두 사람 마음을 잡아끈다. 엄마와 아들은 그 황망한 상황에도 나이롱 극장의 굿구경을 하고 있었다. 꽃같이 예쁜 여인들이 화려한 치장과 옷차림으로 노래하며 춤추는 모습에 소년은 다시 정신줄을 놓고 있었다.

얼마나 지났을까. 엄마는 소년의 손을 끌고 다시 걷기 시작했다. 집에 돌아오는 동안 소년은 다짐한다. '다음 장날 나 혼자라도 나이롱 극장에 꼭 구경 가야지!' 그때 엄마는 느닷없이 아들 들으란 듯이 혼잣말처럼 한마디 한다. "니 사탕이라도 하나 미리 사줄 것을…." 그러나 소년은 다음 장날 아침부터 저녁까지 배를 쫄쫄 굶어가며 하루 종일 약을 파는 나이롱 극장에서 창극 흥부전을 구경했다. 뿐만 아니라 그 후에 장날마다 소년은 굶어가며 창극을 구경했다. 소년은 자기도 모르게 국악에 젖어 가고 있었다.

그해 추석 명절 때 서울 사시는 작은 아버님이 고향엘 오셨는데 저녁에 조카아이들의 재롱질을 보시게 되었다. 소년은 나이롱 극장에서 보고 들은 국악 창 한 대목을 불렀다. "♬사람이 살며는 몇 백 년이나 사나 호박 같은 세상 둥글둥글 살세♬" 좌중에 난리가 났다. "오메 저 놈이 뭔 일이다냐?" 그런 후로 소년은 집안의 유일한 가수가 되었고 동네 유명한 소리꾼이 되었고—.

서울서 오신 작은 아버님이 며칠을 지내시다 서울로 올라가셨다. 큰집 작은 집 온 가족이 모두 동원돼 서울 가는 작은 아버님을 기차역으로 배웅 나갔다. 소년도 그 무리에 섞여 광주역 대합실에 들어섰다. 수많은 사람들이 구름처럼 모여 있고 여기저기서 웅성웅성 소음이 시끄러웠다. 잘못하면 가족들을 잃을 판이었다. 그러던 어느 순간 소년은 어디선가 들리는 반가운 노랫소리를 들었다. 마치 자석에 끌리듯 소년은 소리 나는 쪽으로 걷기 시작했다. 맨 왼쪽 작은 출입문 안쪽에 십여 명 사람들이 모여 있고 그곳에서 누군가가 애끊는 목소리로 판소리를 하고 있었다. 소년은 뜀걸음으로 끌려가듯 거기에 붙었다. 40~50세쯤 되어 보이는 아줌마가 땟국이 절은 치마저고리에 낡은 방석 하나를 시멘트 바닥에 깔고 앉았는데 등에는 어린애가 고개를 젖히고 잠이 들었다. 깔고 앉은 방석 앞엔 국그릇 같은 사기그릇 하나에 싼 지폐 몇 장이 놓여 있다.

더욱 놀라운 것은 허옇게 골아버린 두 눈알을 희번덕거리며 용을 쓰고 부르는 판소리는 소년이 나이롱 극장에서 몇 차례나 들어본 심청전 판소리가 분명했다. 애절하고도 안타까운 그 소리가 소년의 정신을 다 빼앗아갔다. 얼마나 지났을까. 소리를 멈추더니 옆에 둔 보퉁이를 더듬거려 끌러 놓고 "배가 고파서 밥을 좀 먹고 해야겄소!" 보퉁이 속에서 밥그릇과 김치 그릇 하나를 꺼내 놓고 두 손을 더듬거리며 이내 밥을 먹기 시작한다. 한 그릇이 채 안 되는 밥그릇이 다 비워져 갈 때 구경하던 어떤 아줌마가 어디서 물 한 사발을 떠와 내려놓았다. "여기 물 있소." "야 야 고맙소야."

소년은 작은아버지 배웅을 나왔지만 언제 작은아버지가 가시는지 보지도 못했다. 사방을 둘러봐도 같이 왔던 친척이며 식구들은 하나도 보이지 않는다. 소년은 아예 봉사 판소리 아줌마 코앞에 주저앉았다. 판소리 아줌마가 밥을 다 먹고 빈 그릇을 다시 싸놓고 어린애를 앞으로 안고 젖을 먹이고서 아기를 다시 등에 업는데, 소년은 아줌마가 소리를 그만하고 가 버릴까 봐 걱정했다. 다행히 아줌마는 다 떨어진 작은 부채를 들고 다시 소리를 시작했다. 진도 아리랑도 부르고 사철가도 부르고 마지막으로 물레타령을 부르고 나선 "오늘은 이만하고 그만 집에 갈라요!" 하시며 아기를 추켜 업고 작은 보퉁이를 들고 일어선다. 소년도 그만 일어나 집으로 돌아왔다. 돌아오면서 생각했다. 밥그릇에 돈도 별로 담기지 않았는데 그 소리 하는 모습이 불쌍하고 안타까워서 더 보기가 힘들었는데 그나마 빨리 끝내서 다행이라고 여기며 '차라리 소리를 하지 말지….' 속으로 그렇게 생각하면서도 '그래도 소리는 참 좋아—.'

이후 소년은 틈만 나면 기차역 대합실에 가봤지만 다시는 소리 아줌마를 만나지 못했다. 소리를 다시 듣고 싶은 건지 아줌마가 궁금해서인지는 모르지만 소년은 그 생각으로 힘들어하고 있었다. 어느 날 한가한 오후 소년은 그 소리 아줌마 생각을 하다가 그녀가 부르던 소리 한 대목을 생각하고 혼자 불러 봤다. "♬둥둥 내 딸이야 금을 준들 너를 사며 옥을 준들 너를 사랴~ 둥둥~♬" 이때였다. 앞집 판자 울타리 너머 외마디 소리가 터졌다. "얼씨구 잘 헌다. 좋다." 앞집 아저씨의 느닷없는 추임새에 소년은 입을 꾹 닫고 어깨를 움츠리며 얼른 방으로 들어가 버렸다.

소년은 세월이 가니 어른이 되고 그림 그리는 화가가 되어서도 소리 사랑을 접지 못하고 불혹의 나이에 본격적인 소리 공부를 하더니 판소리 고법 문화재 이수자가 되었다. 60살 넘어 판소리 완창 공연을 수차례나 하더니만 골 깊은 산골짝에 흙집 토굴을 마련하고 수행자로서 나이를 채워가는 70살 노인이 되어 살면서도 스스로 감이 살아 있다고 생각하며 공부를 게을리하지 않고 있다. 가끔은 혼잣말처럼 내뱉는다. "그 봉사 소리꾼 아줌마! 지금쯤은 죽었을 것이여!" "그분 때문에 내가 국악을 하고 그래서 수행의 길을 들어선 것이 우연은 아니제… 아무렴!"

울 아부지는 무서워!

대부분의 아버지들이 그랬듯이 소년의 아버지도 엄하시고 무서웠다. 집안에서는 엄마에게도 소년에게도 하느님 같은 존재였고 이웃집인 큰 아버님 댁에서도 경찰관 순사인 소년의 아버지를 큰아버지보다도 더 무서운 사람으로 여기고 있었다. 큰 아버님 댁에는 소년의 사촌 형제들이 여섯 명이나 있었다. 소년의 집엔 애들이라곤 소년 하나뿐이었다. 평소 순사 아버지는 소년에게 말 한마디 건네거나 눈길 한번 주지 않는 근엄(?)한 어른으로서 아버지는 위엄 있고 무서운 존재일 뿐이었다.

어느 날 소년은 무심코 큰집에 들어갔다가 상상조차 할 수 없는 광경에 말을 잃었다. 그 근엄한 소년의 아버지가 큰집 사촌 형제들과 얼크러지고 설크러져서 장난치며, 깔깔깔 웃어대며 간지럼을 태우고, 붙들고 뽀뽀하고 뒹굴고 부대끼며 난리가 아니었다. 말도 안 되는 이 광경에 소년은 어처구니없고 기가 막혔다. 아니 신기해 보일 지경이었다. 소년은 너무 놀라 온몸이 굳어 되돌아 나오지도 안으로 들어가지도 못하고 그냥 그렇게 얼마 동안인가를 서서 그 광경을 보고만 있었다. 사촌들과 장난치던 소년의 아버지가 굳어 서 있는 자기 아들을 힐긋 보더니 멋쩍은 듯 슬그머니 일어나서 총총 그곳을 떠나 버린다. 자기 아들을 그야말로 '투명인간' 취급이었다. 소년의 충격은 컸다. '내가 친아들이 진짜 아닌가 보다!' 소년은 그날 이후로 큰집에 가지 않았다. 엄니가 심부름을 보내거나 큰집에서 불러도 절대 가지 않았다.

어울리지 않게 소년의 가슴에는 한이 하나 쌓였다. 평소에도 아버지는 자신을 좋아하지 않는다고 소년은 생각했다. 소년이 세수를 하고 수건을 목에 걸고 있는 걸 보고 아버지는 건방지다며 소년의 목에 걸린 수건을 낚아챈 일도 있다. 소년이 그냥 서 있는데 목에 힘이 들어갔다며 고개를 숙이고 어깨 힘을 빼라며 예절을 가르친다는 구실로 소년의 기를 죽였다. 아버지로선 그것이 자식을 착한 아이로 키우고 교양 있는 아이로 교육하는 것이라고 생각했을 터이다.

소년은 이미 외톨이였고 바보였다. 학교도 혼자 가고 집에도 혼자 있고 밥도 혼자 먹고 잠도 엄니 등 뒤에서 번데기처럼 쭈그리고 자며 하루 종일 말 한마디 할 일이 없이 그렇게 어린 시절을 보내고 있었다. 봄이 무르익는 향기로운 어느 날이었다. 딸기밭 유원지에는 매일 매일 상춘객들이 북적였다. 느닷없이 집에 오신 아버지는 "대규야!" 아들을 부르더니 자전거 뒷자리에 아들을 태우고 달리기 시작했다. 아들은 정신이 하나도 없었다. 아버지에게 주눅이 들어 "어디 가느냐?"고, "왜 이러느냐?"고 한마디 묻지도 못했다. 아버지는 아들을 말 한마디 없이 납치하듯 자전거 뒤에 태우고 비포장길을 질주하듯 달렸다. 아버지가 무서워서 허리를 꼭 잡지도 못하고 안장 뒷부분을 꼭 잡고 달리는 자전거가 무섭고 떨어질까 겁이 나서 소년은 그 길이 지옥으로 향하는 길 같았다.

개울을 지나고 들길을 달려 엉덩이가 얼마나 아픈지 차마 더 이상 참을 수 없을 즈음 다다른 곳은 지산동 딸기밭 유원지였다. 확성기에서는 고래고래 지르는 노랫가락이 시끄럽고 북장구가 둥당거렸다. 피리 소리도 하늘을 찢는 듯 요란한데 수많은 인파들이 파도처럼 술렁였다. 여기저기 술 취한 사람들이 비틀거리고 소리 높이 노래 부르고 춤을 추고 있었다. 아버지는 아들을 자전거 뒷자리에 앉혀 놓은 채 자전거를 고정해 세우고는 막걸리를 마시러 어디론가 가버렸다. 소년은 자전거 위에 앉아 있는 게 무섭기도 하고 자전거가 넘어질까 봐 잔뜩 겁을 먹고 석고처럼 굳은 몸이 되어 벌벌 떨고 있었다. 수많은 사람들이 자전거를 비켜 지나가면서 타고 있는 자전거를 넘어뜨릴까봐 조마조마한데 꽹과리와 북장구 소리는 온 숲 유원지를 뒤흔들었다. 또 얼마나 지났을까. 소년이 혼절하기 직전 아버지가 돌아왔다. 눈물 콧물이 범벅이 된 아들을 힐긋 보더니 "왜 그냐?" 퉁명스러운 아버지의 목소리는 막걸리 한잔 걸치신 것 같았다. 아버지는 이내 자전거를 몰고 왔던 길을 되돌아 집으로 왔다. 집에 아들을 내려놓고 아버지는 곧바로 자전거를 돌려 또 어디론가 가버렸다. 소년은 중얼거렸다. "딸기 하나도 안 사주면서 뭐 하러 데려 갔으까 잉?…." 소년은 생각했다. '다시는 아버지 따라서 어디도 가지 말아야지.'

아침 일찍 눈을 뜬 소년은 깜짝 놀랐다. 어젯밤 언제 오셨는지 아버지가 옆자리에 주무시고 계셨다. 부엌에서 엄니가 아침밥을 준비하느라 아궁이에 불 때는 기척이 들렸다. 소년은 아버지가 깨지 않게 가만히 일어나 앉았다. 바로 머리맡에 있는 앉은뱅이책상 위에 지폐 몇 장이 가지런히 놓여있는 것을 발견하고 소년은 가슴이 뛰었다. '저거 한 장만 있으면 도화지도 여러 장 살 수 있고 딸기도 사 먹을 수 있고 사탕도 사 먹을 수 있는데. 어제 딸기밭까지 데려가서도 딸기도 안 사줬으니까.' 소년은 지폐 한 장을 얼른 집어서 호주머니에 넣었다. 아버지가 일어나기 전에 세수도 하는 둥 마는 둥 엄니한테는 당번이라 빨리 가야 한다면서 학교로 도망치듯 달려갔다.

하굣길에 소년은 시장으로 갔다. 필요한 도화지, 연필, 지우개를 사고, 떡도 사먹고 사탕도 사 먹고 꽈배기도 사 먹고 어두워질 무렵에야 눈치를 보며 집에 들어갔다. 안 계실 줄 알았던 아버지가 마루에 앉아 계셨다. 소년은 가슴이 철렁했다. "너 이리 와!" 아버지 고함소리에 소년은 경기를 일으킬 지경이 되었다. 그 자리에 굳어져 엉거주춤 서 있는 소년에게 아버지가 다가오더니 그 큰손으로 아들의 뒤통수를 아무 말 없이 "탁!" 때린다. 소년은 그와 동시에 주르르 벌 벌 벌 오줌을 싸고 만다. 그것을 본 아버지는 아무 말 없이 밖으로 나가 버린다. 소년은 그렇게 놀라서 생 오줌을 싸는 것은 처음이었다. 그 뒤 소년은 잠을 자다가 놀라서 이부자리에 오줌을 싸고 엄마에게 두들겨 맞고 혼나는 일이 많아졌다.

그 후로 소년은 아버지가 더욱 무서워져서 학교 갔다 집에 올 때는 집에 아버지가 있는지 없는지 꼭 몰래 확인하는 습관이 생겼다. 안 계시면 들어가고 계시면 집에 들어가지 않고 밖으로 돌다가 아버지가 나가시면 밤늦게 집에 들어가곤 했다. 모르긴 몰라도 그때 아버지를 피해서 아버지를 안 보고 산 날이 다음 명절 추석 때까지 아니 그보다 더 먼 훗날까지도 아버지를 안 보고 피해서 살았던 것 같다. 그러는 동안 단 한 번도 소년은 아버지가 보고 싶다는 생각이 들지 않았다. 그저 두렵고 무섭기를 나이 들어 군에 들어갈 때까지도 그런 불행한 시간은 계속되었다. 기대고 의지할 곳이 없어 정신적 안정을 갖지 못하고 소년은 성장기를 보냈다. 불행한 시간이었던 것 같다.

할아버지의 추구문(追句文)

내가 지역 명문 중앙초등학교에 잘 다니고 있는데 아빠는 엄마한테 명령했다. “저놈을 할아버지 서당에 보내!” 아빠가 무섭고도 무심한 사람이라서 엄마는 물론 아들에게도 아무런 관심도 없고, 하찮은 존재라고 여기고 있다고 생각했는데 엄마에게 자신의 부친이신 서당 훈장님께 아들을 보내 교육시키겠다니…, 소년은 ‘아빠가 나에게 이토록 관심이 있었나?’ 의아했다.

할아버지의 집은 골목 끝에서 세 번째 초가집이고 소년의 집은 그 골목의 맨 끝집인데 매일 저녁 할아버지 집(서당)에는 십여 명의 사람들이 모여 할아버지 앞에 무릎을 꿇고 앉아 소리 소리를 지르며 글을 읽는데 그 소리가 얼마나 요란하지 온 동네가 들썩들썩했다. 요즘 같으면 신고가 들어가고 소음으로 고발이 될 일이어서 서당 운영 자체가 불가한 일이겠다. 하지만 1950년대 그 시절은 향학열에 불타는 그 몸부림의 괴성 같은 글 읽는 소리 합창을 양해하고 이해할 뿐 아니라 너나없이 모두가 못내 부러워하던 시절이었다.

다음날 저녁 소년은 뭇 어른들 틈에 끼어 무릎을 꿇고 앉았다. 평소엔 인자하신 할아버지께서 서당 훈장님이 되시어 까만 탕건을 쓰시고 하얀 바지저고리에 밤알만 한 호박 단추가 달린 마고자를 입으시고 몇 가닥 안 되는 하얀 수염을 연신 매만지며 연거푸 헛기침을 뱉으시며 선창을 하신다. 두세 줄로 꿇어앉은 청·장년들이 그저 훈장님 앞에 머리를 조아리며 복창한다. 그 광경을 보고 소년은 할아버지가 그렇게 '무섭고 훌륭한 어른이신가 보다.' 하고 생각한다. 새삼 할아버지가 자랑스럽고 위대해 보이면서 소년은 어깨가 으쓱해졌다.

"오늘 처음 왔응께, 책을 줘야제!" 훈장님이 서랍에서 창호지로 엮어진 책 한 권을 꺼내 놓고 첫 장을 열어 놓는데 빈 공책이다. 훈장님은 붓을 챙겨들고 벼루에 먹을 갈더니만 붓에 먹을 턱턱 묻히며 빈 공책에 거침없이 붓을 대고 글을 써 내려가기 시작한다. 소년뿐만 아니라 방안에 있는 모든 사람이 숨을 죽이고 눈을 둥그렇게 뜨고 붓 가는 대로 생겨나는 글씨들을 신기한 듯 바라본다. 얼마나 지났을까. 10장쯤 되는 책 한 권이 다 되었다. 그것을 집어 소년에게 주면서 "이것이 추구문이여, 열심히 공부해야 해!" "예, 할아버지!" 소년은 황홀했다. 눈물이 날 뻔했다. 방안에 있는 모든 사람들이 박수로 축하를 해 주었다. 얼마나 뿌듯하고 감사한지. "첫 장을 펴라!" 즉시로 공부를 시작하는 것이었다. "천고일월명이요, 지후초목생을—" 소년만 따라 하는 것이 아니라 방에 있는 모두가 합창으로 복창한다. "이것은 음이고 새김으로 하면, 하늘이 높음에 날과 달이 밝고 땅이 도타움에 풀과 나무가 나는 도다." 소년은 어리둥절 정신이 하나도 없이 한두 시간 공부를 마쳤다.

다음날 저녁 엄마는 아들을 데리고 훈장인 시아버지께 갔다. 무릎 꿇은 엄마는 돈이 들어있는 봉투를 훈장님께 공손히 내민다. 소년은 놀랐다. 엄마가 나를 위해 돈을 쓰는 것을 처음 본 것이다. '공부를 잘 해야겠다.' 고 생각한다. "책을 펴라." 엄마가 보는 데서 수업이 시작

됐다. 가락과 장단으로 이루어진 글 읽는 소리가 좋았는지 엄마는 가지 않고 아들이 공부하는 것을 집중해 듣고 있었다. 초가지붕 위로 초여름 밤하늘에서 별들이 쏟아지고 이따금 참새 떼가 처마 끝을 휘돌았다. 십여 명 서당 초생들의 낭랑한 글 읽는 소리가 별 쏟아지는 풍경에 실려 섞였다. 한 시간 가까이 목청껏 공부를 했는데, 노래 연습을 한 것인지 자연 공부를 한 것인지 무릎 꿇고 흔들어댔으니 요가를 했는지 체조를 했는지 한학을 배웠는지 시문학을 하였는지—. 서당을 나올 때는 온갖 스트레스가 다 풀리고 한바탕 목욕한 듯 개운하고 상쾌했다.

〈추구문〉이라는 가장 기초적인 책을 다 배우면 명심보감을 배우고 그다음 소학, 대학, 맹자를 배운다. 하지만 소년은 추구문을 떼기도 전에 싫증을 느끼고 할아버지가 무서워지기 시작했다. 잘 외우지 않으면 심하게 꾸중을 하시는 할아버지가 남처럼 느껴졌다. 하루를 결석하면 다음날은 어김없이 훈장님이 집에 와 계셨다. "앞장 서거라." 그렇게 수개월을 서당에 다녔으나 소년은 흥미를 갖지 못해 훈장님의 속을 썩였다.

어느 날 학교에서 돌아온 소년은 집안에 진동하는 맛있는 냄새에 눈이 번쩍 뜨였다. "엄니 뭔 냄새여?" 부엌은 연기와 김으로 자욱하고 가마솥 위에는 큼지막한 떡시루가 올라앉아 허연 콧김을 내뿜고 있었다. 아궁이에는 속살을 드러낸 큰 장작개비 네댓 개가 꼽혀 붉은 화염을 피워내고 있었다. 묵직한 떡시루를 통째로 머리에 이고 서당으로 향하시는 엄마를 따라가는 소년은 다소 무거운 발걸음이다. "아들놈이 추구문을 떼었으니 떡 한 시루 해서 책거리를 해야 헌다." 훈장님 말씀에 엄마는 복종을 하시는 중이었다. 서당 어른 학생 십여 명과 큰집 식구들이 다 모여 어우러진 책거리 잔치가 벌어졌다. "희환이 아들

놈이 추구문을 떼었으니 맛있게들 먹어!” 훈장님 말씀에 따라 떡 한시루가 금방 비었다. “배운 것을 한번 읊어 봐야제!” 훈장님 한 말씀에 좌중이 조용해지며 시선이 모두 소년에게 향한다. 사뭇 긴장된 분위기에 엄숙한 침묵이 흐른다. 엄마와 훈장님은 뭐가 좋은지 그저 마냥 싱글벙글 이다. ‘천고 일월 명이요~♪’ 처음엔 머뭇거리고 기어들어가는 목소리로 시작했는데 훈장님이 호통치듯 내뱉는다. “모두들 따라서 해—” 그러자 모두들 기다렸다는 듯이 합창을 내어 지른다. 소년은 깜짝 놀라 어리둥절했으나 이내 고함치듯 따라 불렀다. ‘하늘이 높음에 날과 달이 밝고 ~’ 책거리를 마치고 다음 날부터 소년은 서당에 가지 않았다. 이 핑계 저 핑계를 대면서 할아버지를 피하고 도망 다니며 꽤 시간이 지나자 결국은 훈장님도 포기하고 엄마 아빠도 포기하고 끝내 소년은 서당과 결별하고 말았다.

소년이 의도적으로 서당을 가지 않은 데는 이유가 있었다. 훈장님의 지나친 간섭과 통제가 싫었지만 여러 차례 예약된 책거리가 싫었다.

떡을 하고 음식을 만드는 엄마의 잔소리와 성화를 견딜 수 없어서 서당을 포기한 것이었다. 어린애로서 속 깊은 처신 아니었겠는가? 소년은 그때 한문 몇 자 말고도 다른 무언가를 배웠을는지 모른다. 그것이 무엇인지를 그는 지금도 잘 모르지만 분명 뭔가를 배웠음직하다.

그 후 한글세대가 도래하고 학교에선 한문을 가르치지 않았다. 소년은 성인이 되어서 옛일을 회상하며 소학, 대학, 맹자, 논어 등을 독학했다. 화가가 된 후로는 한시를 짓고 화제를 짓는 시서화의 삼절을 즐기며 항상 배우는 학인(學人)이 되었다.

큰엄니 밥상

학교에서 돌아온 소년은 배가 엄청 고팠다. "오늘 오후에 온다고 했는디!!" 벌써 저녁때가 지나 어둑어둑한데 엄마는 안 온다. 엄마가 오면 "배고프냐?" 하면서 얼른 밥을 차려 줄 텐데! 맛있는 것이라도 싸 가지고 올지도 모르는데! 점심도 굶고 저녁도 아직 못 먹었는데 어제 시골 외갓집에 가신 엄마가 아직도 안 온다. 소년은 큰집에 가볼까 하는 생각이 든다. 이웃에 있는 큰집은 소년의 집보다 훨씬 가난하지만 식구는 소년의 집 보다 세 배나 많다. 할아버지 할머니도 계시고 사촌 형제들도 여섯 명이다. 소년은 할아버지 할머니가 자기보다도 큰집 사촌들을 더 생각하고 사랑하신다고 생각했다. 할아버지 할머니는 큰집에서 먹고 사니까 그럴 수밖에 없었을 거라고 여겼다. 그래서 큰아버지나 큰어머니 앞에서는 소년을 반기지 않는다고 눈치로 알았다.

너무나 배고프고 외로운 밤을 소년은 그 큰 집에서 혼자서 맞고 있었다. 이부자리도 제대로 깔지 못하고 큰 방 한구석에 쪼그리고 밤을 지내고 아침에 눈을 떴을 때는 학교 가야 할 시간이었다. 엄마는 오지 않았고 배는 고프고 온몸에 힘이 없어 어지러웠다. 소년은 부랴부랴 책가방을 메고 눈물을 글썽이며 학교에 간다. 재미없고 지루한 학교를 마치고 엄마가 집에 왔기를 바라며 흐느적거리며 집에 왔으나 엄마는 없었다. 마루 끝에 걸터앉아 가방을 어깨에 멘 채로 쓰러져 잠시 잠이 들었다. 언뜻 눈을 떠보니 해가 다 저물어 간다. 소년은 엉금엉금 방으로 기어들어가 그대로 잠이 들었다.

아침이 되었다. 마침 일요일이어서 학교에 가지 않았다. 사흘째 굶고 있는 소년이 퀭해진 눈으로 대문을 나선 것은 점심때가 지나서였다. 휘청거리며 가고 싶지 않은 큰집엘 들어섰다. 큰집은 텅 빈 듯 조용한데 저만치 마당 끝 부엌 앞에 큰어머니가 쪼그리고 앉아 혼자서 겉보리를 두드리고 있다가 힘없이 들어오는 조카를 힐끔 보더니마는 그냥 하던 일을 계속한다. 소년은 고개를 숙이고 마루 끝에 비껴 앉아 뜨거운 눈꺼풀을 닫고 있다. 얼마나 지났을까. 큰엄니는 찧던 겉보리를 소쿠리에 담아 들고 부엌으로 들어가려다가 소년의 얼굴을 숙여 보며 "너 얼굴이 왜 그러냐? 어디 아프냐? — 밥은 묵었냐?" 소년은 아무 말 없이 그냥 고개를 떨구고 있다. "느그 엄니, 아직도 안 왔냐? — 오메! 뭔 일이다냐? 애기 혼자 두고—. 방에 들어가 있어라. 밥 해주께!" 그 소리에 소년은 겨우 눈을 들어 큰엄니 얼굴을 올려다본다. 거룩해 보였다.

원래 큰엄니는 큰아버지에게 꼼작 못하고 할아버지 할머니를 모시면서 한 쪽 밖에 없는 젖으로 아들 셋, 딸 셋, 6남매를 낳아 키워내셨다. 종갓집 큰며느리로서 세도와 막중한 권한을 휘두르시는 분으로 소년의 아버지 어머니도 큰엄니 앞에서는 그저 설설 기었다. 자기 자식들에 비해 약하고 덜떨어진 조카는 못난이로 여길 것이라고 소년은 생각했다. 그러하니 자신을 함부로 대해도 당연하신 분이라고 생각했다.

소년은 그냥 마루에 누워 버리고 큰엄니는 부엌에 들어가 이내 아궁

이불을 지피고 조카 먹일 밥을 짓는다. 부엌에서 불 때는 푸드득 푸드득 소리를 들으며 소년은 비몽사몽이다. “아가! 일어나 밥 묵어라잉! 얼른 인나라!” 깜짝 깨어 일어나 앉은 소년 앞에 밥상이 놓였다. 방금 지은 보리밥은 뜨거워서 김이 모락모락 나고 푹 익은 신 김치에 간장 한 종재기까지 — 눈물이 날 판이다. 그러나 그럴 여유가 없다. 허겁지겁 간장 한 종재기에 물 한 그릇까지 네 그릇을 모두 비웠다. “어린 것이 얼마나 배가 고팠을까 잉! 말도 안 하고….” 꾸벅 인사를 밥값으로 드리고 집으로 돌아오는 소년의 귓전에 큰어머니의 한숨 소리와 혀 차는 소리가 들린다.

집에 온 소년은 방에 누워 천정을 보면서 생각한다. ‘엄니가 안 오면 어쩌지? 그래도 오늘은 밥 먹었응께, 낼까지는 버틸 수 있을 거여!’ 소년은 또 잠이 들었다. 고래고래 소리를 지르는 엄니 목소리에 소년은 잠에서 깼다. 어느새 들이닥친 엄니는 장롱 이불장을 열고 이불속에서 밥그릇을 5개나 와르르르 꺼내 놓으며 “이놈아 내가 여그다 밥 넣어 놨다고 말했잖여! 여그 봐라 여!” 엄니가 그 말을 했는지 소년은 기억이 없다. 얼굴 새하얘진 엄니는 눈물을 흘리면서 뭐라고 계속 소리를 질러대고 있었다. 소년은 슬프지도 분하지도 기분이 나쁘지도 않았다. 그런데도 두 눈에 눈물이 줄줄 흘렀다. 앞에 있는 엄니 품에 안기고 싶었다. 하지만 엄니는 눈물을 흘리며 화를 낼 뿐 안아주지 않았다. 소년은 엄니한테 달려들어 안기고 싶은데 엄니가 낯설어서 그냥 눈물을 훔치며 앉아 있었다. 하염없이 흐르는 눈물이 그칠 줄을 몰랐다. 엄니는 밥그릇을 들었다 놨다 계속 소리를 지르며 우시고 나는 쭈그려 앉아 소리 없는 눈물만…. 소년은 생각했다. ‘친아들도 아닌데 왜 울고 야단이야?’

국수

학교를 일찍 마치고 할 일 없이 집을 향해 터벅터벅 걸었다. 학교 앞 골목길을 지나고 철로를 한참 걸은 뒤 버스와 트럭들이 달리는 큰길을 따라가는데 평소 못 보던 광경을 보았다. 늘 비어 있던 것으로 보이던 큼직한 창고 같은 판잣집에 족히 30~40명은 되어 보이는 사람들이 남녀노소 구분 없이 길게 줄을 서 있었다. 맨 끝에 서있는 남자에게 물어보았다. "응! 여기 국수를 공짜로 먹는데여. 아무라도 줄만 서면 먹을 수 있어. 너도 먹을래?" "아뇨!" 그는 얼른 그 자리를 떴다. 집으로 오는 동안 얼마나 많은 생각을 했는지 모른다. '내가 저기서 국수를 얻어먹는다면 우리 가문에 먹칠을 한 짓이 되는 것은 아닌가?' '그러나 수염이 석자라도 먹어야 양반이제!' '국수를 얻어먹었다는 사실이 밝혀지면 내 체면이 땅에 떨어질 텐데….' 엄마나 아빠가 알면 "넌 자존심도 없냐? 그 정도 배고픔도 못 참겠더냐? 나가 죽어라! 그거 먹으니 배부르디?" 그는 결론을 내렸다. "먹지 말자!" 마음이 편해졌다.

아침에 일어나 아침밥을 먹는데 손바닥만 한 노란 양재기에 옥수수 가루를 한 숟가락 넣고 당원(사카린)을 타서 끓인 묽은 죽을 두세 모금 마시고 학교에 간다. 1교시를 마치기 전에 배고픈 통증이 오는데 화가 나고 짜증나기 시작한다. 4시간 오전 수업을 마치면 점심시간인데 화장실 가는척하고 배가 불룩해질 때까지 수돗물을 마신다. 대부분의 학생들은 점심 도시락을 먹느라 모두 교실에 있고 운동장이나 화장실, 수돗가에 한산하기 그지없어 물먹은 학생은 나무 밑 긴 의자에 비껴 누워 흰 구름 떠가는 하늘을 바라본다. 잠시 후면 식사를 마친 학생들이 대부분 운동장이나 매점 주변에서 운동을 하거나 군것질을 하면서 휴식을 취한다. 이때는 다시 교실로 들어가 자기 책상에 엎드려 오수를 즐긴다. 교실 안은 온갖 음식 냄새로 가득한데 먹지는 못할망정 냄새라도 즐긴다. 오후 수업을 모두 마치고 맥 빠진 상태로 집에 간 뒤에도 졸음은 계속된다. 배가 고프고 힘이 빠져 아무것도 할 의욕도 생각도 없다. 다음날 아침에 먹을 옥수수가루죽 한 양재기를 기다리며 한밤을 보낸다.

그날은 한밤중에 눈을 떴다. 아침이 오려면 아직 멀었는데 공짜 국수가 생각난다. '먹어 볼까?' 없는 사람 먹으라는 것이지만 '난 학생인데….' 고민 고민하다가 어느새 자기도 모르게 국수 먹을 계획을 세우고 있었다. 책가방에 교복 상의와 모자를 쑤셔 넣고 그 책가방을 인근 숲속 바위 밑에 낙엽을 긁어 숨겨 놓고 떨어진 러닝셔츠에 바지만 입고 국수 먹는 줄에 서보자. 계획을 세운 뒤 두 번이나 예행연습을 했다. 옷과 모자를 벗어 가방에 넣고 가방을 숨긴 뒤 그 판잣집 앞 국수 줄에 태연스레 서는 연습을….

드디어 토요일 그날이 왔다. 아침부터 흥분과 불안을 떨치지 못했다. 국수 때문이었다. 가슴은 방망이질을 하고 누가 눈치라도 챌까봐 안절부절이다. 표정이나 행동은 도둑질하는 사람과 다를 바 없었다. 어쨌든 국수 한 사발을 받아서 나무식탁에 앉는 데까지 성공했다. 국수를 내려다보니 국수 담은 사발이 무척 커 보였다. 큰 사발에 그렇게 많이 담긴 국수는 난생처음이었다. '이걸 내가 다 먹어도 된단 말이지! 이걸 다 먹어치우기 전에 누가 못 먹게 내 목덜미를 잡는다면 뒤통수가 터지더라도 일단은 이 국수를 다 먹어 치우고 말 거다. 아니지! 절반은 남겨서 집에 가져가면 안 될까? 아! 그릇이 없어 안 되겠구나. 이걸 다 먹고 더 달라고 하면 더 줄까?' 별의별 생각을 다하면서 이미 국수를 절반 정도 먹어치우고 있었다. 어떻게 먹었는지 무슨 맛이었는지 생각도 안 나고 그야말로 게 눈 감추듯 했다. 배가 부른 것인지 아픈 것인지 분별은 안 되지만 뱃속은 과도한 포만감으로 꽤 불편했다. 빈 그릇을 반납하면서 국수를 배식하던 아저씨와 눈이 마주쳤다. 눈길을 피하면서 도망치듯 창고 식당을 빠져나왔다. 그리곤 뛴다. 배가 너무 불러 불편한데도 뛰었다. 왜 뛰어야 하는지 모르지만 뛰었다. 현장을 벗어나고 싶어서였는지. 얻어먹은 사실을 들키면 안 된다는 생각에서였는지. 오랜만에 배고프지 않아서였는지. 내 요령으로 내 배를 채웠다는 것을 자랑하고 싶어서였는지. 해냈다는 성취감에 흥분해서였는지 알 수 없다. 얼마나 뛰었는지 숨이 턱에 차고 어깨를 펼 수도 없지만 뛰고 또 뛰었다. 그리고 괜스레 뒤를 돌아다보며 서서히 걸어서 방향을 잡고 가방을 찾아 집으로 향했다. 줄곧 생각한다. '다시는 가지 말아야지. 절대 안 갈 거야. 암! 안 가야지. 그래도 꼭 가고 싶으면 어쩌지? 배가 정말 고프면 어쩌지?' 고민 또 고민이다.

며칠이 지나고 또다시 토요일이 되었다. 마음은 벌써 무상급식소에 가 있었다. 그러나 '생각 중이야.' 라고 억지를 부리고 있는데 평소 친하게 지내는 친구가 말을 걸어온다. "야! 오늘 학교 파하고 나랑 우리 집 갈래? 우리 누나가 널 데려 오래!" 이게 무슨 말인가. 토요일은 도시락을 안 싸가는 날인데 집에 데려오란 말은 점심을 주겠다는 말 아닌가? 친구의 누나는 언젠가 한번 본 적이 있는데 누나는 조선대학교 가정학과에 다니는 여대생인데 얼마나 예쁜지 모른다. 그런데 누나께서 날 데려 오란다니 이 무슨 은총이란 말인가! 무상 국수 급식소 생각은 순식간에 사라지고 옷매무새를 단정히 매만지며 친구를 따라갔다.

친구 집은 우리 반에서 알아주는 부자집이었다. 친구에게는 가정교사도 있고 자기 방도 따로 있었다. 친구 방에 앉아 있는데 식당방으로 밥 먹으러 가잔다. 집안에 식당방이 따로 있다는 사실은 내게는 상상도 못할 화려하고 호사스러운 일이었다. 식탁에는 고기도 있고 생선구이도 있고 미역국에다 허연 쌀밥, 그리고 양념을 발라 맛깔스럽게 잘 구운 김, 배추김치, 깍두기, 채나물. '국민학교 들어가기 전 집안이 잘 살 때 우리 집 식탁도 이랬었지!' 그 옛날 한때가 생각났다. 그러나 과거는 흘러갔지. 어느새 염치 불구하고 정신없이 그냥 막 먹었다. "야! 너 천천히 먹어!" 친구의 걱정에 대꾸할 틈도 없이 막 먹었다. 누나가 사과를 깎으면서 나를 힐끔 보더니 한마디 던졌다. "너는 눈썹이 왜 그렇게 까맣냐?" 아무 말도 못하고 얼굴만 홍당무가 되어 있었다. "사과도 많이 먹어라 잉!" "예예!" "그리고 너 우리 집에 자주 놀러 와! 맛있는 거 많이 해줄께!" "예예!" 그저 고개를 들지도 못하고 그 예쁜 누나의 얼굴을 마주 쳐다보지도 못했다. 집에 돌아와 친구 집에서의 행복한 시간을 곱씹으며 감사하고 감사한 마음을 쌓고 있었다. 생에 그날처럼 누구에게 사랑으로 대접 받은 적이 없었다.

그 후로도 서너 차례 친구 집에 초대되어 갔었고 그 국수 무상급식소도 두 번이나 갔었다. 1960년대의 보릿고개는 지독했지만 세 끼 먹는데 걱정이 없는 군대에 들어간 이후로 하루 세 끼 먹는 걱정은 완전 덜었었다. 70살 넘어 노인이 된 지금도 집 떠날 일이 생기면 첫 질문은 정해져 있다. '밥은. 어떻게. 뭘 먹을 건데?' 굶는다는 사실, 허기진다는 고통은 그에게 뭘 가르쳤을까? 공짜로 얻어먹는 음식이나 대접받는 식사는 무슨 의미를 갖는 것일까? 노인이 된 소년은 멋쩍은 미소로 대답한다.

가출 소년

외아들로 자란 소년은 어려서부터 엄마와 단둘이 살아왔다. 엄마는 조강지처이고 소년은 어엿한 장손이요 독자였다. 그래서 아빠는 소년의 형제를 만들어줘야 한다는 명목으로 바깥으로 나돌았는데 소위 작은엄마가 한두 명 늘 있었다. 작은엄마는 수시로 떨어져 나가거나 또 다른 사람이 새로 들어오시곤 했다. 떨어져 나가는 작은엄마는 말없이 가지만 새로 오는 작은엄마는 반드시 갖가지 음식과 선물을 싸 들고 엄마한테 인사를 왔다.

아빠는 시내 한복판에 작은 자전거포를 운영하고 있었는데 그 가게에는 기술자 한 사람과 보조 한 사람이 필요한데 그 보조라는 직공을 소년의 사촌이 하게 되었는데 사촌의 집은 시골이라서 소년의 집에서 소년과 함께 기거하게 되었다. 소년은 사촌과 같이 한집에서 사는 것이 좋았다. 같은 또래이고 새 식구가 생긴 것 같아 외로움을 덜 수 있어서 행복했다. 엄마 아빠도 물론이고 소년도 사촌을 잘 대해 주었다. 달라는 것은 다 주고 사촌 일이라면 물불 가리지 않았다. 그렇게 한두 달 지나고 보니 사촌은 어느새 집안의 기둥이요 중심이 되어 있었다. 소년은 오히려 데려온 자식처럼 되었고 집안에서 부리는 하인 정도의 취급을 받고 있었다. 사촌이 퇴근하고 집에 오기 전에 밥을 먹으면 안 되고 사촌이 씻고 출근할 땐 소년이 도시락을 챙겨서 들려줘야 하고 집안에 먹을 것이 생겨도 우선적으로 사촌을 챙기고 좋은 선물이 생겨도 모두 사촌의 것이었다.

"엄니, 그 떡 하나 줘!" "안돼. 사촌 줘야제!" 사촌이 안 먹는다고 하면 "니 먹어라!" 이렇듯 소년은 찬밥 신세가 되니 점차 사촌이 죽이고 싶도록 미워졌다. 쫓아냈으면 좋겠지만 방법도 능력도 없었다. 궁리하고 고민하던 끝에 소년은 중대 결심을 했다. '그래, 내가 나가자. 내가 나가면 그만이야. 어차피 난 친아들도 아닌데 뭘!' 잔정 없는 엄니의 무심함과 무뚝뚝한 언행에 더 어렸을 때부터 자기는 친아들이 아닐 거라는 생각을 하며 살아온 터였다. 소년이 가출을 감행하는데 별 거리낄 것이 없었다. 하지만 돈도 없고 갈 곳도 없는데 어디로 가서 뭘 하며 어떻게 살아야 하나, 학교도 때려치우고 부모도 버리고 손해가 많을 것 같았다. 그래도 이 꼴 저 꼴 안 보고 다 때려치우고 속 편히 살수만 있다면 굶어 죽는 들 무슨 대수랴! 가자! 소년은 하룻밤 만에 전격 가출 작전을 세웠다.

토요일 날 학교를 파하고 집에 와서 책가방에 가출에 필요한 물건들을 담고 중고책방에 가서 돈 될만한 책을 모두 팔아 비상금을 만들고 광주역으로 가서 무임승차를 하여 평소 보고 싶었으나 실제로 한 번도 보지 못한 바다를 볼 수 있는 여수로 가자. — 어쨌든 저질러 볼 수밖에 —.

〈사촌과 함께 잘 사십시오. 저는 친자식도 아니니 크게 슬프지는 않으실 겁니다. 절 찾지도 않겠지만 절대로 찾지 마십시오. 아무리 고생스러워도 이 집에서 천대받으며 사는 것보단 좋을 것입니다. 안녕히 계십시오. 주워 온 자식 올림.〉 부모님께 올리는 편지를 써서 책상 서랍에 넣어두고 드디어 소년은 그 어설픈 계획에 모든 것을 걸고 사생결단을 한다.

때는 5월인데 사복이 없으니 뺏지를 떼어낸 중학생 교복을 입고 책가방엔 책 대신 속옷, 양말, 세면도구 등을 넣고 집을 나섰다. 광주역에 들려 시간표를 확인한 다음 역사를 나와 멀리 떨어진 개구멍을 찾아 들어가 여수행 완행열차에 무임승차하여 여수를 향한 대장정에 올랐다. 밤새 달린 완행열차는 수십 개의 간이역들을 모두 정차하며 여수역에 도착했다. 새벽녘 안개 자욱한 여수역은 고요하기 짝이 없었다. 가방을 둘러메고 여수역 앞에 등장한 소년은 사방을 두리번거려 보지만 그 신비로운 바다는 안 보인다. 마침 지나가는 행인에게 소년이 물었다. “바다는 어디 있나요?” 이상하게 바라보는 행인의 손끝을 따라 얼마나 걸었을까. 소년 앞에 바다가 나타났다. 소년은 아무 말도 못 하고 그저 멍하니 서서 바다를 바라보았다. 지나가는 어떤 행인에게 또 물었다. “아저씨! 저것이 다 물 맞아요?” 행인은 재수 없다는 듯이 소년을 째려보며 “…미친놈! 아침부터 재수 없이….” 바다가 물인 줄은 알지만 그렇게 많은 물을 본 건 처음이었다.

어느새 해가 중천에 떴다. 그제서야 극심한 허기를 느낀다. 바닷가를 그저 터벅터벅 걷던 소년은 건물 옆 수도꼭지를 발견하고 달려들어 두 손으로 물을 받아 빈 배를 채웠다. 겨우 정신을 차리긴 했지만 허탈하고 막막하다. 바다고 뭐고 다 싫고 그저 허기지고 피곤할 뿐 터벅터벅 여수 시내를 헤맸다. 얼마나 걸었는지 해가 지고 사방이 어두워져 오는데 소년은 새벽에 도착했던 여수역으로 돌아와 있었다. 여수역 대합실 구석 의자에 쭈그리고 잠들었다가 추워서 깨어보니 새벽이었다. 배가 고픈지도 모르겠다. 그저 기진맥진 또다시 잠들기를 몇 번, 소년은 생각한다. ‘거지가 될까? 아예 바닥에 앉아 구걸을 할까?’ 그러나 교복을 입었으니 그럴 수도 없었다. 그런저런 생각을 하며 오전 한나절을 그냥 대합실 구석 바닥에 기대앉아 있었다. 이상한 인기척에 눈을 떠보니 발 앞에 지폐 한 장이 떨어져 있다. 다시 보니 다리 가랑이 사이에도 지폐 한 장이 떨어져 있다. '웬 돈인가?' 소년은 깜짝 놀랐다. 오전 내내 소년은 구걸을 하고 있었고 지폐 두 장을 얻었던 것이다. 지폐 두 장이면 붕어빵 두 개를 사 먹을 수 있고 붕어빵 두 개면 한 끼 식사가 될 수 있다. 지폐를 챙겨 가방을 메고 자리를 떠나 시장으로 향했다. 구걸한 돈으로 붕어빵 두 개를 사 먹는다. 맛있다. 참으로 맛있었다. 「내가 어른이 되면 붕어빵 장사를 해야지」 어설픈 꿈이 하나 생겼다. 곧바로 되돌아 여수역 대합실 구석에 자리를 잡았다. 본격적인 구걸이 시작되는 순간이었다. 그런데 가슴속에 뜨거운 것이 꿈틀대기 시작했다. 기분이 매우 불쾌하고 있어서는 안 될 곳에 머물고 있는 것 같아 뭔가 더 불안하고 싫었다. 소년은 자리를 박차고 일어난다.

시장으로 가는 길을 걸으며 가방 깊숙이 넣어둔 꼬깃꼬깃한 지폐 몇 장을 꺼낸다. 국수를 네 그릇이나 사 먹을 수 있는 돈이었다. 그동안 거의 2년 동안 세뱃돈을 받거나 집에 온 손님들이 주는 돈 등을 쓰지 않고 모은 것과 갖고 있는 책들을 판 돈이다. 시장 입구 '부래옥' 이라는 아이스케키 공장으로 들어갔다. 가진 돈을 몽땅 보증금으로 내고 아이스케키 통과 아이스케키 20개를 받았다. "오전 내 다 팔아야지. 오후가 되면 녹아 버린다." 사장님 말씀을 뒤로 하고 소년은 아이스케키 통을 어깨에 메고 걷는다. 그저 걷는다. 걷기만 하지 "아이스케—키♬" 소리를 못 낸다. 그러니 팔리지도 않는다. 그렇게 하루를 걸었다. 걷다 지친 소년은 통을 내려 깔고 앉아 한참을 쉬었는데 해가 진다. '한 개도 못 팔았는데 그래도 배고프니까 한 개만 먹어볼까.' 케키

통을 열어 본 순간 소년은 기겁을 한다. 케키 20개가 다 녹아버리고 나무꼬쟁이만 가지런히 누워 있다. 소년의 두 눈에선 닭똥 같은 눈물이 떨어진다. '진즉 한 개라도 먹어볼 것을….'

빈 케키 통을 반납하러 갔더니 부래옥의 사장인지 직원인지는 몰라도 "한 개도 못 팔고 다 녹여 왔네. 허—자식! 내일 아침에 다시 와라잉!" 역 대합실에서 밤을 보낸 소년은 부래옥의 배려로 외상으로 물건을 받았다. 어제와는 달리 서투르고 어색하지만 목청껏 아이스케—키를 외쳤다. 오전에 20개를 팔고 오후엔 40개를 다 팔았다. 소년은 스스로 대견해 하며 그날 번 돈으로 우선 국수 한 그릇을 사 먹는다. 국수 한 그릇을 먹고 난 소년은 생각한다. '아— 이제 살겠구나.' 그 후로 소년은 매일 아이스케키를 팔고 하루에 국수 한 그릇과 붕어빵 4개를 먹고 대합실에서 잠을 잤다.

가출 일주일째. 소년은 생각한다. '지금쯤 집에서 내가 없어져서 난리가 났겠지! 내 편지도 봤겠지!' 그동안 힘들었지만 하루 국수 한 그릇 먹고 아이스케키 100개를 팔고 보니 금세 부자가 된 것 같았다. '이대로 살 수도 있겠구나. 내 자리를 빼앗는 사촌도 없고 무섭고 냉정한 아빠도 없다. 사랑해 주기는커녕 미워하며 욕만 하는 엄니도 없다. 자유로운 나만 있으니 얼마나 큰 행복인가. 내일부터는 하루 국수 두 그릇 붕어빵 여섯 개를 먹어야지! 이만하면 살만한 거지. 이렇게 살면 되지 뭐—!'

그렇게 시간이 가고 어느덧 가출 3주가 지났다. 소년은 어느새 마음속에 그리움이 생겼다. 원망스러운 엄니도 그렇게 무섭던 아빠도 그립고 그리웠다. 그리고 관심도 가지 않던 학교도 걱정되기 시작했다. 학교 친구 하나도 없고 자기 교실이 어딘지도 모르고 담임 선생님이 누군지도 모르는 장기 결석생 소년이 갑자기 학교를 생각하다니. '이대로 살 수도 있다. 그렇지만 집에 가자. 다시 나오더라도 가서 한번 제대로 부딪혀 보기라도 하자. 집에 가면 지금처럼 밥을 굶지는 않을 테니까. 그런데 왜 집을 나갔냐고 하면 뭐라 대답할까? 집이나 학교가 싫어서 가출했다고 하면 더 미워할 것이고, 사촌 때문에 그랬다고 하면 못난 바보라고 할 것이고, 그러니까 그냥 바다가 보고 싶어서 가출했다고 하자. 전혀 거짓은 아니지 않는가! 그리고 갑자기 내가 집에 나타나면 엄마가 너무 놀랄 테니까 미리 전보를 치자. 그리고 아빠에게는 내게 똑똑한 면이 있다는 걸 보여주기 위해 나의 가출일기를 재미있게 써서 보여 드리면 어떨까? 그리고 거의 한 달 만에 집에 들어가는 것이니까 선물도 준비하자. 선물은 뭐가 좋을까? 여수는 생선이 좋으니까 말린 생선 한 축을 사 가자.' 소년은 생각한 이 모든 것을 빈틈없이 준비하고 실천에 옮겼다.

그동안 굶어 가며 아이스케키 장사를 해서 모은 돈으로 선물을 샀다. 금의환향에 무임승차는 어울리지 않는다는 생각에 떳떳하게 차표를 샀다. 다 떨어져서 못쓰게 된 운동화도 새로 사고 우체국으로 가서 〈○월 ○일 밤기차 아들 귀향〉이라는 전보도 쳤다. 만 하루에 걸쳐 이 모든 일을 마치고 다음날 아침 광주로 가는 완행열차에 당당히 몸을 실었다. 초저녁 별이 뜰 무렵 광주역 광장에 내려선 소년은 혹시나 식구 중 누구라도 역에 오지 않았을까 기대하며 살펴보지만 아무도 없다. '무슨 대단한 놈이라고 마중을 오겠나?' 축 처진 어깨에 가방을 메고 다른 손엔 말린 생선 한 축을 들고 그저 터벅터벅 집을 향해서 걷는다. 제 동네 익숙한 길에 접어들면서 발길이 점점 빨라졌지만 집으로 들어가는 골목 입구에 서자 선뜻 골목에 들어서지를 못한다. 머뭇거리며 골목 안을 살핀다. 한참을 그렇게 서 있다가 조심스럽게 교교한 골목에 들어선다.

그때였다. 소년 앞에 우뚝 나서는 사람이 있었다. 놀라서 쳐다보니 할아버지였다. "너 이놈!" 할아버지는 외마디 호통과 함께 소년의 손목을 잡아채며 골목 안 어둠 속을 휘저으며 들어간다. 대문 앞이 아직 멀었는데도 할아버지는 고함을 지른다. "희환이 아들 왔다. 왔어!" 소년의 집 대문에 와르르 사람들이 쏟아져 나왔다. 엄니랑 아빠랑 사촌이랑 큰엄니, 사촌 누나 형들과 동네 사람들이 소년의 집에 모여 소년을 기다리고 있었던 것이었다. 순식간에 골목이 시끄러워졌다. 소년은 어느 누구의 얼굴도 쳐다볼 수가 없었다. 그저 눈을 꼭 감고 고개를 숙이고는 눈물을 짜내며 저마다 떠들어 대는 소리만 들었다. 그렇게 소년의 귀향식은 치러졌다.

엄마는 아들이 사온 마른 생선 한 꾸러미를 풀어 선심을 쓰듯 동네 집집마다 한 마리씩 나누어 주었다. 동네 아줌마가 한마디 한다. "아들이 동네잔치를 벌였네!" 무서운 아빠가 한마디 하신다. "벌써부터 자식 덕을 보네그려!" 뒤이어 모두 한마디씩 뱉는다. "집안에 인물 났네." "보통 아이가 아니여." "열 아들 안 부럽겄소!" 소년은 무슨 벼슬이나 한 것처럼 의기양양 해졌다. 그도 그럴 것이 소년이 지금까지 살면서 그렇게 많은 사람들에게 관심을 받아 보기는 처음이었다. 모든 것을 얻은 듯했다.

소년은 용기를 내어 학교에 갔다. 그러나 장기 결석으로 이미 오래전 제적 조치가 되어 있었고, 일주일쯤 지난 후 아빠의 주선으로 어렵게 다른 학교에 다시 입학하게 되었다. 새 학교에 가서 새 친구들을 만나고 그럭저럭 학생 신분을 찾게 된 소년은 다시 궁금한 게 생겼다. 가출을 하고 귀가를 했고 그렇게 다른 학교를 갈 수밖에 없었는데 그러한 소년에게 그 누구도 그 얘기를 다시 꺼내는 사람은 아무도 없다. 왜 집을 나갔는지 물어봐 주기를 바랐는데…. 하기야 어떤 친구 하나는 자식이 집을 나간 것도 집안에서 모르고 있다가 자식이 다시 귀가를 했는데 그 엄마가 말하길 “너 오랜만이구나!” 했다 한다. 그에 비하면 행복한 편 아닌가. 소년은 그렇게 스스로 위로하고 혼자 위안을 삼았지만 씁쓸하고 슬펐다. 소년은 그렇게 사춘기를 보내며 어른이 되어 가고 있었다.

- 제3부 -

늙은이의 기억

맘껏 먹는 것이 소원이었다.
남들만큼 입는 것도 바람이었지.
겨우 그렇게 되었던가.
청년은 꿈을 잃었다.

짜장면과 건빵

한 달에 한두 번 엄니는 나를 아빠한테 보낸다. "느그 아부지한테 가서 쌀값 받아와라!" 명령이 떨어지면 나는 아빠가 근무하신다는 그 회사의 마당 주위를 서성거린다. 한 두 시간 지나도 아빠가 안 보이면 발길을 돌려 20분쯤 걸어 작은엄니, 아빠의 또 다른 부인의 집으로 가야 했다. 그 집 가서도 얼른 들어가지 못하고 대문 밖에서 서성인다. 그러다 보면 아빠가 나오거나 작은엄마가 나온다. "왜 왔냐?" 그렇게 꼭 물어보신다. "엄니가 쌀값…." 고개를 푹 숙이고 눈치를 보며 죄진 것처럼 기어들어가는 목소리로 대답한다. 지폐 몇 장을 받아 들고 곧장 집에 돌아와 돈을 엄니한테 건네주면 내 고약한 월중 행사가 끝난다.

그날도 쌀값을 타려고 아빠 회사 앞마당에 쭈그리고 앉아 있는데 아빠가 나타나셨다. "따라와라!" 전에 없던 일이었다. 여느 때 같으면 그저 아무 말 없이 호주머니에서 지폐 몇 장을 꺼내 주면 나는 그것을 받아 들고 인사도 하지 않고 뒤돌아 오면 그만이었다. 그런데 오늘은 따라오라니 이게 무슨 일인가. 아빠는 부근 판잣집으로 들어간다. 죄인처럼 주눅이 들어 고개를 숙이고 따라 들어가니 연탄난로가 피워져 있는 실내가 따뜻하다. 식탁이 여남은 개 있고 앉은뱅이 의자가 무질서하게 놓여 있는데 아저씨들 대여섯 명이 담배를 피우며 앉아 있다가 아빠를 보고 인사한다. 아빠는 한쪽 빈 식탁에 앉으며 맞은편에 내게 앉으라고 눈짓한다. "아들놈이 왔구먼?" 아저씨들이 저마다 아는 척한다. 잠시 후 음식이 나온다. 두 그릇이 아니고 한 그릇이었다. 집에서 본 적 없는 커다란 대접에 젓가락 두벌이 꽂혔다. 대접 안에는 굵은 국수 위에 시커먼 소스가 부어져 있었다. 아빠는 젓가락 두 짝을 양손에 거머쥐고 굵은 국수 무더기와 그 소스를 비벼 놓았다. 다른 젓가락을 내게 주며 "묵자!"고 말했다. 난생처음 보는 음식을 호기심 가득한 눈빛으로 바라보며 침을 삼킨다. 아빠가 먼저 국수 한 젓가락을 집어 드는 것을 보고 젓가락질을 시작한다. 난생 처음 한 그릇 음식을 아빠와 머리를 맞대고 둘이서 먹었다. 처음 먹어보는 그 맛은 맛있는 느낌을 넘어 신기하고 신비로웠다. 정말 맛있었다. 아빠와 함께 그 큰 한 그릇을 게 눈 감추듯 비우고 나니 "그놈 참 잘 먹는다. 많이 묵어본 모양이여!" "아뇨, 요놈 이거 첨 먹어봤을 것이요. 하하하." 아빠는 아들에게 짜장면을 먹이고 자랑스러워했다. 쌀값으로 지폐 몇 장을 쥐여주고는 "가거라!" 한마디 뱉고는 총총 자리를 떠나신다.

예기치 못한 아빠와의 첫 외식은 그렇게 이루어졌다. 1년에 단 한 번도 집에서 아빠와 한 밥상에서 밥을 같이 먹어본 기억이 없는 나에게 그날의 일은 충격적인 역사였다. 나는 무슨 일이라도 난 것처럼 쏜살같이 집으로 달린다. 화들짝 방문을 열고 엄니를 향해 숨 가쁘게 보고 한다. "엄니 엄니! 아부지랑 같이 묵었는디 그것이 뭣인지 안가" "뭣인디야!" "근디 고것이—잉?" 나는 그 음식 이름을 몰랐다. 그렇다고 물어보지도 못했다. 엄니는 대뜸 화를 낸다. "쌀값이나 내놔!" "응. 여그—" 나는 그날 아빠와의 식사가 그렇게 행복하다는 사실, 아빠가 그토록 좋은 사람이란 사실을 처음 알았다. 그렇지만 아빠와 함께 하는 식사는 자주 해서는 안 된다고 생각했다. 그러다가 아빠가 나를 싫어할 수도 있으니까. 물론 그 뒤로 그런 일은 다시 일어나지 않았다. 그리고 그날 먹은 음식이 짜장면이란 사실을 5년 후 중학교 졸업식 때 알았다. 그날 친구 누나가 친구와 나를 광주에서 제일 큰 중국집 예명별관에 데려가서 먹여준 짜장면을 먹고 나서야 그때 아빠와 함께 먹었던 음식이 바로 이것이구나 하고 알아차렸다. 내게 그런 아빠가 있으니 얼마나 다행인가 생각할수록 아빠가 감사하고 위대해 보였다. 아! 그러니 나는 참으로 '복이 많은 아이' 라고 생각했다.

중학교 2학년 때의 일이었다. 당시 아빠와는 서로 다른 집에서 살았다. 나는 엄니와 함께 셋방살이를 하며 학교에 다니고 있었는데 어느 날 밤 골목에서 날 기다리고 계시던 아빠를 만났다. 아빠는 큰 보따리 하나를 내게 건네시곤 "심심할 때 너만 먹어라 잉!" 한마디 남기시고 홀연히 가셨다. 방에 와서 보따리를 펴보니 크나큰 비닐봉지 하나 가득 건빵이 들어 있었다. 부피로만 봐도 족히 쌀 한 말 크기의 양이다. 건빵 한 봉지도 감지덕지인데 족히 50봉지는 넘을 만한 건빵이라니. 엄니는 시골로 보따리 장사를 나가시고 나 혼자 누워 뒹굴뒹굴하며 먹는 건빵 맛이 얼마나 좋던지, 잠도 안 자고 한밤중까지 먹고 새벽에 깨어서 또 먹고 아침에 학교 가기 전까지 또 먹고 그렇게 건빵 한말을 다 먹어치웠다. 그리고 나도 놀랬다. '그걸 하룻밤에 다 먹다니…….' 학교에 가서는 쉬는 시간마다 화장실에 가고 설사를 이틀이나 했다. 내 식탐은 그렇게 무식하도록 왕성했다. 엄니는 그 사실을 몰랐다. 만일 엄니가 알았다면 "나가 죽어!"라고 했을 것이다. 엄니한테 들키지 않았다는 사실이 무척 대견했다. 혼자만의 비밀이 생겨 즐겁기도 했다.

배고픈 시절의 에피소드였을까? 지금 나는 자장면은 잘 안 먹고 건빵도 사다 놓긴 하는데 잘 먹지 않는다. 왜 그런지 모르지만 그냥 바라보기만 할 뿐 잘 먹지 않는다. 짜장면과 건빵에 얽힌 추억은 아름답다고까지 할 순 없지만 어쨌든 잘 잊히지 않는다. 애플빵과 단팥빵을 20개 먹고 콜라 2병을 마시고 쓰러져 병원으로 실려 갔으나 결국 숨지고 만 훈련병이 생각난다. 내 식탐은 그에 비하면 썩 훌륭한 수준이었다고 자위한다.

해운대 누님

“인제 가면 언제 오나 원통해서 못 살겠네.” 강원도 인제군 원통면 서화리 넘어 비무장 지대로 전속된 군인들이 내뱉는 말이 그 지역을 대변하는 유행어가 되었다. 이제 막 젖비린내 나는 신삥 소위로 임관한 나는 그곳의 GP장(소대장)에 임명되어 1년, 이어서 대대 정보장교 1년을 근무했다. 중위로 진급하여 파격적인 전출 명령을 받아 부산 군수기지 사령부에 부임했다. 병과가 보병이다 보니 훈련이나 경계임무를 맡게 되었는데 해운대 백사장 동백섬에 위치한 종합교육대 교관에 임명됐다. 장교라서 영외 거주를 하며 출퇴근을 했다. 그래서 주거지를 구해야 하고 식사 문제를 스스로 해결해야 했다.

일단 해운대 주변에 셋방을 구해야 하는데 장교들 대부분이 같은 처지였다. 부대 인근 복덕방을 찾아다니고 주민들을 만나 수소문해봐도 셋방은 아예 없었다. 그도 그럴 것이 해운대 지역을 중심으로 주민들이 집을 짓고 사는 마을이 형성되어 있을 뿐 광활한 지역이 논밭이거나 그냥 묵혀져 방치된 땅이었다. 방을 못 구해 쩔쩔 매기를 사흘째, 복덕방 아저씨가 내게 중요한 정보를 주었다. 해운대역 뒤편에 해운대 교회가 있고 교회 뒤쪽에 큰 슬라브 집이 있다. 바로 그 집이 해운대 교회 집사님 댁인데 방 하나가 비었다고 했다. 집사님을 찾아가서 교회를 열심히 다니겠다고 약속하면 그 방을 내줄 지도 모른다고 했다. 나는 지체 없이 그 집으로 달려갔다. "매일 새벽 예배를 보겠습니다." 진지하고 간절한 표정을 지어가며 선처를 빌었다. 그리고 성공했다.

큰 가방 두 개가 내 살림의 전부였다. 그 집엔 할아버지 할머니가 계시고 소아마비로 약간의 행동이 불편한 작은아들이 있었다. 시집간 딸이 홀로되어 어린애 하나를 데리고 친정살이로 부엌살림을 하고 있었다. 그 아줌마는 나보다 10살 이상 연상인데 어찌나 선량하고 친절하신지 나를 친동생처럼 자상하게 대해 주었다. 나는 그녀를 누님으로 여겼고, 소아마비를 앓은 그녀의 남동생 또한 나를 친구나 형님으로 대해 주었다. 부산을 떠날 때까지 2년간 거의 그 집에서 한 식구가 되어 함께 살았다. 물론 교회를 열심히 다녀 세례를 받았다. 할아버지께는 광주에 계신 내 부모님을 초대하여 며칠간 부산 관광을 시켜주시기도 했다. 그런가 하면 거제도에 산다는 친척의 처자를 소개하며 나의 결혼을 주선하셨다. 규수 쪽에 나를 소개하면서 참새도 살살 어르고 달래 맨손으로 잡을 수 있는 사람이라고 소개했다고 한다. 그 댁에서는 그렇게 무서운 사람을 어떻게 감당할 수 있겠냐며 포기했다는 소식을 전해 왔다고 했다.

언제부턴가 나는 한 식구가 되어 있었다. 아직도 생생한 기억이 있다. 이따금 내가 밤늦게 퇴근하면 누님은 그때까지 자지 않고 기다리고 있다가 나에게 밥 먹었느냐며 물어보곤 얼른 밥상을 차려왔다. 밥상머리에 앉아 있다가 내가 식사를 마치면 "아무리 바빠도 밥 굶지 말고 다녀!" 걱정스러운 표정으로 한마디 하시며 밥상을 들고나가시는 모습은 내 가슴을 뜨겁게 하였다. 내 방에 들어와 보면 삶은 옥수수 한두 개 아니면 누룽지 몇 조각, 사탕이나 비스킷, 빵 한두 개가 놓여 있었다. 그러다가 누님의 사랑을 갚지 못하고 갑작스레 부산을 떠나게 되었다. 지금도 마음뿐이지 은혜를 갚지 못하고 살고 있다.

40년이 다 지난 어느 날 부산에 갔다. 너무도 많이 변해버린 해운대, 동백섬과 백사장. 해운대역과 교회만 빼고 모두 변했다. 해운대 교회는 찾을 수 있었지만 뒷집도 없어지고 온통 천지가 건물들로 꽉 차버려서 동서남북을 구분할 수 없이 혼잡했다. 그 동네 나이 들어 보이는 주민을 만나 자초지종 설명을 했다. 그 누님 댁을 기억하긴 하지만 행방을 알 수 없다고 했다. 행여 연락이 되거나 행방을 알게 되면 꼭 알려달라며 연락처를 남기고 돌아오고 말았다. 지금도 행여나 하며 소식을 기다려 보지만 내가 너무 나빴다는 생각에 가슴이 아프다. 그 식구들 중 그 누구의 이름 하나도 기억하지 못한다. 아무리 철없는 어린 나이였다고는 하지만 너무도 무심하고 생각 없이 철부지로 지내버린 그 시절의 내가 밉고 또 밉다. "누님! 지금 나이가 팔순이 넘으셨을 텐데— 죄송합니다. 그래도 보고 싶습니다." 그 누님이 이렇게 대답하시는 것 같다. "아직도 철이 못 든 것인가?" 현재에는 항상 다시없을 추억인 것을 늘 나중에 알게 된다.

뒷동산 엘레지

중학생 소년은 학교에서 돌아오면 텅 빈 집에 홀로였다. 먹을거리도 없고 공부는 하기 싫고 시간 죽일 거리도 마땅히 없다. 소년은 무심코 집을 나서 60년도 빈민촌 골목길을 이리저리 휘돌아 가는데 잡초 우거지고 여기저기 파헤쳐 진 오르막 산길을 만난다. 그냥 무심코 오르다 보니 여기저기 버려진 듯한 묘지도 보이고 내다 버린 쓰레기 더미가 지저분하다. 한동안 올라 동산 꼭대기에 서니 멀리 보이는 전망이 의외로 멋지고 시원해 보인다. 마을의 지저분한 골목길도 위에서 내려다보면 정겨워 보이고 쓰러져 가는 판잣집들도 오밀조밀 제 나름대로 멋져 보인다. 멀리 자동차들이 달리는 큰 길 풍경은 구경거리가 되고 해가 기우는 서쪽 하늘이 온통 주황으로 물들어 가을 단풍보다도 붉었다. 소년은 시간 가는 줄 모르고 붉은 석양이 검은 어두움에 묻힐 때까지 앉아 풍경을 즐기고 있었다.

다음 날도 그다음 날도 소년은 학교에서 돌아오면 그곳에 올랐다. 그날도 산에 오르는 마지막 골목 끝에서 두 번째 판잣집을 얼핏 지나가는데 판잣집 안 풍경을 목격하고 화들짝 놀랐다. 하얀 원피스를 입은 새하얀 피부의 어린 소녀가 좁은 마당 수돗가에서 장난감 같은 검정 운동화를 씻고 있었다. 인형같이 귀여운 용모의 소녀였다. 소년은 눈이 뒤집힐 지경이었으나 모른 척 얼른 지나쳤다. 힐끔힐끔 뒤돌아보기도 하지만 아쉬움과 호기심이 켜켜이 겹쳐 쌓이고 있었다. 그날은 동산 꼭대기에 앉아 내려올 때까지 내려다보이는 그 판잣집만을 꼬나보며 마냥 앉아 있다가 평소보다 일찍 서둘러 내려온다. 그 판잣집을 한 차례 더 지나가 보고 싶어서이다. 하지만 그 판잣집엔 인기척이라곤 없다. 소녀가 닦던 검정 운동화만이 나무 마루 끝에 나란히 누워 있었다. 소녀를 보듯 그 운동화를 훔쳐보다가 얼른 지나쳐 버린다. 다음날부터는 동산 오르는 일보다는 판잣집의 소녀를 보는 일이 우선이 되었다.

어느 날부터인가 소년은 동산에 올라 노래를 부르기 시작했다. 소녀를 생각하면서 학교에서 배운 옛 동산에 올라, 그 집 앞, 가고파 등 가곡을 부르기도 하고 하룻밤 풋사랑, 카츄샤, 짝사랑 같은 유행가를 부르기도 했다. 음정도 박자도 제대로 맞는지 모르면서도 날이 갈수록 목소리가 커지고 부르는 노래 숫자도 많아졌다. 누구에게도 배운 적 없고, 노래책도 없고, 가끔 라디오에서 흘러나온 노래를 귀동냥으로 얻어 듣고 불러보는 노래들이었다. '이렇게 부르다 보면 저 아래 소녀가 들을 수도 있지 않을까?' 소년은 그렇게 생각하며 열심히, 조심스럽게, 그리고 잘 부르려고 안간힘을 썼다. 어느샌가 동산에 올라 노래를 부르는 일은 소년의 중요한 일상이 되었다.

몇 달이 지난 뒤 학교 소풍날이었다. 점심을 먹고 보물찾기를 하고 학년별 노래자랑 시간이 되었다. 소년이 보기엔 자신만큼 노래를 잘 부르는 학생이 없었다. 평소 말이 없고 있는 듯 없는 듯 지내던 소년이 용기를 내어 노래 신청을 하고 방망이질을 하는 가슴을 움켜 안고 마이크를 잡았다. 난생처음 그 많은 사람 앞에 섰다. "무슨 노래를 부르겠습니까?" "무너진 사랑탑." 소년은 반주 없는 노래를 시작한다.

혼자 부르는 노래이니 음정 박자 알 바 없고 그저 열심히만 불렀다. 노래가 끝나자 산천을 울릴 만한 함성과 박수가 터져 나왔다. 잘 해야겠다는 생각과 긴장 속에서 어찌 불렀는지도 모르게 해치운 노래 끝에 폭발적인 반응은 소년에게 너무나 놀랍고 생전 처음 맞는 감격이었다. 그 후 소년은 학교에서 유명해졌고 인기 짱이 되었다. 소년은 없는 돈을 모아 헌책방에 들러 가요 전집이란 노래책을 사고 학교에서 돌아오면 가방만 던져 놓고 방림동 뒷동산에 올라 어두워질 때까지 고래고래 소리를 지르며 본격적으로 노래연습을 했다. 어떻게 하겠다는 목적도 없고 그저 노래 부르는 게 재미있고 즐거웠다. 욕심이 있다면 동산 아래서 소녀가 자신의 노래를 들어 주었으면 하는 바람뿐이었다.

소년은 자신이 부를 수 있는 노래 수를 헤아려 보았다. 무려 220곡에 달했다. 그뿐인가 얼마나 훈련이 되었던지 숨 쉬는 횟수를 절반으로 줄였다. 그때 폐활량이 크게 늘었던 것 같다. 라디오에서 흘러나오는 새 노래도 두 번만 들으면 그 노래를 완벽하게 불러낼 수 있었다. 지금 생각해보면 이런 천재적 소질이 이때 연마되었을 것이다. 하지만 기초 없는 홀로 독공이었다. 선생님이 없었다. 지도자가 없는 독공은 사상누각일 뿐 아니라 오류가 습관이 되는 위험도 있다. 게다가 실력을 발표하며 발전시킬 만한 여건도 없었다. 기껏해야 오락시간에 한두 곡 친구들 앞에서 불러보는 게 고작이었다. 어느 날 소년은 감당키 어려운 큰일을 당한다. 그날도 어김없이 동산에 오르며 그 판잣집을 지나는데 웬일인지 그 집이 휑한 빈집이 되어 있지 않은가. 마당 한쪽 장독대의 항아리 4개도 없어지고 마루 끝에 있던 신발장이며 다듬이 돌도 없어졌고 방문 위에 붙어 있던 작은 사진 액자도, 문지방 옆에 매달려 있던 작은 빗자루도, 부엌문 앞에 쌓여 있던 신문 더미도 모두 사라져 버렸다. 집은 말끔히 청소되어 있었고 휑한 작은 마당엔 허적

한 쓸쓸함만이 남아 있었다. 오전 그 짧은 시간에 순식간에 이사를 갔나 보다. 소년은 더듬듯 마당에 들어섰다. 처음이었다. 1년 가까이 지나다니며 매일 보던 집 안은 공허하고 허망했다. 여기저기 기웃거리며 허전함을 가눌 수 없다. 소년은 발바닥이 마당에 붙어버린 듯 한참 동안 그렇게 서 있었다. 돌아가야지 생각하면서도 발이 떨어지지 않았다. 해가 떨어지고 저녁이 되어가고 있었다. 그때였다. 문짝도 없는 대문 안으로 소녀가 다급하게 들어서더니 소년을 보고 질겁한다. 놀라기는 소년도 마찬가지였다. 소녀는 소년을 잠깐 바라보더니 이내 몸을 돌려 마루 밑 깊은 곳에서 검정 운동화를 집어내들고 그냥 혼잣말처럼 한마디 뱉는다. "우리 오늘 이사 했는디—" "응? 아! 어디로—?" 소녀는 그냥 얼버무리며 마당을 나가버린다. '따라가 보면 이사 간 집을 알 수 있을 거야!' 생각하고 소년은 몇 걸음 뒤를 따라갔다. 방림동 하천가를 따라 더욱 외진 곳으로 접어들면서 소녀는 발걸음을 더욱 재촉했다. 소년이 다급히 한마디 한다. "니 이름이 뭐니?" 한참 지나서 인형 소녀가 대답했다. "…소영자!" 그리고는 마구 뛰기 시작한다. 하천가 판잣집이 여기저기 띄엄띄엄 엎드려 있는 허름한 동네에서 소년은 소녀를 놓쳤다. 부근을 헤매고 동네를 여러 차례 돌다가 그냥 돌아왔다. 소년은 이후 그 동네를 돌아다니는 버릇이 생겼다. 하지만 허사였다. 이사 가버린 빈집을 다시 찾아가 흔적 남은 구석이라도 있을까, 몇 마디 적은 쪽지라도 있지 않을까 살펴봤지만 그 역시 허사였다. 소년의 사춘기 첫사랑은 그렇게 허탈하고 공허했다. 소년은 습관처럼 '소영자'를 되뇌었다. 동산에 오르기도 뜸해졌고 노래 연습도 시들해졌다. 그러나 동네는 물론 학교에서도 소년이 노래를 잘한다는 평판이 자자해졌다. 소녀의 덕분이라면 덕분이었다.

어느 날 같은 반 친구가 광주 KBS 방송국에 근무하신다는 자기 삼촌을 만나보러 가자고 권한다. 소년은 가수 입문의 첫 테스트를 받게 되었다. 소년은 당시 유행하고 있던 '월남의 달밤' 이란 노래를 정말 시원하게 불러 재꼈다. "너 누구한테 지도를 받은 거냐?" "그냥 독학입니다." "정말 대단하구나. 너무 유창하고 기교도 기막히고 악센트도 팡팡 튀는데…, 전문적인 지도를 받았으면 정말 좋겠다마는…." 하지만 돈을 들여 지도 선생을 두고 노래를 배운다는 것은 상상도 못할 노릇이었다. 소년은 실의에 젖고 풀이 죽어 돌아왔다. 그리고 방림동 뒷산의 추억은 그것으로 끝이 났다. 그해 가을 추석날 소년은 같은 반 친구를 따라 친구의 고향 함평에 놀러 갔는데, 바로 그날 그 동네에선 콩쿨대회가 열렸다. 소년은 친구의 권유로 출전하여 '추억의 소야곡' 을 시원하게 불렀다. 엄청난 환호와 박수를 받고 3등 상을 받았다. 방림동 뒷산의 노래연습은 첫사랑 때문이었지만 그 일로 소년의 음악에 대한 열정은 잠에서 깨어났다. 이를 계기로 소년은 평생 음악의 끈을 놓지 않았다. 노인이 된 뒤에도 무대에 서고 녹음을 한다. 음악을 공부하고 음악이 생활이 되었다. 그리고 그 소녀 '소영자' 와 방림동 뒷산의 보물 같은 추억을 간직하고 살아간다.

도봉술 소년

어릴 적 그 소년은 '순둥이'였다. 국민학교를 졸업할 때까지 학급에서 이겨 먹을 수 있는 친구가 한 명도 없었다. 같은 반 애들 모두가 소년을 이겨 먹었다. 소년은 한심한 녀석이었다. 한번 바보가 된 소년은 누구에게나 코가 꺾이고 기가 죽었다. 재기불능이었다. 반 모두에게 멸시받고 무시당하고 학대 받고 왕따 당했다. 그야말로 지옥 같은 소년 시절이었다. 형편이 그러하니 공분들 제대로 하겠으며 친군들 하나라도 있겠는가. 그럭저럭 졸업은 했지만 중학교 입학시험을 또한 1차 2차 모두 낙방이었다. 원서만 제출하면 들어갈 수 있는 정원 미달 삼류 학교에 입학할 수밖에 없었다. 중학교에 가서도 학급에서 누구 하나 이겨먹을 수 없고 친구도 없었다. 한심한 스스로의 처지를 비관하며 소년은 생각했다. '권투를 배우면 중학교에서는 맞지 않고 잘 지낼 수 있지 않을까?' 소년은 기약 없는 희망을 안고 금남로 길가에 보아 두었던 권투도장을 용기를 내서 들어갔다. "너. 뭐야? 왜왔어?" "저— 권투…" "입단할라고?… 등록금 가져왔어?" "…….." "한 달에 이천원이야." "예—!" 소년은 지린내 나는 도장을 나와서 길고 깊은 한숨을 쉰다. 돈도 없고 도장이 무섭고 두렵다. 실의에 빠진 소년은 그렇게 1

년을 지냈다.

소년은 불로동에 있는 도봉술 도장에 들어섰다. "지금 돈이 없어서…" "한 달 배우고 나서 가져오면 돼!" 소년은 뒷일을 생각 안 하고 그날부터 학교가 끝나면 도봉술 도장에 들려 한 시간 운동하고 난 뒤 시키지도 않은 화장실이며, 현관, 도장 마룻바닥 청소는 물론 이것저것 허드렛일을 한두 시간 하고 귀가했다. 한 달이 다 되어가던 어느 날 관장님이 소년에게 말했다. "너 왜 시키지도 않은 청소를 그렇게 허냐? 너 혹시 수강료가 없어서 그런 것이냐?" "……." "알았어. 임마! 운동이나 열심히 해!" 소년은 자존심이 상하긴 했지만 속으론 뛸 듯이 기뻤다. 청소만 열심히 하면 무료로 운동을 하게 되었다. 소년은 어쩌다 운동을 못하는 날에는 늦게라도 들려서 청소만 하고 집에 돌아가곤 했다. 바쁜 나날이 어느덧 반년이 다 되어가니 소년의 도봉술 실력이 꽤 늘었다. 정권 찌르기, 발차기, 후려치기, 낙법 등 이것저것 많이 배웠다. 자유대련도 썩 그럴듯하게 할 수 있게 되었다.

어느 날 도장에서 집으로 가는 늦은 시간 남광주 역을 지나 어두운 골목길에 접어들었는데 상급생인 듯한 두 명이 소년 앞을 막아섰다. "돈 좀 있냐?" 소년은 잔뜩 겁을 먹고 돈이 없다며 용서해달라고 두 손 모아 빌었다. 싹싹 빌고 있는 소년에게 거친 발길질이 가해졌다. 소년은 자기도 모르게 여유롭게 그러면서도 잽싸게 피한다. 이어서 날아오는 주먹. 두 사람의 무차별 공격이 가해졌지만 무의식적으로 그동안 닦은 실력을 발휘한다. 소년은 손쉽게 피하거나 막으면서 그래도 입으로는 사정을 한다. "아이고 형님들! 잘못했어요. 살려주쇼 예?!" 그러면서도 두 사람의 공격을 하나도 맞지 않고 모두 피했다. 한참 그러더니 둘은 어처구니없는 듯 말한다. "야! 너 운동허냐?" "예! 도봉술요!" "뭐여? 참말여?" "그러먼 그냥 가봐!" "예! 미안허요!" 소년이 가다 말고 뒤돌아 둘을 부른다. “형!” 둘은 그 자리에 굳어 버린다. “이 골목에 다시는 나타나지 마! 잉!” “으응! 알았어 잉!” 둘은 부산한 걸음걸이로 사라지고 소년은 생각한다. ‘이젠 내가 누구와 붙어도 이길 수 있겠구만! 아까 저 형들의 주먹, 발길질은 아무것도 아녔어! 흐흐!’ 소년은 혼자 쾌재를 부르며 집을 향해 뛴다.

다음날 학교에서 평소 자신을 업신여기고 귀찮게 하는 짝꿍에게 시비를 걸어본다. “야! 니 지우개 좀 빌려줘!” “뭐 임마!?” “지우개!” 짝꿍은 놀라며 “너 죽을래?” 두 사람은 화장실 뒤에서 보기로 한다. 수업이 끝나고 꽤 많은 다른 친구들이 화장실 뒤에 모였다. 좋은 구경거리다. 학급 제일의 바보가 그래도 싸움 실력이 중간은 되는 제 짝꿍과 붙는다니… 관심 백배였다. 열댓 명의 관중이 지켜보는 가운데 ‘맞장’을 떴다. 짝꿍의 선제공격을 소년은 쉽사리 피한다. 소년의 정권 찌르기와 발차기 몇 번에 짝꿍은 이내 코피를 흘리고 쓰러져 일어나지 못한다. 아무도 말 한마디 없이 고요하다. 소년은 가슴이 방망이질했지만 책가방을 들고 자리를 뜬다. 소년은 도장까지 뛰어서 간다. 모질이 팔푼이 바보를 벗어난 순간이었다. 그렇게 소년은 왕따에서 해방되었다. 헐레벌떡 뛰어 들어오는 소년을 보고 관장님은 무슨 사고라도 난 줄 알고 놀라신다. “무슨 일이냐?” “관장님. 제가요…” 소년은 자랑스럽게 조금 전의 무용담을 들려 주었다. 얘기를 다 들은 관장님은 다짜고짜 소년의 뒤통수를 때렸다. “이놈아, 니가 깡패냐? 싸움꾼이냐?! 내가 친구를 패라고 운동을 가르치더냐?” 소년은 그날 생전 처음으로 멋진 가르침을 받았다. 관장님이 영화 주인공처럼 멋져 보였다. 도봉술은 힘없고 억울한 사람을 돕기 위해 배우는 것이고 적으로부터 나를 보호하기 위해 배우는 것이고 자신의 건강을 위해서 하는 것이지 쌈박질하기 위해 배워선 안 된다.

다음날 학교에 간 소년은 짝꿍 눈치를 보며 거북하게 오전 수업을 마쳤다. 점심시간에 소년은 짝꿍에게 어색한 듯 말을 걸었다. “야! 미안하다잉!” 짝꿍은 대뜸 소년에게 자기 지우개를 내밀며 “이거 너 가져!” “아녀! 필요할 때 내가 빌려 쓰께. 너 나랑 도봉술 배울래?” “안 해 임마!” 소년은 학교를 졸업할 때까지 몇 차례 맞장 도전을 받았지만 이 핑계 저 핑계로 한 번도 싸우지는 않았다.

웅변

'선배 고재갑!' 이라는 이름은 내 기억에 깊이 새겨진 이름이다. 고재갑 선배는 나의 우상이었고 멘토였다. 그는 전국학생웅변대회에서 1등 상을 받은 내 2년 선배다. 아니 그는 나뿐 아니라 전교생의 우상이었다. 그의 한마디는 어느 선생님의 말씀보다 위력적이었고 그의 행동은 후배 모두의 표본이 되었다. 학교에서는 이미 유명 인사였는데 학교에 나오지 않는 특별대우를 받았다. 한 달에 한두 번 학교에 나오는 날에도 교실에는 가지 않았다. 교무실에서 선생님들과 무언가를 하거나 손님이 앉는 편한 의자에 앉아 책을 보고 시간을 보냈다. 아침 조회 시간이나 오후 시간에 전교생을 강당이나 운동장에 집합시켜 놓고 교장선생님의 말씀이 있은 뒤 고재갑 선배가 단상에 올라가 10분 정도 길이의 웅변을 한다. 웅변하기 위해 단상에 오르는 순간부터 터져 나오는 함성과 박수 소리는 학교 건물을 들었다 놨다 할 정도였다. 전교생이 술렁거리고 흥분을 감추지 못한다. 웅변을 하는 내내 환호와 박수와 괴성이 이어진다. 연예인 못지않은 인기와 영웅으로서의 존경을 한 몸에 받는다. 도대체 고재갑 선배는 어떤 사람일까? 나는 그것이 궁금했다. 다른 친구나 선배들에게 나는 수없이 물어봤다. "고재갑 선배는 어떤 사람이여?" "훌륭하고 멋있고 그래!" "뭣이?!" 소년은 어느 날 고재갑 선배를 찾아갔다. "너 누구냐?" "1학년 김대규 인데요." "그런데 왜?" "물어볼 말이 있어서…." "너도 웅변하고 싶냐? 그러면 토요일 오후 3시까지 사직공원 전망대로 와라 잉!" 그렇게 해서 소년은 난데없는 웅변을 배우게 되었고 고재갑 선배는 나의 웅변 선생님이 되었다. 10분에서 15분가량 열변을 토해야 하는 원고를 외우는 것도 힘들고, 자세를 잡고 제스처를 취하는 것도 어렵고, 누가 들을까 봐 두렵고, 듣고 비웃을까 봐 거북했다. 그러나 힘껏 소리를 지르고 나면 속이 시원하고 스트레스가 풀리는 것도 같고 기분이 상쾌해지면서 마음이 편안해짐을 느낀다. 첫 수업 때부터 고재갑 선배는 내 목소리를 칭찬했다. "만장하신 여러분! 이 연사의 피 끓는 호소를 들어주십시오!" 사직공원을 산책하는 몇몇 시민들이 발걸음을 멈추고 웅변 연습을 구경한다. 나는 부끄럼을 무릅쓰고 피 터지는 목소리를 질러댄다.

낙엽이 떨어지던 가을 어느 날 학교 강당에서 교내 웅변대회가 열렸다. 선생님의 추천으로 처음 웅변대회에 출전한 나는 3등 상을 받았다. 국민학교 때부터 지금까지 단 한 번도 상이란 걸 받아본 적이 없는 내가 받은 첫 상이다. 전교생이 보는 가운데 교장 선생님으로부터 받은 3등 상은 나에게 첫 보물이 되었다. 상장을 수도 없이 소리 내어 읽고 들여다보며 '이 상장이 보물이 아니라, 웅변이 나의 보물인 것이여!' 나는 그렇게 되뇌며 더욱 열심히 웅변 연습을 했다. 그 후 반공연맹, 교육청, 도지사 등이 주최하는 여러 웅변대회에 다수 출전하여 이따금 1등도 하고 3,4등이나 장려상, 우수상 혹은 특별상 등의 성적들을 거두면서 나는 웅변 실력을 쌓고 있었다.

그러던 어느 날 나의 최고이자 최후의 웅변대회를 맞았다. 광주 KBS 방송국, 전남도청과 전국웅변협회에서 주최하는 전국웅변대회가 광주공원 광장에서 열렸다. 나는 당당히 출전 원서를 제출하고 한 달간 고재갑 선배에게 특별 지도를 받았다. 대회가 가까워질수록 도시 전체가 축제 분위기에 싸이고 대회에 대한 관심과 인기가 절정에 이르렀다. 내 가슴을 더욱 떨리게 하는 건 이 대회를 아버지가 아시고 아버지 친구들까지 동원하여 구경을 온다는 사실이었다. "잘해야 헌다. 아부지 친구들이랑 몽땅 가볼 것잉께!" 그 무서운 아버지 앞에서 뭔가를 한다는 게 처음인 내게는 말할 수 없이 큰 부담이었지만 내 실력을 인정받을 수 있는 절호의 기회였다. 생각만 해도 가슴이 방망이질했다. '실수라도 하면 어쩌나? 상을 못 받으면 어쩌지?' 수많은 관중도, 높은 고관들도, 예쁜 여학생들도, 선배나 친구들도 무섭지 않은데 아부지만큼은 너무 무서웠다. 나는 얼굴이 백지장처럼 사색이 되어 단상에 올랐다. 나는 아무 생각도 나지 않고 머릿속이 그냥 하얗다 못해 멍했다. 광주공원 그 넓은 마당은 그야말로 인산인해였다. "김대규 연사의 웅변 제목은 「공산당을 때려잡자」입니다. 뜨거운 박수를 보내 주시기 바랍니다." 박수가 잦아지고 잠시 침묵이 흐르더니 "여러분, 저는 오늘 이 자리에 오르기 전에 많은 생각을 하였습니다…." 나의 웅변은 그럴듯하게 시작이 되었다. 여유도 있고 목소리도 안정적으로 성량은 풍부했다. 발음도 정확하고 박력도 있었고 제스처도 무난했다. 처음에 나를 보고 있는 그 많은 관중의 얼굴들이 너무 무섭고 두려웠으나 시간이 갈수록 그 얼굴들의 시선이 느껴지기 시작했다. 7분 분량의 웅변이 5분이 지날 즈음 대부분의 관중은 나의 웅변에 집중하고 있었고 중간중간 박수와 함성이 터졌다. 얼핏 단상 바로 앞을 내려다보았는데 아뿔사! 그 무서운 아버지의 얼굴이 나를 똑바로 쳐다보고 있었다. 내 생전 나를 그렇게 바라보고 있는 아부지 얼굴, 그 표정 하며 그 눈동자를 나는 처음 보았다. 아버지와 눈동자가 마주치는 순간

「헉!」 나는 온몸이 순간 굳어버린 것 같았다. 순간 말이 헷갈리기 시작했다.

웅변이란 중간 중간에 작은 클라이맥스가 있고 끝날 무렵과 마지막에 결정적인 피치에 오르며 끝맺음 하는 것인데 그 결정적 순간에 그만 첫 턱을 딛지 못하고 그냥 미끄러져 평탄한 오르막을 거치듯 스쳐 지나가고 말았다. 웅변을 아는 사람들이 여기저기서 혀를 차며 안타까운 한숨을 내쉰다. 마지막 클라이맥스를 놓쳐 버린 나는 대강 마무리하고 얼떨결에 단상을 내려오고 말았다. 그 틈에도 나는 심사위원석에 앉아 있는 웅변 선생님 고재갑 선배님을 봤다. 잔잔히 미소 짓고 있는 그 선배가 거룩해 보였다. 나는 입상권에서 벗어나고 말았다. 현장에서 즉시 치러진 시상식이 끝나자마자 고재갑 선배는 발표되지 않은 장려상이란 내 상장을 만들어 나에게 주면서 “괜찮아. 잘했어!”라고 해 주셨다. 계획에도 없는 장려상을 급조해 주신 뜻이 고마웠으나 미안하고 죄송했다. 실의에 빠져 공원 벤치에 홀로 앉아 있는데 어느 틈엔가 아버지가 내 뒤에서 조용히 한마디 하신다. “애썼다! 우리 친구들이 그러는데 니가 제일로 순탄하고 자연스럽게 잘했다고 하더라!” 칭찬인지 위로인지는 모르나 나는 아부지의 그렇게 부드럽고 다정한 목소리는 난생처음 들어보았다. ‘누구 때문에 실수를 했는데.’ 나는 그날 이후 웅변을 그만두었다. 계획에 없는 급조된 장려상이 내게 무슨 의미인지 나이 70이 넘은 지금은 회고하며 그저 웃을 뿐….

콩쿨대회

방림동 빈민촌 뒷산에 올라 쌓은 1년 남짓한 독공은 말도 섞어보지 못한 소녀를 생각하며 혼자 불러댄 헌애송에 불과했다. 덕분에 소년은 꽤 그럴싸한 가창력을 지니게 되었다. 학교 오락 시간이나 각종 축제나 행사에 소년은 단골로 참여하게 되어 그 분야에서 어느 정도 스타 대접을 받았다. 학교를 무대로 했던 우물 안 가수의 사회 진출이었다. 외갓집 동네에서, 광주공원에서, 축제 노래자랑대회 등 광주지역 콩쿨대회에서 소년은 단골손님이었다.

담임 선생님이 어느 날 한 말씀하신다. "너 임마! 방송국에도 한번 가보지 그러냐?" "그건 프로들이 하는 것입니다." "예선을 통과해야지!" 그렇다. 방송국 프로그램은 음악전문가 선생님들 앞에서 악단 반주에 맞추어 심사를 받고 합격해야만 본선대회에 가는, 두렵지만 선망의 관문이었다. 열여섯 살 소년은 결국 방송국 예심장에 나타났다. 설렘과 모험심에 들떠 지내다가 더 이상 끼를 주체할 수 없었다. "너 몇 살이냐?" "저 스무 살이요!" "짜아식 거짓말은!" 우여곡절 끝에 합격하여 본선에 올랐다. 본선에 나가면 라디오 방송의 전파를 타게 된다. 가슴 떨리고 벅찬 일이었다. 제정신이 아닌 채로 무사히 노래를 마쳤다. 입상은 못했으나 참가상으로 4홉들이 소주 2병을 받았다. 중학생에게 어울리지 않았지만 소주 상품은 소년에겐 금메달로 느껴졌다. 소주 1병은 아버지 방에 몰래 갖다 놓고 나머지 1병은 친구들과 학교 뒷산 잔디밭에서 숨어 나눠 마셨다. "와— 쓰다!" 소주의 첫 맛은 신기하고 즐거웠다.

라디오 프로그램이 방송되는 며칠 후 소년은 라디오를 들으러 이모 집에 갔다. 소년의 집에는 라디오가 없었다. 라디오를 켜놓고 긴장 속에서 방송을 들었다. 끝까지 잘 불렀지만 목소리가 도대체 자신의 것이 아니어서 충격적이었다. 자신의 목소리를 들어본 것이 처음이었기 때문이었다. 발음도 호흡도 자신의 것이 아니었다. 그저 불편하고 불안했다. 노래 공부를 처음부터 다시 해야 한다는 생각이 들었다. 그 무렵 전문가 선생을 만나든지 아니면 녹음하고 음악을 들을 수 있는 장비라도 있었다면 소년의 장래는 달라졌을지도 모른다. 당초 소년의 꿈은 영화배우였다. 그 꿈은 너무 막연했다. 숙고 끝에 소년은 일단 노래를 잘해서 가수가 되면 영화배우를 할 수 있는 기회가 생기지 않을까 하는 믿음을 갖게 되었다. 하지만 소년에게는 가수가 되는 데 도움을 줄 인맥도 없었고 음악전문가를 찾아 배울 수 있는 돈도 없었다.

소년은 그럭저럭 세월을 보내 어른이 되고 노인이 되었다. 세상이 좋아져 노래방 기기가 나오고 컴퓨터가 나왔다. 소년은 60세를 넘기면서 노래방 반주기를 이용해서 카세트 테이프에 가요 220곡을 녹음했다. 녹음한 노래를 들어보니 지나치게 힘이 들어가고 감정이 넘쳐서 듣기가 거북했다. 아쉬움을 달래고자 다시 용기를 내어 72세 때에 컴퓨터를 이용해서 가요 445곡을 다시 녹음했다. 노인은 녹음파일을 USB에 담아 이따금 자신의 노래를 들으며 혼자 웃는다. 지금도 '아! 저 대목은 저렇게 부르는 게 아닌데….' 그러면서. 아쉬움이 있지만 자신의 가창력을 스스로 평가하며 그저 즐긴다. 정신 나간 짓이라고 누군가 손가락질할지 모르지만 노인은 재밌고 즐겁다. 다른 이들이 노래를 듣고 "저 가수 이름이 뭐야?" 하고 물으면 빙긋이 웃으며 대답한다. "글쎄, 나도 잘 몰라…!"

풀칠

학교를 다니느냐 마느냐의 문제는 당시 소년의 상황으로 볼 때 시급하지 않았다. 먹느냐 굶느냐가 더 큰 문제였다. 60년대 그 시절은 그랬다. 소년뿐 아니라 많은 사람들에게 굶지 않고만 살아도 천국으로 느낄 그런 시절이었다. 어느 날 체육시간, 상의를 벗고 내의만 입고 운동장에 모였는데 담임 선생님이 누군가 기부했다며 동내의 한 벌을 들고 오셨다. "이 내복은 이 친구를 주었으면 하는데 다들 어떤가?" "예!" 하며 모두 동의했고 일부는 손뼉까지 쳤다. 소년은 그때야 자기가 입은 내복 윗도리가 헤어지고 늘어져 폐품 수준인 걸 알고 몹시 창피했다. '아뿔사!' 새 옷이 생겨 좋기는 해도 창피스러움과 못난 자존감에 슬픔과 분노가 솟았다. 하지만 옷이 무슨 상관인가. 한 끼 때울 걱정을 해야 할 형편에….

어느 날 소년은 '군대에 가면 3끼 밥을 먹을 수 있고 내의를 얻어 입지 않아도 된다. 봉급을 받으면 생활비로 집에 보내도 되고 또 내가 잘해서 장교가 될 수 있다. 그리되면 취직도 어려운 세상에 출세한 거 아닌가.' 생각하고 병무청에 지원서를 제출했다. 입대자들과 배웅하는 사람들로 북적이는 인파를 뚫고 그 무서운 아버지가 혼자 배웅하러 오셨다. “아부지!” “응!” 두 사람은 그리고 아무 말이 없다. 거리를 두고 떨어져 한참을 그렇게 서 있다. “갈게요!” “응! 몸조심 허고!” 두 사람은 그렇게 헤어진다. 자식이 군대에 가는 현장에서 벌어진 우리 부자의 이별 장면이었다.

부대에 도착하여 모두 일렬로 서서 아침 식사를 배식 받았다. 소년의 눈이 번쩍였다. ‘밥이다!’ 소년은 잽싸게 몸을 날려 될수록 앞쪽에 줄을 섰다. 배식대가 가까워질수록 밥 냄새가 구수했다. 생전 처음 보는 식판에 수북한 밥과 콩나물국, 깍두기를 배식 받아 허겁지겁 먹었다. 배는 부른데 밥이 얼마나 맛있는지 입은 아직도 허심허심 했다. 돌아다보니 아직도 30여명이 배식 줄에 서 있었다. 소년은 냉큼 일어나서 밥을 안 먹은 척하고 다시 배식 줄에 섰다. 누군가 눈치라도 챌까 봐 고개를 푹 숙이고 다른 사람들 시선을 요리조리 피하며 배식을 다시 받아 한번 더 밥을 먹었다. 그래도 힘들 정도로 배가 부르지는 않았다. 무척 만족스러웠다. 아무 일도 안 하고 그저 훈련만 받는데도 먹여주고 재워주고 옷도 준다. 더욱 놀라운 것은 이렇게 의식주를 해결해 줄 뿐 아니라 입대 첫 달부터 봉급을 주었다. 소년은 훈련이 상상도 못할 만큼 무섭고 힘들었지만 훈련을 마치고 군인이 되었다. 그렇게 어른이 되고 봉급을 받는 직업인이 되었다.

소년은 첫 봉급부터 전액을 집에 송금했다. 한 달 봉급이라야 쌀 한 말 정도 살 수 있는 돈이지만 소년의 부모는 그 돈으로 아들이 다니던 학교에 찾아가 뇌물을 바치고 아버지는 경비원으로 엄마는 학교 구내식당에 임시로 취업했다. 봉급 전액을 집으로 송금하는 일은 결혼해 자신의 가정을 꾸릴 때까지 이어졌다. 결혼 후에도 최소한의 생활비만 제하고 부모님 생활비를 오랫동안 보냈다. 단 한 푼의 유산 없이 머리 크면서 부모와 동생들, 처자식 모두를 부양하는 책임은 평생 이어졌다. 70세가 넘은 독거노인이 되어서도 90세 넘은 노모를 요양원에 모시고 매주 엄마를 찾아간다. 혼자 목에 풀칠하는 일도 버거운데 엄마를 관리하는 노인이 되어 자신의 팔자를 되돌아보니 참 옹색하다는 생각도 들지만 그래도 여태껏 인색했던 자신이 못내 부끄럽고 못나 보여서 그것이 힘이 든다.

유격장 가는 길

장교가 되겠다고 마음먹고 지옥훈련을 받는다. 누구를 원망할 여유도 한심한 신세를 자탄할 여유도 없다. 마지막 코스 유격훈련이 시작되고 있었다. 12월 무등산의 겨울은 칼바람 무서운 지옥 한파가 기승을 부리고 있었다. 새벽 1시에 주둔지를 출발해 유격장으로 향하는 행군은 40kg의 완전 군장을 하고 무등산 정상을 경유하는 20시간 80km의 무박 2일의 주야 행군이다. 날씨는 금방이라도 하늘이 무너질 듯 찌푸렸고 진눈깨비 사나운 바람이 판초 우의를 잡아 재낀다.

점심 식사 시간이었다. 부대는 무등산 자락 어느 깊은 계곡에 군장을 풀고 항고(야전용 식기)를 꺼내 들고 배식대 앞에 줄을 서 있었다. 눈보라는 야멸차고 휘파람 같은 바람 소리는 배고파 토하는 신음소리 같았다. 허기진 창자를 꽉 깨물고 배식 차례를 따라가고 있었다. 갑자기 구대장이 소리친다. “332번 올빼미. 어디있나?” “예! 332번 올빼미!” 구대장이 은밀하게 시킨 대로 계곡 아래쪽 비탈진 곳을 돌아 큰 바위 밑으로 조심스럽게 내려갔다. 바로 그때 어디선가 뜻밖의 울음 섞인 목소리 “아가! 여그다!” 소리 나는 쪽을 돌아보며 “맞아. 엄니 목소리여!” 느끼는 순간 엄니가 거기 계셨다. 그 뒤쪽에 아버지도 계셨다. 두 사람의 모습이 얼핏 주위의 비에 젖은 바윗돌과도 흡사했다. 그저 황당하고 놀랄 뿐인데, 엄니는 들고 있던 보따리를 풀기 바쁘고 아버지는 손을 들어 보이며 "이리 와라!" 빨려가듯 두 분 앞에 다가섰다. 그 순간 벼락같이 화가 났다. 여기서 엄마, 아버지를 만나고 돌아가면 배식은 끝날 것이고 그러면 나는 점심을 굶게 된다. 부대를 출발하여 거의 열 시간 만에 먹는 식사를 놓치면 남은 행군 중에 배고파 죽을 수도 있다는 생각이 들었다. "오메! 내 새끼! 얼른 먹어라! 얼릉!" 엄니가 보따리를 풀고 열어 논 여러 가지 음식을 보는 순간 방금했던 걱정과 분노는 순간 잊어버리고 식어버린 돼지고기 국에 흰밥을 말아서 퍼먹는다. 돼지처럼 막 먹어대는 아들을 물끄러미 내려다보며 눈물을 삼키는 아버지와 허겁지겁 먹어대는 아들을 차마 볼 수 없어 고개를 숙이고 "아이고 내 새끼!"를 연발하며 눈물을 쏟고 계시는 엄니를 힐끔힐끔 훔쳐보며 나는 그저 먹어대는 일에 열중한다. 하지만 부대 쪽에 마음을 두고 빨리 먹고 빨리 가야 한다는 생각뿐이다. 엄니가 한마디 하신다. "얼마나 힘드까. 울 애기 내가 쪼끔이라도 대신 허면 안 되끄나?" 실제로는 60초도 안 지났을 것이다. 한 냄비를 다 비웠다. 어떻게 알고 이곳까지 이 시간에 여길 찾아왔는지 물어볼 겨를도 없고 설명을 들을 경황도 없다. 그저 빨리 돌아가야 한다는 생각뿐이다. 엄니는 식어버린 고깃국 남은 것과 밥, 김치 등 음식을 아들 항고에 반 가득 담아 손에 쥐여준다. "아가! 이거 갖고 가!" "예! 나 갈라요 잉!" 한 번 힐끔 뒤돌아보았던가, 고장 난 로봇의 움직임처럼 지체 없이 뛰어 돌아가는 우스꽝스러운 아들 모습을 본 아버지와 엄니는 가슴이 미어졌을 것이다.

부대에 들어갔을 때는 점심시간이 끝나고 행군 대형으로 정열 하던 중이었다. 구대장님이 외친다. "332번 올빼미 어딨나?" "예! 332번 올빼미!!" "선두 출발!" 그렇게 비공식 불법 가족면회가 종료되었다. 저녁식사 배식에도 불참했다. 엄마가 항고에 담아준 음식이 얼려 있어 그걸 먹느라 애를 먹었다. 자정이 넘어 화순 동복 유격훈련장에 도착한 유격훈련 대원들은 난장에 텐트를 치거나 텐트를 몸에 둘둘 말아 감고 깊은 잠에 빠졌다. 낮에 본 부모님의 모습을 떠올리며 금방 천국의 꿈나라로 날아갔다. "육군 장교가 이만한 걸 견디지 못하면 안 되지. 해내야 돼!!" 지옥훈련 중에 만난 천사는 아들을 만나기 위해 유격훈련에 오신 부모님이셨다. 천사의 그 모습을 평생의 보물로 모시고 살았기에 그 많은 고충을 견디고 그 역경을 딛고 그 외로움을 꿀꺽이며 지금도 학인(學人)이라며 공부를 게을리 않더라.

마리아와 요셉

군에 입대해 훈련받던 시절부터 편지만 주고받던 아가씨가 있었다. 서로 위로하고 격려하며 친숙해졌지만 한 번도 만나본 적은 없었다. 얼굴도 모르지만 서로를 그리워하며 일 년 가까이 사랑을 키웠다. 아가씨 이름은 서성옥이었다. 힘들었던 훈련을 다 마치니 춘삼월이 되었다. 따뜻한 어느 봄날 육군 보병학교 연병장에서 소위 임관식이 거행되었다. 군사학교로서는 가장 큰 행사였다. 전투사령부 지휘관들은 물론 임관하는 초급장교들의 가족들이 전국 각지에서 모여들었다. 동료 김 소위의 소개로 얼굴도 모르고 일 년 남짓 펜팔을 해오던 서성옥 양은 임관식에 꼭 참석하겠다고 나와 약속했다. 아가씨와의 첫 만남을 학수고대했지만 그녀는 임관식에 나타나지 않았다. 그녀를 대신해 그녀의 친언니가 임관식에 참석했다. 동생이 갑작스러운 사정이 생겨 올 수 없었다며 동생이 준비한 목걸이 선물을 내 목에 걸어주고 갔다. 허망하고 실망스러웠다.

임관식을 치른 후 휴가 기간에 주소를 들고 그녀를 찾아갔다. 그녀는 마치 기다리고 있었다는 듯 반갑게 맞아 주었다. 처음 보는 순간 그녀는 선녀 같았다. 너무나도 어여쁘고 잘 생겼다. 키도 크고 날씬해서 여배우 같았다. 그녀에게 쌓은 내 연정이 한순간 목에 차고 키를 넘었다. 임관식에 왔던 언니도 만나고 어머님도 뵙고 큰 절을 올렸다. 어린 동생들 서넛 과도 인사를 나눴다. 그녀와 함께 시내로 나와 외식도 하고 극장에도 갔다. 그렇게 휴가 기간 동안 데이트를 무려 세 번이나 했다. 그녀와 아쉬운 이별을 하고 전방 비무장지대의 소대장으로 부임했다. 육군 장교로서 수행하게 된 첫 임무였다. 나는 그렇게 비무장지대 안에 있는 GP 초소장으로서 막중한 임무와 책임을 맡았다.

야간 경계근무가 끝나는 새벽에는 언제나 그리움과 외로움으로 몸서리쳤다. 그녀에 대한 연정과 사모의 마음 때문이었다. 내 최고의 신붓감 서성옥 양은 독실한 가톨릭 신자로 세례명은 마리아였다. 내가 근무하는 곳이 워낙 멀고 험한 곳이라 감히 면회 오라고 부탁할 수도 없고 이제 막 부임한 새파란 소위가 휴가를 낼 수도 없고, 나는 감옥에 갇힌 것처럼 힘든 시간을 보냈다. 훈련의 고통은 비교도 안 될 만큼 형언할 수조차 없는 고통이었다. '왜 내가 이런 고통을 겪어야만 하는가' 하는 회의도 들었다. 부임 1년이 되면 휴가를 갈 수 있었다. 그러나 더 이상 참지 못하고 부임 9개월이 되던 무렵 위험한 결심을 했다. 경계근무가 한창인 한밤중, 부대 작전 전화를 통해 연대본부 면회실에 근무하고 있는 동기생 박 소위에게 허위 면회 신청을 부탁했다. "너 어쩌려고 그래 임마!" 동기생의 만류도 아랑곳하지 않고 그저 막무가내 애걸복걸했다. 다음날 중대장의 전화를 받았다. "야. 김 소위! 너 면회 왔다는데, 전속 온 지 얼마나 됐다고 면회야? 지프차 보낼 테니 지금 나갔다가 내일 들어와!" 그렇게 1박 2일 외출을 허락받았다.

생전 처음 위험한 줄행랑이 시작되었다. 엄격히 말하면 탈영이었다. 그것도 장교가. 연대본부까지 중대장님이 내어준 지프차를 타고 나와 그곳에서 면회하고 다음날 복귀해야 할 터였다. 하지만 나는 부대를 나오자 마자 지나가는 부대 보급 수송 트럭을 얻어 탔다. 트럭은 비포장 먼지 속 신작로를 마구 달려 사단 사령부가 있는 원통리에 도착했다. 날은 벌써 어두워졌다. 먼지를 뒤집어 쓴 얼굴은 하얗게 밀가루를 발라놓은 듯했다. 개울물에 얼굴을 씻고 서울 가는 민간 시외버스에 올랐다. 겨우 한숨을 돌렸지만 이번엔 검문이 걱정이다. 원통을 지나면 위수지역을 벗어나는 셈이 된다. 휴가증이 있어야 하는데 그게 없다. 모든 차량을 군 헌병과 경찰이 동시에 검문을 하는 검문소가 서울까지 가는 동안 세 군데나 있었다. 그런데 이 무슨 천행이란 말인가. 검문소 두 곳은 경찰만 들어와 보고 그냥 통과되었다. 마지막 한 곳에선 헌병이 버스에 올라와 대뜸 경례를 하며 "소위님, 어디 근무하십니까?" 태연한 척 대답했다. "3군사령부 경비 중대!" "어디 가십니까?" "12사단에 출장 갔다 오는 중이야!" 헌병은 거수경례를 하며 "수고하십시오!" 헌병이 돌아가고 버스가 다시 출발했다. 가슴은 방망이질하고 있었다.

최전방 비무장지대 GP 장인 현역 소대장이 근무지를 이탈하여 서울 마장동 시외버스 터미널에 내렸다. 내심 겁이 났으나 이왕 저질러진 상황에 용기를 냈다. 택시를 타고 용산역에 도착하니 호남선 야간열차가 이미 떠나버린 뒤였다. 용산에서 아침까지 시간을 허송할 수 없었다. 수소문 끝에 목포까지 내려가는 화물 수송 열차가 있음을 알았다. 화물열차 맨 뒤칸 철도원들이 타는 그곳에 묻어가기로 하고 철도원에게 담배 두 보루를 뇌물로 바쳤다. 이튿날 새벽 광주 송정역에 도착했다. 첫 새벽 송정역 앞에서 버스를 타고 산골 구석 보건지소를 찾아간다.

사랑하는 마리아 서성옥은 전남대학교 간호학과를 졸업하고 실기실

습교육을 이수하기 위해 시골 보건지소에서 근무하고 있었다. 하지만 불원천리 찾아간 시골 보건지소의 문은 꼭꼭 잠겨 있고 인기척도 없다. 낙담하여 온몸에 힘이 빠졌다. 하릴없이 발길을 돌려 마을에 들어가 보니 시골 이발소가 열려 있다. "실례합니다!" 시골 아침나절부터 웬 군인이 들어가니 이발소 주인이 당황하며 맞는다. 보건소에 근무하는 마리아를 물었다. "아! 그 아가씨요? 저 아랫집에 방을 얻어놓고 자취하는데 어제 토요일이라 집에 안 가고 있는가 모르겄소?"

나는 판잣집 사립문을 열고 들어서며 사뭇 흥분하고 있었다. 시계를 보니 오전 10시가 막 넘어가는데 집안이 조용했다. 안채에는 주인이 사는 것 같고, 문간채에 방이 하나 있다. 방 앞 작은 마루 아래에는 여자 신발이 한 켤레 놓여 있다. "계십니까?" 인기척을 내고 마당 한가운데 우두커니 서 있었다. 순간 문간채 방문이 부시럭거리며 열리더니 누군가 허리를 숙이며 나온다. 그녀 마리아 서성옥 양이다. 그녀가 고개를 들어 군인을 보고는 금세 놀래어 굳어버린다. 서로 아무 말도 없이 마주 서서 그저 바라만 보고 있었다. "아니… 누구… 옴메—!?" 군인은 그냥 멋쩍은 웃음을 물고 있을 뿐이다. "뭔 일이다요?" 두 사람은 나란히 마루에 걸터 앉았다. "그냥 왔어요." "그냥 왔다니요? 1년 안에는 휴가도 없다며… 왜요?" "탈영했어요!" "에이! 쓸데없는 소리!" 여자는 믿지 않는 눈치다. 그저 하하 호호 웃으며 반가움을 감추지 못한다. "이제 가봐야겠네요!" "아니 벌써요? 광주로 같이 나갈까요? 내가 몸이 안 좋아서 집에도 안 가고 있었는데…." "아뇨. 그럴 거 없어요. 금방 광주 나가는 시외버스가 있다던데. 그걸 타고 갈게요! 귀대해야지요!" 마리아는 어안이 벙벙하여 어찌할 바를 몰라 했다. 나는 미안한 생각이 들었다. "저 물 한 김만 주쇼. 목이 말라서…." 그녀는 서둘러 물 한 대접을 들고 나온다. 물 한 대접을 벌컥벌컥 남김없이 다 마시고 계면쩍게 웃으며 말했다. “밥도 한 번 같이 못 먹고 그냥 가네요!” 하며 손을 내밀어 악수를 청한다. 마리아는 어색한 표정으로 손을 내주며 “버스가 올 시간이네요!” 두 사람은 나란히 걸어 버스 정류소에 섰다.

마리아와 소위가 나란히 서 있는데 무슨 말을 나누지도, 서로 바라보지도 못하고 눈 둘 데를 몰라 한다. 어색하고 거북한 침묵이 슬프다. 버스가 오고, 나는 흙먼지 날리는 버스에 오른다. 그녀와 정중한 악수를 나눴던 그 손을 차창 밖으로 흔든다. 탈영한 군인은 그렇게 잠깐 연인을 만났다. 탈영의 목적을 이루고 바로 몸을 돌려 귀대 길에 오른다. 이곳까지 오는 데 이틀 걸렸으니 돌아가는데도 이틀 걸릴 것이다. 처벌받을 건 뻔한 일이니 각오 단단히 한다. 모든 것을 하늘에 맡기고 서둘러 귀대할밖에 없다. 마리아는 먼지 속으로 사라져 가는 시골버스를 멍하니 바라보며 서 있다. 군인은 시계를 보며 중얼거린다. “면회가 20분 만에 끝났구만….”

인근의 광주시에 부모형제가 있으니 잠시 들릴 수도 있겠지만 마음이 바쁘다. 송정리에서 기차를 타고 용산역에 도착, 마장동에서 시외버스를 타고 홍천까지 와서 한밤중에 지나가는 군 트럭을 얻어 타고 인제까지 왔다. 헌병에게 검문을 받고 진술서를 쓰고 어렵사리 부대에 복귀했다. 밥 한 끼 사 먹을 시간도 없이 달리고 달려서 귀대했지만 4박 5일이 걸렸다. 중대장에게 불려가 차마 입에 담지도 못할 욕지거리를 듣고 온갖 수모를 당했다. 그 후 중대장이 다른 곳으로 전출되어 헤어질 때까지 참으로 힘들고 고달픈 역경을 견디어야 했다. 부대 내에서 제일 무능하고 멍청하고 문제 많은 장교로 낙인찍혀 지낼 수밖에 없었다. 중대장이 바뀌고 새로 부임한 중대장은 나를 불러 전임 중대장과의 사연을 물었다. 나는 탈영하여 애인을 보고 왔던 얘기를 자세히 사실대로 말했다. 그 중대장은 내 어깨를 툭 치며 한마디 했다. "야, 김 소위 멋있구나! 괜찮아." 그 한마디에 나는 눈물이 쏟아졌다. 중대장은 나를 인정해 주었고 후에 대대 정보장교로 추천해 주었다.

나는 소대장 1년, 대대 정보장교 1년을 마치고 2년 만에 부산 군수기지사령부로 전출되었다. 그때까지 마리아와 더욱 친해졌고 두세 번의 휴가를 받아 광주에 내려가 아름다운 사랑을 나누었다. 부산으로 내려가 미군기지 경비중대에 근무할 때는 마리아가 다닌다는 성당엘 다녀볼까 생각하고 부대 인근의 서면성당에 들러 가톨릭 교리 공부를 시작했다. 같은 종교를 갖는다면 사랑이 견고해질 것 같아서였다. 교리 학습을 6개월 만에 마치고 영세성사를 받게 되었다. 담당 신부님께서 지어주신 세례명은「암부르시오」였는데 나는 담임 수녀님께 강력하게 요청했다. "제 애인이 마리아인데 제 세례명을 요셉으로 해주시면 안 될까요?" 나는 그렇게 요셉이란 영세명을 받게 되었다. 아름다운 일이었다. 잡초 속 난초처럼, 진흙 속 옥돌처럼 아름다운 시절이었다. 그러나 인연이 아니었던가. 결국 둘은 맺어지지 못했다.

두 사람 나이가 70살을 넘어가던 어느 날 여러 지인과 한자리에 둘러앉아 이런저런 방담을 하던 중이었다. 그 마리아가 힐끗 보며 한마디 한다. "내가 당신한테 시집을 가고 싶었지만…, 그렇게 되면 평생을 거지처럼 가난하게 살 것 같아서…." 마리아가 청혼을 거절한 솔직한 이유를 50년 만에 들었다. 농담 한마디 들은 것처럼 실없는 표정으로 싱긋 웃어넘겼지만 노인의 가슴에는 대못 하나가 박혔다. 뒤통수를 쇠뭉치로 맞은 듯 현기증에 눈을 감았다. 그대로 까무러쳐 깨어나지 않아도 좋을 듯했다.

첫사랑은 그렇게 평생의 업이 되어 돌아왔다. 어찌거나 이 맺힌 업의 무거움을…. 사랑의 실패는 가난 때문이었다. 인생이 허무하다지만 사랑도 이토록 허무한 것이었다니. 허무하고 허무했다. 지금까지도 내심 '첫사랑의 언덕'을 18번 주제가로 부르며 추억하던 사랑이…. 이제 이대로 끝인가 보았다. '이제 나도 「요셉」 그만 해야지.' 나름대로 부끄럽지 않는 아름다운 사랑이었지 않았던가. 소설 같은 내 사랑이 숭고하고 멋졌다고 자부하며 자랑스러워하지 않았던가. 그렇게 스스로를 위로해 본다.

그 정도면 됐지 뭐! 내 청춘 말야!

- 제4부 -

예술보다 고달픈 세상살이

그래도 살아본 보람이 있었지.

내가 그곳에 있었네.

지금도 떠나지 못하고….

자식 농사

내게 자식이 생긴다면! '내 몸보다 더 사랑해야지! 일생을 완전히 바쳐서 희생해야지. 사랑 덩어리니까!' 총각시절 무수히 되뇌던 다짐이요 철학이었다. 물론 지금도 그 다짐은 참 좋았다는 생각이 든다. 그런데도 세월이 흐른 지금 다짐과는 정 반대가 되어버린 현실을 짊어지고 나는 씩씩거리며 살고 있다. 후회한들 무슨 소용이랴. 애써 태연한 척 침묵으로 살아간다. 남편 몰래 다단계에 빠져 아내가 집안을 말아먹은 현실, 아내의 불륜 현장을 눈뜨고 보아버린 현실에 얼굴 내밀고 살수 없어 고을을 떠나 멀리 피신했다. 그곳이 고승이 숨어 살면서 소요자재 했다는 소요산이었다.

얼마간 지나면 돌아오겠거니 했지만 고향에는 돌아가지 못했다. 올망졸망한 자식과도 영영 이별의 시작이었다. 자식들은 자신들을 키워주신 할머니를 할머니의 언니 집으로 쫓아내 버리고 할머니 집을 차지했다. 어머니는 쫓겨간 언니 집이 비좁아 농짝이나 메트리스 등 자신의 짐을 집안에 들이지 못했다. 대문 밖 골목길에 짐을 버려 놓고 몸만 들어가서 언니를 시봉하며 살아가고 계셨다. 내 집안에선 있을 수 없는 폐륜이었다. 인성교육을 제대로 시키지 못한 부모의 죄요 그러한 일이 생겼을 때 거기에 없었던 부모의 불찰이요 부덕이요 업장이었다.

그러던 어느 날 큰아들의 청첩장을 받았다. 신랑 이름 위쪽에 「○○○의 장남」이라고 아비의 이름이 쓰여 있었다. 아무런 예고도 없이 불쑥. 놀라기에 앞서 황당할 뿐이었다. 결혼이 성사되기 전까지의 모든 절차에 아비는 소외되고 전화 한 통 없이 불쑥 청첩장을 우편으로 받았다. 아빠로서 아무것도 안 하고 얼굴을 어떻게 들고 가나 고민하고 주저하다가 독한 맘먹고 예식장로비에 들어섰다. 그때까지도 전화 한 통 문자하나 없었다. 아비가 나타나지 않기를 바라는 건 아닐까 하는 생각이 들었지만 설마 했다. 한참을 로비 한가운데 우두커니 서 있었다. 몇 사람 아는 친척을 만나 인사를 나누긴 했으나 아비를 찾거나 안내하는 사람이 아무도 없었다. 신랑도 옆을 지나가고 드레스 입은 신부도 앞을 지나갔다. '아들아, 아비 왔다!' 그 말이 목구멍까지만 나왔다. 예식이 시작되는 멘트를 듣고서 아비는 그냥 돌아서 나왔다.

'내가 올 거란 예감을 못한 게야!' 이렇게 생각하며 혼자 사는 제주로 돌아오는 비행기에 앉아 있을 때 큰딸로부터 문자가 왔다. "큰아들을 아비 없는 자식으로 만들어서 참 좋으시겠소!" 그 큰딸은 온갖 정성과 노력으로 그 어렵다는 광주예술고등학교 한국화과를 졸업시키고 바늘구멍이라는 전남대 사범대학 한국화과에 입학시켰었다. 아비가 못 이룬 그림에 대한 원을 풀어줄 것을 기대하며 정성을 다했었다. 그러나 딸은 졸업하기도 전에 남자를 데리고 소요산 칩거 중인 아비를 찾아왔다. "결혼 할랍니다!" 큰딸에게 고교시절부터 자기 인생을 사는 법을 넌지시 설명할 때면 '꼭 결혼을 해야만 하는 건 아니다' 라고, 은연중 화가로서의 삶을 강조해 왔다. 그런데 학교를 졸업하기도 전에 남사를 네려와서 허락해 달라는 게 아니라 통보 차 인사하러 왔다고 한다. 기가 막힐 일이었다. "졸업이라도 하고 생각해 보면 안 되냐?"

"배가 불러서 안 됩니다!" 어쩌겠는가. 전남 해남예식장에 찾아가서 고운 딸의 손을 넘겨주고 말았다.

그래도 사람이 죽지 않고 살고 있었다. 거의 20년이 넘도록 얼굴 한 번 안 보여준 막내딸이 웬 남자를 데리고 내가 살고 있는 제주에 왔다며 전화를 했다. 깜짝 놀라 뛰어가서 만났는데 내 딸인지 알아보기도 어려웠다. 결혼식을 할 텐데 아빠는 나타나지 말란다. 그냥 결혼한다는 걸 알기만 하란다. 그러면서 불쑥 내미는 청첩장을 받아들고 아비는 그냥 멍하니 서 있었다. 그 막내딸은 부모가 이혼할 때 엄마를 따라가서 자랐는데 딸이 사춘기가 오기도 훨씬 전에 그 엄마가 비명횡사했다. 그 소식을 듣고 소요산 칩거 중에 있던 아비는 딸을 데려올 양으로 광주로 내려갔으나 딸은 그 아비를 만나주지 않아 얼굴도 못보고 그냥 돌아왔다. 결국 딸은 외가 쪽 사람들과 지내면서 성인이 되고 공무원이 되었다. 그런 딸이 갑자기 찾아와 결혼을 할 텐데 알려주기만 하는 것이니 결혼식장엔 나타나지 말란다. "그래! 그것이 너의 생각이냐?" "네! 둘째 외삼촌이 딸이 없고 아들만 둘이라서 결혼식에 딸 손을 잡고 들어가 보는 게 소원이라고 해서 외삼촌 손을 잡고 입장을 하기로 했어요." 그래서 딸이 스스로 결정한 것이라 한다. "그 사람이 교도소 교도관으로 평생을 교도소에서 살더니 도둑놈들에게 도둑질을 너무 잘 배워 남의 딸을 도둑질해가는구나." 그러나 아비는 그 외삼촌보다도 딸애가 더욱 불쌍하고 미안하고 안타까울 뿐이었다.

그래도 전화로 눈물을 보여준 둘째 아들도 있다. 세 번째 아내가 집을 나가고 홀로된 처지가 된 걸 알고 둘째 아들이 전화 통화 중 울음을 터트렸다. "우리 집은 콩가루 집안"이라고 떠들고 다니던 그 둘째 아들이 아비에게 눈물을 보이다니…, 자식 넷 중에 한 녀석이라도 그런 놈이 있다니 다행이고 게다가 그 놈은 일 년에 한두 번 안부 문자라도 보내주는 놈이라 기특한 놈이라고 칭찬하고 기뻐해야 할 형편이다. 자식에게 맞아 죽은 아비가 있다는 뉴스를 봤다. 자식에게 두들겨 맞고 중환자실에 입원했다는 할머니 얘기도 있다. 남겨줄 유산 없고 아내도 없고 자식 넷인 아비가 효도는 못 받았으나 횡포를 당하지 않는 것만도 천만다행 아닌가. 그렇게 위안을 삼고 사는 것이 비겁하지만 현명한 것일 수도 있다. 그렇게 사는 것이 좀스러울 수도 있으나 다행일 수도 있다. 그래서 아비의 자식농사는 하고 싶지 않은 경험으로 자국 많은 홍역쯤일 수도 있다. 그러므로 자식들에게 더욱 미안하고 미안하다. 아비가 그랬듯이 태어나고 싶어 태어난 것도 아닐 텐데 더 잘해줄 수 있지 않았을까 의심하며 가슴을 쥔다. 손주가 몇 명인지? 이름이 무엇이며 몇 살 인지도 모르는 독거노인은 강아지 두 마리와 수행하면서 24시간을 산다.

결론은 미안하고 미안하다. 자식들 모두 자수성가하였으니 장하고 대견할 뿐이고 서운할 것도 더 바랄 것도 없이 오히려 감사할 뿐이다. 바라건 데 모두들 건강하고 행복한 삶을 누리길 소원해 본다. 자식은 아비의 업이니까.

세 번의 결혼

세 번의 결혼과 두 번의 이혼이었으면 그나마 다행이었을 것을…. 이혼도 세 번이고 보니 괜찮지 않게 되었다. 첫 번째 결혼은 중매였는데 아버님이 중매인이셨다. 동네 단골 술집 주인과 각별하게 지내시던 아버님은 그 집에 가끔 드나드는 처제 되는 처녀를 눈여겨보시다가 며느리가 되어 달라고 간청을 하셨더란다. 그렇게도 아버님 마음에 흡족한 처녀라면 그냥 결혼할 수밖에 없다고 단순한 결심을 했다. 형식적인 첫 선을 보면서 대뜸 말했다. “우리 결혼합시다. 언제 할까요? 3개월쯤 있다가 할까요?” 그 아가씨는 나보다 한 수 더했다. “왜 3개월씩이나…?” “그럼 한 달 후 크리스마스 날 약혼식이라도 할까요?” “네!” 10분 만에 첫 선 자리가 끝나고 한 달 후 약혼식 날 예비신부는 예비신랑을 알아보지도 못했다. 신랑 역시 누가 신부인지 알아보지를 못하니 모두들 허리를 잡고 웃어댔다. 그들은 그렇게 맺어졌다.

당시 신랑은 서울 인근 사단 중화기부대 중대장 직에 있던 터라 사단장님께 주례를 의뢰했고, 사단 주체 진중 결혼식이 결정되었다. 사단의 의장대와 군악대가 동원되고 지역 관공서와 주민 어른들과 유지, 일가친척, 친구, 지인들을 모시고서 성대하고 화려하게 진행되었다.

부대 주변의 산악을 오색 연막탄으로 물들이고 군악대의 우렁찬 결혼 행진곡에 맞추어 의장대의 지휘검 사열을 받으며 지휘검 도열을 통과하는 장중하고도 아름다운 결혼식 행사가 거행되었다. 일생일대에 그런 엄청난 의장을 받는 것은 다시없을 영광이었다. 그렇게 시작된 결혼생활은 딸 하나에 아들 둘을 낳고 그렇게 살면서 '정말 사랑하는가?' 자문하고, 부인에게 물어보면 "사랑이 별거냐. 그럭저럭 살면 되지." 그 사람의 답이 대강 그랬다. 그것이 불만이었다. 정말 사랑 같은 사랑을 하면서 살아야 할 터인데…. 보이지 않는 사랑을 찾아, 행복을 찾아, 헤매고 있었다. 그들은 10년을 그렇게 살고 그저 막연히 그렇게 헤어졌다.

무료하고 허탈한 일상을 벗고자 평소 좋아하는 그림에 몰두하던 차, 초상화 화실을 운영하는 동호인을 만나 친하게 지내게 되었다. 나 역시 한때 초상화 공부를 한 바 있어 호감을 느끼며 급속히 가까워졌다. 급기야 매일 보지 않으면 안 되는 친한 관계가 되었다. 띠동갑 아래인 이 아가씨는 얌전하면서도 말솜씨가 좋고 센스와 유머가 뛰어났다. 외모도 팔등신 미인으로 그야말로 글래머였다. 서로에게 빠져들어 급기야는 결혼을 약속했다. 신부 측 집안의 반대에도 불구하고 광주 무등산 원효사에서 주지이신 법타 스님의 주례로 결혼식을 치렀다. 결혼식에는 신부 측 하객이라고는 처제 한 사람뿐이었다. 신부는 부친이 안 오시니 신랑과 함께 입장하자는 데도 굳이 당당한 모습을 보이겠다며 신부 홀로 입장하는 진풍경을 연출했다. 꿈같은 결혼생활이 시작되어 딸 하나를 낳고 전처 자식 셋을 돌보며 그렁저렁 10년을 살았다. 청암이란 호를 가지고 스승 아산 선생님의 제자가 되어 부부 전시회도 열고 국전에도 입상하여 화가로서 활동하며 잘 살았다. 하지만 무슨 욕심이었는지 부인은 다단계 유혹에 빠져 남편 몰래 집안 경제를 빗더미에 앉혔다. 행실 또한 좋지 않아 창피한 소문들이 나도는 상황이 되고 보니 고개를 들고 광주에서 살기가 어려운 지경에 이르렀다. 훌륭한 남편을 만났더라면 크게 출세하고도 남을 사람인데 안타까운 생각이 들면서도 얄밉고 그저 원망스러울 뿐이었다.

시간이 흐를수록 불거지는 불미스러운 일들로 주위의 친척과 친구들 주변에게까지 민폐를 끼쳤다. 경제적으로 또 도덕적으로 못할 짓들이 소문에 소문을 물고 퍼졌다. 집안 망신에 견디지 못한 부모님은 동네 부끄러워 못 살겠다고 고향을 떠나자고 하셨다. 그렇게 하고 싶었지만 돈 한 푼 없고 빚더미에 올라앉은 판에 무작정 떠날 수도 없었다. 일단 이혼을 하고 지옥 같은 시간을 보냈다. 두문불출 지내던 차 선광 스님의 권유로 소요산 자재암으로 칩거에 들었다. 얼마 뒤 아내가 살해당한 사건을 뉴스에서 보았다. 커다란 충격이었다. 돌아보면 전 남편으로서 자유로울 수 없는 원인 제공자란 생각에 미안할 뿐이다. 좋은 곳에서 평안을 누리시기를 빌 뿐이었다.

소요산 칩거는 10년 동안 계속되었다. 이후 새롭게 서귀포에 자리를 잡았다. 그곳에 평생 세 번째 집을 짓고 스물한 살 터울인 어린 처녀와 세 번째 결혼을 했다. 다시는 결혼하지 않겠다고, 여자 없이 살자고 맹세하고 다짐했건만 무슨 조화인지 걷잡을 수 없는 상황에 도대체 정신을 차릴 수 없이 휩쓸리고 휘말려 어느새 결혼식을 준비하고 있는 자신을 발견했다. 무슨 정신에 거기까지 와 있는지, 무슨 생각이었는지, 재봉틀을 빌리고 포목점에 가서 드레스 천을 구하고 옷에 장식할 액세서리를 사서 신부의 웨딩드레스를 손수 만들었다. 자개와 큐빅을 사서 신부 귀걸이와 목걸이를 직접 만들었다. 칼호텔과 바닷가, 선덕사 경내를 누비며 사진사 없이 셀프 웨딩촬영도 했다. 그뿐인가. 신부 화장과 머리 손질까지도 신랑이 손수 혼자서 다 했다. 결혼식은 큰 스님의 덕을 입어 서귀포 약천사에서 주지스님의 주례로 거행되었다. 양가 친척과 가족들이 만장한 가운데 약천사에 모인 수백 명의 관광객들까지 하객으로 모신 거사가 되었다. 서울에서 국악인 김영소 님이 오셔서 판소리를 위주로 한 축하공연까지 그럴싸하면서도 보기 드문 특별한 결혼식을 올렸다. 꼭 그래야만 했을까 하는 생각을 하지만 그 또한 얄궂은 운명이었을 것이다. 어쩌면 마지막 기회라는 간절하던 사랑의 완성을 바라는 마음에 정성을 들였을 것이다. 얼사덜사 요란법석한 결혼식을 마치고 또다시 그 감옥에 스스로 갇히고 말았다. 젊고 예쁘고 나만 바라보며 행복해할 것 같은 그녀와는 정말 잘 살아보려 했건만…, 두터운 아집과 비좁은 융통성에 질식했다.

10년이 채 안 된 어느 날 그녀는 떠났다. 병든 노모를 모셔준 4년여의 세월. 고마웠다. 그러나 떠나버린 그녀가 원망스러웠다. 무슨 일이 있어도 두 낭군을 섬기지는 않을 사람이라는 확신 때문에 결혼을 결심했건만 아마도 주위의 조종을 받고 자기도 모르게 저지른 일이라고 생각했다. 착하기 짝이 없는 그녀는 친정에 들어가 홀 어머님을 모시게 됐으니 그 집안으로선 다행일지 모른다. 나는 요양원에 어머니를 모시게 되니 죄인이고 멍청한 불효자가 되었다. 하나만 아는 옹고집이지만 낭비벽 없고 알뜰하며 순수하기 이를 데 없는 여인이었는데 짠하고 미안하면서도 안타까운 생각이 든다.

세 번의 결혼이 세 번의 이혼으로 끝나고 한없는 자유가 밀려오는가 싶었다. 결국 홀로 숲속 움막 생활을 시작했다. 어느 날 문득 첫 부인이 꿈에 보이더니 한동안 그 사람 생각이 간절했다. 재혼해서 잘 살다가 지금은 남편 병시중에 매여 있다는 소문을 들은 바 있으나 그도 나 땜에 못할 고생을 하는가 싶어 그저 안타깝다. 세 번의 처녀 결혼에 사람들은 "얼마나 복이 많았으면…." 하면서도 세 번 이혼에는 모두

고소해 하는 것 같다. 지금의 외로움 역시 고소할 것이다. 그렇다. 외롭기 짝이 없다. 하지만 아주 자유스럽다. 한가롭고 편하다는 걸로 외로움을 위안한다. 손경문 선생을 만나 마라톤을 하며 건강 문제를 해결하고, 귀한 인연을 만나 마음 닦는 수행으로 정신과 영혼을 다스리고 관리하는 수행자가 되었다. 남은 삶을 만끽하는 제 2의 인생을 살면서 세 여인에 대한 미안함과 송구함이 있다. 감사함을 양 어깨에 짊어지고 빠득빠득 뛰어가는 마라톤 같은 인생이 설령 행복하지 않을지라도 이제는 남에게 짐 되지 않고 그저 있는 듯 없는 듯이 지내려고 한다. 오직 자기만의 힘으로 스스로를 관리하고 운용하여 고독사를 각오하고 감수하며 자신의 시간 속에서 자신의 세계를 살아간다.

사람이 죽으면 이름과 사랑만은 가져가는 것이 아닐까 한다. 누구라도 인생에 사랑이 충만했으면 한다. 숭고한 사랑을 주고받았다면 죽는 순간 행복할 것이다. 나는 평생 그 소원을 갈망했지만 아쉬움뿐이다. 그래도 아직 미련이 살아 있나 보다.

여동생 대숙이

먼 외지에서 군 생활을 하던 아들은 거의 2년 만에 휴가를 내어 고향에 갔다. 부모님과 고향 사람 모두가 여전하고 그런대로 편안하였으나 중학생이던 여동생 대숙이가 없었다. 1년 전 가출해 아직까지 소식이 없단다. 그간 백방으로 찾았으나 못 찾았다는 것이다. 안타깝고 슬픈 마음에 아들은 어찌할 바를 몰랐다. 인형같이 예쁜 얼굴에 소처럼 큰 눈을 가진 대숙이는 무척 애교스럽고 귀엽기 짝이 없는 여동생이었다. 부모님은 군에서 고생하는 아들이 걱정할까 봐 알리지 않았다고 하신다.

세월은 흘러 10여 년이 더 지난 어느 날 동생 대숙이한테서 연락이 왔다. 오빠는 얼마나 반가운지 단걸음에 약속 장소로 달려갔다. 중학생 때 봤던 그 동생을 10년이 훨씬 넘었지만 금방 알아볼 수 있었다. 얼마나 멋진 아가씨가 되었는지 탤런트 같기도 하고 모델 같기도 했다. 나중에 들은 얘기지만 그동안 전국노래자랑에서 1등 하여 가수가 되었고 지금은 지방에서 가수 활동을 하고 있단다. 그 오빠는 억지 위안을 삼으며 역시 내 동생이지 했다. 이제 부모를 찾게 된 것은 결혼 승낙을 위해서라는 것이었다. 예비신랑과 같이 왔단다. 반가우면서도 한편으로는 당황스러웠다. 예비신랑을 만났는데, 나이도 들어 보이고 머리가 훌렁 벗겨지고 비쩍 말랐다. 신경이 예민해 보이고 성마른 인상이었다. 그러나 어쩌랴. 반대할 만한 상황이 아니지 않는가. 그래도 이왕 만났으니 이것저것 물어보고 대화를 나누다 또 한 번 충격적인 얘기를 듣게 되었다. 그 사람은 현재 유부남으로서 장차 이혼을 하고 동생 대숙이와 결혼을 하겠다는 것이다. 기가 막히고 코가 막힐 노릇이었다. 이성을 찾고 침착하려고 무진 애를 썼다. 이혼을 하고 나서 다시 찾아오라고 점잖게 꾸짖어 돌려보냈다. 섭섭하고 안타깝고 씁쓸한 마음을 달랠 길이 없었다. 아버님이 거북해 하며 한마디 하신다. "고깟 것 잊어버려라. 마음 쓸 것 없다!"

동생 대숙이는 아버님의 젊은 날 그 많은 후처들 중 한 사람이 데려다 놓고 가버린 배다른 동생이기 때문에, 그래서 더욱더 미안하고 안타까운 마음이었다. 동생은 그 뒤 연락을 끊고 오빠는 더욱 애타는 시간을 맞았다. 그래도 세월은 흘러 30여 년이 지난 뒤 오빠가 제주에 정착하고 얼마 안 되었을 즈음, 대숙이한테서 전화가 왔다. 며칠 내로 제주에 와서 오빠를 만나겠다는 것이다. 얼마나 반갑고 감사한지. 설레고 고대하며 기다리고 기다렸으나 무소식이 희소식이고 그 전화번호가 다 닳도록 추적해 보아도 불통일뿐. 그래도 세월은 또 흘러 10여 년이 지난 후, 오빠가 홀로되어 한라산 깊은 골에 움막을 짓고 외로운 독거노인이 되어 있던 어느 날, 경상도 어느 대학병원에서 전화가 왔다. "김대숙 씨가 병원에서 폐암으로 사망했는데 연고자가 없어 연락드립니다." 이 무슨 청천벽력인가. 오빠는 힘든 몸을 끌고 달려갔다. "시신을 확인하시겠습니까?" 얼굴을 봐선 짐작할 수가 없었다. 그 얼굴이 너무 낯설고 음산하여 무섭기 짝이 없었다. 이름이 맞고 소지품들이 그렇다니 그렇겠구나 했다. 무연고 시신이라 하여 어찌나 괄시를 하는지 사무실에 들렀을 때도 손님 대접은커녕 전혀 사람대접을 않는 눈치였다. 제주에서 예까지 오느라 수고했다며 차 한 잔은커녕 앉으라고도 하지 않았다. 그냥 세워놓고 “유골을 가져가려면 장례를 치르고 병원비와 영안실 이용 대금을 결제하시고요!” 그래도 동생인데 유골은 받아와야 할 것 같았다. 그저 눈물이 솟고 부모형제가 그리웠을 텐데 다가가지 못하고 평생을 홀로 떠돌고 시달리다 이리도 일찍 슬프고 외롭게 죽어가 버린, 죽어갈 수밖에 없었을 동생의 인생이 가련하면서도 오빠로서 미안할 뿐이었다.

늙은 화가는 여동생 유골을 안고 돌아오는 길에 광주 무등산 집안 선산에 계신 아버지 산소를 찾아 아버님께 죽은 동생과 함께 인사를 올렸다. 주위에 잘 생긴 소나무를 찾아 동생 대숙이 유골을 수목장으로 장례를 치렀다. “동생아! 이 오빠에게 꼭 큰절을 받아야만 했니? 좋은 곳에 꼭 다시 태어나거라 잉! 미안하고 미안하구나….”

형님의 청주

연중행사로 치러지는 한미 합동 독수리훈련이 실시되었다. 김 대위는 한국군 측 심판관 임무를 부여받았다. 미국 현지에서 파견된 미 공수부대 1개 팀과 한국 3공수여단의 1개 팀을 이끌고 작전지역으로 떠났다. 한미통합군 20여 명의 장교 및 준사관 공수특전요원을 지휘하여 헬기를 이용해 가상 적지인 충북 청주 일원으로 야간 공수 침투 훈련에 돌입했다. 훈련작전명령은 충북도청, 경찰서, 육군향토사단사령부, 청주방송국에 침투하여 시설 파괴와 요인 암살 등이었다. 이를 방어하는 대항군은 해당 지역의 군, 경, 민방위, 주민을 포함한 예비군 등이었다. 2주일 간 실시되는 이 훈련을 위해 전국의 관공서는 비상체제에 돌입했다. 예정대로 한밤중 청주 인근의 산악지대에 씨누크 헬기로 침투한 공수팀은 즉시 비트를 구축하고 차기 작전명령을 기다리고 있었다. 그러나 무선통신이 터지지 않아 익일 오전이 다 가도록 상황보고와 작전 지시를 받지 못하고 알 수 없는 산악 어느 곳에 갇혀버린 꼴이 되었다.

양 팀장과 협의 끝에 전투요원이 아닌 심판관인 김 대위가 인근 마을로 내려가 일반전화를 이용해 상황을 보고하고 작전지시를 받기로 했다. 김 대위는 비무장 군복 차림으로 서둘러 하산했다. 평범한 시골 마을에 들어가 이장님 집에만 설치된 행정전화를 이용해 가까스로 작전본부와 통화했다. 상황실에서는 김 대위 작전팀과의 통신 두절로 인해 초비상이었다. 그도 그럴 것이 팀의 헬기 침투 위치가 헬기 조종사의 실수로 인해 원래 계획된 지점으로부터 25km 떨어진 엉뚱한 지점에 독수리 작전팀을 낙하시킨 것이었다. 뒤늦게야 작전 계획을 수정하고 신속한 후속조치가 이루어지고 죄 없는 인근 마을 비상리 주민들이 동원되고 그 지역 경찰, 예비군, 지역 군부대가 동원, 출동하는 등 북새통을 이루게 되었다. 그 과정에서 보여준 비상리 마을 이장 변중규 님과 지역 주민의 친절하고 적극적인 협조로 작전 팀은 무사히 예정된 지역에 침투하고 정해진 6개의 목표를 가상 침투 파괴 작전을 전개했는데 모두 성공하고 단 하나 지역사단사령부 침투에만 실패했다. 김 대위는 2주의 작전기간, 이장님 댁을 우리 측 안전 가옥으로 활용했고 거의 수차례 이장님을 만났으며 이장님 댁에서 식사 대접을 받는 등, 나중에는 인간적으로 막역한 사이가 되었다. 훈련을 종료하고 그 마을을 떠날 때는 우리 독수리 요원들에게 마을에서 준비한 송별식이 거행되었고 금일봉과 함께 마을 사람들이 동구 밖까지 도열하여 환송해 주는 장면이 연출되기도 했다.

그 후 이장님과 김 대위는 수시로 편지를 왕래하며 인간적인 우호관계를 돈독히 했다. 김 대위는 농번기에 휴가를 내어 비상리를 찾아가 모심기나 추수를 도왔다. 이장님은 수확한 쌀을 보내주시기도 하고 집안 대소사에 서로 참석하는 인정을 나누었다. 급기야 비상리 마을 어른들이 한자리에 모인 가운데 김 대위는 이장 변중규 님과 의형제를 맺고 서먼 서약을 하기에 이르렀다. 정말 기뻤다. 김 대위는 외아들 독자였다. 늦게나마 배다른 동생 둘이 생겼지만 나이 터울이 많아서 동생 같지도 않고 거북하기도 했다. 그런데 그에게 형님이 생겼으니 행운이고 경사 아닌가. 감사하고 은혜로울 뿐이었다. 그가 형님을 찾아 비상리에 가면 갈 때마다 뒤꼍 골방 깊은 곳에 손수 농주를 담궈 잘 봉해 놨다가 김 대위가 오는 날 저녁 뚜껑을 열었다. 위에 뜬 맑은 청주를 고이 떠다가 형님과 아우가 겸상한 밥상에 주전자 채 올려놓고 술잔을 비우기를 기다려 술을 채워주시고 술잔을 얼른 비우지 않으면 주전자를 들고 어서 마시라고 재촉하신다. 자신이 할 수 있는 최고의 대우를 아우에게 해주신다. 아우는 금세 술이 거나해지고 형님도 만취하신 것 같은데도 눈빛 하나 말씀 하나 행동 하나 흐트러짐 없이 아우에 대한 예의와 대우를 흩트리시지 않았다. 상대가 취해서 망가져도 자기는 절대로 자세를 흩트리지 않으시는 그 마음이 대접의 극치 아닌가. 형님과의 술자리는 밤이 깊어서야 끝나는데 그때까지 온 식구가 자지 않고 큰방이나 부엌방에 모여 술상 관리를 해주셨다는 사실을 그때는 몰랐다. 그렇게 형님의 청주 대접은 아우에게 형님의 심벌로 남아 있다.

그렇저렁 양쪽 집안이 서로 알고 왕래하며 친분을 쌓던 어느 날 큰아들 종빈이의 노총각을 면케 하고 싶다는 형님의 말씀을 듣고 아우는 용기를 냈다. 아우의 처제를 소개해 일이 잘되어 종빈이와 결혼하게 되었다. 엄격하던 촌수가 이상하게 꼬였지만 양가의 친분과 의리는 더욱 돈독해졌다. 그렇게 십수 년을 살더니 급작스러운 변고가 생겨 형님께서 뇌졸중으로 별세하셨다. 애석하기 짝이 없는 일이었다. 소식을 듣자마자 달려가 뒷자리를 잡는 등 아우는 장례에 관한 여러 절차에 관여하였다. 삼우제까지 지내고 형님 댁을 떠나올 때 영전에 큰절을 올리며 “형님! 언제나 또 뵈올까요?” 한마디 던지고 엎어져 한없이 울었다. 형님의 아들 딸 사위 며느리들과 큰절로 인사를 나누고 눈물을 뿌리며 석별했다. 형이 없음을 아시고 하느님께서 특별히 보내주신 형님이신데 이렇게 빨리 데려가시니 어쩌란 말인가. 하느님을 원망하고 가신 형님을 야속해 하며 한동안 힘겨운 시간을 보냈다. 가끔 자주 형님의 아들들이며 딸들이 전화를 주거나 찾아와 주곤 했는데 언젠가는 형님네 온 가족이 형수님을 모시고 단체로 아우가 살고 있는 제주까지 찾아와 주기도 했다.

아무리 의형제라도 이 정도면 친형제나 다름없겠다. 변중규 형님은 지금도 저 높은 곳에 계시면서 비상리 집에서 항상 직접 담궈 내게 권해주시던 그 청주를 한잔 부어 아우에게 권하고 계시는 것 같다. 항상 그랬듯이. 주위의 모든 지인들께 아우를 자랑하며 소개하고 흐뭇해하고 계실 것이다.

"형님! 보고 싶습니다. 다음 생에 꼭 다시 뵙겠습니다. 우리 꼭 다시 만나요. 형님!"

주례

내가 주례 의뢰를 처음 받은 건 육군 현역 대위 때였다. 경기도 원당에 중화기부대 중대장 직에 재임 중이었는데 예하소대 선임하사의 결혼이었다. 현실적으로 거절할 수 없는 상황이었지만 자신이 총각이면서 주례를 본다는 건 주제넘는 짓이었다. 거듭 간청하였으나 완강히 사양했고 지금도 잘했다고 생각한다. 그 뒤로도 무수히 주례 의뢰를 받았으나 왠지 주례와는 인연이 없는지 마음이 내키지 않았다. 이혼 경력이 생긴 이후로는 더욱 거절과 사양의 연속이었다. 모진 세월이 흘러 두 번 이혼하고 세 번째 결혼을 했던 시절 생각지 못한 일이 생겼다.

대규모 망고 농장을 운영하던 갑장 친구가 있다. 그는 제주대학교 농과대학을 나와 부친의 유지를 받아 특수작물 영농사업을 하는 사업가로 오래전 대성하여 일가를 이루었다. 부와 명예를 원하는 만큼 쌓고 성공적인 삶을 사는 훌륭한 분이었다. 더구나 나의 예술 활동을 높이 평가해 주는 둘도 없는 친구였다. 그가 제안했다. "우리 큰애가 장가를 가는데 당신이 주례를 맡아줘요!" 나는 깜짝 놀라며 일언지하에 거절했다. "주례란, 살아온 길이나 살아갈 길이 정당하고 모범적이며 티끌만큼도 흠이 있어선 곤란한 것인데 고맙지만 죄송합니다." "제 생각은 다릅니다. 중요한 것은 어떤 생각으로 어떻게 살고 있는가가 아닐까요? 나는 당신의 삶 자체를 볼 때 의지와 노력이 존경스럽고 목표를 이루어 내는 능력이 훌륭하다고 생각합니다." 거절은 쉽게 받아들여지지 않았고 친구는 막무가내였다. "정 그렇다면, 사돈 측의 동의를 받아 주시오!" 일주일 후 친구는 나를 시내 모처 음식점으로 초대했다. 그곳에는 친구와 신랑 신부가 나란히 와 있었다. 나는 할 말을 잃었다. "사돈댁에서도 다 알고 동의했고 이렇게 신랑 신부가 인사차 나왔으니 술이나 한잔합시다!" 내가 평생 거절만 해왔고 주례는 하지 않는다는 불문율이 깨지는 순간이었다.

서귀포 롯데호텔 예식장에서 두루마기 한복을 정갈하게 차려입고 허연 수염을 달고서 나름대로 최선을 다해 예식을 치렀다. 주례사를 마치고 좌석에 앉았는데 그제서야 예식장 규모 하며 행사의 격이 보였다. 대규모 식장은 호화롭고 화려했다. 축하객이 수십 개의 대형 원탁을 채웠고 뷔페 음식 또한 더할 나위 없는 성찬이었다. 감탄할 겨를도 없이 신부 측 혼주로부터 시작해서 수많은 어른들이 내 테이블로 찾아와 감사의 인사를 전한다. 인사를 받으며 덕담을 나누는데 엉뚱한 일이 벌어졌다. 행사 진행자가 주례를 무대로 호출한다. 그리고 주례에게 축가로 판소리 한 대목을 주문했다. 사전에 아무런 언급도 없었고 귀띔도 하지 않았다. 사회자의 멘트에 축하 객석에서는 이미 박수가 터졌다. 황당하고 당혹스러웠다. 그러나 어쩌랴. 나는 무대에 올라 마이크를 잡고 "수많은 결혼식을 봐왔지만 주례한테 축가를 시키는 경우는 첨 봤습니다." 박수와 환호가 또 터졌다. "어쨌든 경사스러운 자리이니 작은 소리 나마 축하의 뜻으로 잠깐 한 대목 불러 볼랍니다." "♬앞내 버들은 청포장을 두르고 뒷내 버들은 유록장 둘러 한 가지는 찢어지고 한 가지는 늘어져 바람 부는 대로 물결 치는 대로 흔들흔들 노닐 적~~ 사랑이로구나 내 사랑이야 섬마 둥둥 내 사랑…♪"

신혼부부는 신혼여행 후 나를 찾아주었고 그 뒤로도 명절 때 인사를 잊지 않았다. 그 주례는 나에게 평생에 유일한 것이었다. 그러나 다시 후회가 온다. 무슨 주례씩이나…, 주제를 모른 주례였다는 걸 뒤늦게 알았다. 그래서 미안하고 부끄러웠다. 그런데도 그 뒤 나는 친구로부터 자기 손주의 작명을 부탁받았다.

한복과 상복

평생 공직생활을 하다가 퇴임하여 늦발에 사회에 나오면 잘 적응하지 못해 환영받지 못하는 이른바 비호감이 되기 십상이다. 나 또한 27년을 공직에 있었던 터라 예외일 수 없고 경시 받거나 꺼려하는 눈치를 더러 느낀 적이 있었다. 내가 평소 알고 지내는 정 국장님은 매사에 박식하고 현명한 어른이신데 정년퇴임 후 조금 초라해 보이거나 기죽어 보일까 봐서인지 아니면 정말 여유롭고 멋스러워서인지 모르겠으나 집 밖 외출 시에는 무조건 한복 정장 차림을 한다. 바지저고리에 대님을 묶고 조끼에 두루마기를 근사하게 걸치고 느긋한 걸음으로 너스레를 떨며 시내를 휘젓고 다니신다.

그러던 어느 날 어느 지인의 결혼식장에서의 일이었다. 한 집안의 큰 경사이니 정 국장님은 어느 때보다도 더욱 화려하고 근사하게 한복을 차려입었다. 폼을 잡고 행사장 식탁에 앉아 몇몇 지인과 근엄하면서도 인자한 표정을 지으며 행사에 참여했다. 바로 그때 오래전부터 잘 알고 지내는 국립대학교 교수 출신이신 박 교수란 분이 반가이 인사를 나누며 자연스레 합석하셨다. “여, 정 국장님! 오랜만인데 무탈하신가요?” “아이고 박 교수님, 반갑습니다. 건강하시죠?” 반가운 인사를 나누고 식사를 겸해 약주를 한 순배 돌리고 난 즈음, 박 교수가 작은 눈을 삐죽이며 물었다. “저, 정 국장님! 혹시 집안에 상을 당하셨나요?” “예?” “아니 점잖으신 정 국장께서 이렇게 상복을 차려입고 계시니 말입니다.” 정 국장은 대번에 얼굴이 새파래져서 고함을 질렀다. “뭐야, 임마!” 일시에 정 국장 테이블로 시선들이 쏠렸다. 일행들은 두 사람을 뜯어말리느라 난리가 났다. “야, 임마. 상복과 한복도 구별 못 하는 무식헌 놈!! 저런 것이 교수를 했다고…?”

그런 일이 있은 후 몇 달 뒤 박 교수를 우연히 만나 차 한 잔을 나누게 되었다. “박 교수님! 그때 정 국장과 왜 그러셨어요?” “한복과 상복을 구별 못하는 사람이 어디 있겠어요? 자기가 국장 출신이면 그게 뭐 그렇게 대단해서 으스대고 뻐기고 다니는 꼴이 꼴같잖아서 내가 면박을 좀 주었지요. 하하하.” “그러셨군요!” 누가 옳고 누가 그른지 모르겠다. 공교롭게도 어느 집 상가에서 정 국장을 만났다. 여전히 한복을 차려입고 있었다. 조용히 한마디 건넸다. “정 국장님! 박 교수하고 화해했나요?” “…….” 정 국장은 나를 힐긋 보더니만 “그놈 참!….” 무슨 말인지 나도 알 수 없었다. 일깨워 줘서 고맙다고 해야할 텐데…. 그날 입은 한복 천은 벽창호지로 만든 옷 같았다.

어떤 인연

하나뿐인 남동생 일규는 나와 나이 터울이 열일곱 살이다. 평소에도 너무 어려워하고 나와는 가까이 하기엔 너무 먼 그런 관계다. 그러면서도 동생은 나를 좋아하고 존경한다. 늘 그것을 느낀다. 모든 것을 내려놓고 소요산에 칩거 한지 7년이 지날 즈음 동생 일규한테서 전화가 왔다. “형님! 여자 한 사람이 있는데 형님이 봐 주실는지요?” “그래라!” 자기 결혼을 위해 인사를 시키려는구나 짐작하고 아무 때나 와도 좋다고 허락했다. 약속한 날 동생은 탤런트처럼 잘 생기고 예쁜 처자와 함께 소요산 산채를 찾아왔다. 그 여자를 보는 순간 내 동생 일규의 여자 보는 눈높이에 놀라고 여자 사귀는 그 솜씨에 두 손을 들었다. 그분과 정중히 인사를 나누고 가정이 어떠하며 건강은 어떠하며 학교 전공은 무엇인가 등등을 물어보았다. 그렇게 아빠 없는 동생의 장래를 걱정하는 형의 걱정과 사랑을 그런 식으로 과시했다. 그 처자는 성가시고 구차한 나의 질문에도 전혀 주저 없이 예의를 갖추며 성심껏 진지하게 대답해 주었다. 다소곳하고 존경심이 생길 정도로 이쁘고 멋있었다.

점심을 먹고 숲을 산책하며 한나절을 같이 보낸 뒤 해넘이 무렵 두 사람은 아쉬운 표정을 지으며 떠났다. '너무 예쁜 제수씨가 생겼구나!' 하고 생각했다. 그 후 한참이 지났으나 아무런 소식이 없어 동생한테 전화를 했다. "저번에 집에 오셨던 사람은 어떻게? 잘 돼가는 건가?" "글쎄요! 아무 소식이 없네요. 제가 그동안 바빠서 연락을 못했습니다만, 형님 생각은 어떠세요?" "내 생각이 뭐 중요한가? 자주 연락하고 잘 좀 해봐!" 중요한 대화가 그렇게 애매하고 싱겁게 끝났다. 그런 뒤 또 얼만가 시간이 흐른 후 동생한테서 전화가 왔다. 그 여자가 칠레로 이민을 떠났는데 특별히 형님께 건강하고 행복하시라는 안부를 남겼다는 것이다. '예쁜 사람이 참 예절도 바른 사람이로구나. 참! 아까운 사람이었는데….' 하고 생각했다.

그 후 그야말로 10여 년 무정한 세월이 흐른 후 소요산을 정리하고 서귀포에 자리하고 살고 있는데 동생 일규가 인천에 살면서 서귀포로 형을 보러 왔다. 밤늦은 시간 동생과 어느 바닷가 술집에서 막걸리 잔을 기울이고 있었다. "동생아, 그때 칠레로 갔다는 사람은 그 뒤로 소식이 없냐?" "네 없지요. 왜 생각나시나요? 형님이 그때 그분과 맺어졌더라면 참 좋았을 텐데요." "뭐라! 니 짝이라고 인사 시키러 데려온 사람이었잖아." "아니 형님, 그 사람은 형님께 선뵈러 제가 데려갔지요!" "뭬야?!" 이 무슨 운명의 장난인가! 잘 생기고 멋지고 예의범절이 만점이요 건강하고 음전하고 교양미 거룩하고 자태가 고귀한 선녀 같은 내 신붓감을 그렇게 시큰둥하며 발꿈치로 차 버린 셈이다. 그녀가 그 멀고 험한 소요산 깊은 골 산채까지 나를 찾아왔을 때는 모든 사항을 이미 파악하고 긍정적 희망을 품고 왔을 터인데 나는 말도 안 되는 오해로 오히려 동생을 부러워하며 그저 대면대면 했다. 그래서 그랬을까. 그 뒤로도 벌 받은 것처럼 내 인생은 쭉 시큰둥했다. 이제라도 칠레로 간 그 예쁜 여인에게 미안하고 죄송하단 사과를 드린다. 그리고 부디 제발 행복하시라고…. 성도 이름도 모르지만 참 예쁘셨습니다. 그리고 정말로 유감입니다.

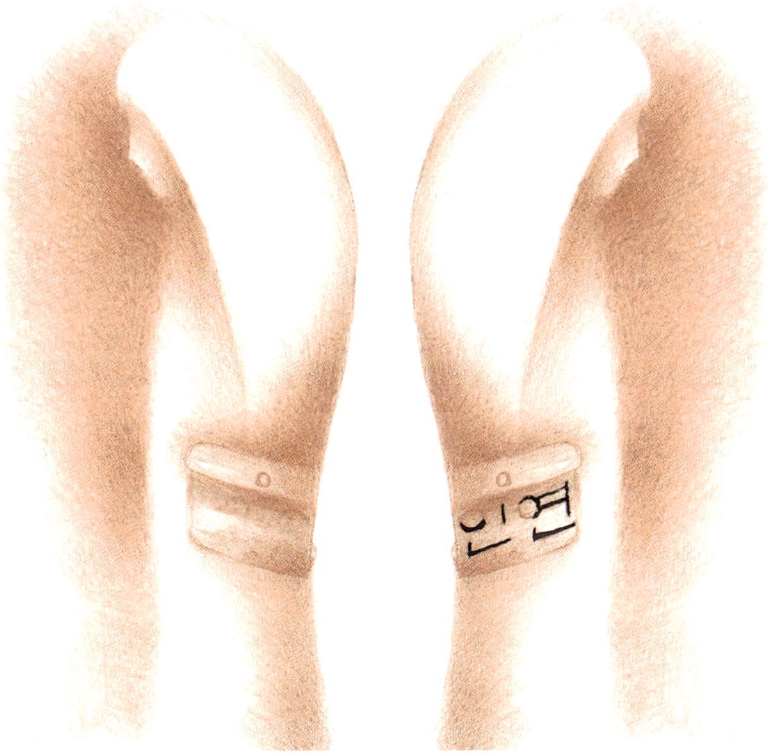

마지막 사랑

최근 가수 배일호의 '늦기 전에' 라는 가요가 떴다. 더 늦기 전에 마지막 사랑을 해보고 싶다는 애절한 내용의 노래였다. 나는 그 가수가 불렀던 대부분의 노래를 알지만 그중 그 노래가 가장 멋지다는 생각이 들면서 크게 히트하기를 바랐다. 내 처지와 비슷한 내용 같아서였다. 그 무렵이었을 것이다. 그 노래가 눈에 띄었듯 내게도 마지막인 듯한 사랑이 찾아오는 것 같았다. 나는 제주 북부지역 함덕 요양원에 어머님을 모신 지 1년여가 되었을 즈음 마침 서귀포 원불교 요양원에 자리가 나왔다는 소식을 접했다. 함덕은 지역적으로 서귀포에서 1시간을 동쪽으로 달려야 있는 곳으로 한 달에 한두 번 밖에 못 가봤는데 바로 가까운 이웃 동네인 서귀포 요양원으로 옮길 수 있는 기회가 왔으니 얼마나 다행스러운 일인가. 매주 면회를 갈 수 있고 오다가다 들릴 수도 있게 되었으니 여간 큰 행운이 아닐 수 없었다.

원불교 서귀포노인복지센터 원장교무님은 자그마한 키에 카랑카랑한 목소리, 시원시원한 전라도 사투리에 항상 활짝 핀 표정을 지닌 밝음 그 자체였다. "제 어머님을 여기 모시게 돼서 얼마나 다행인지 모르겠습니다. 정말 감사합니다." 내 인사말에 맑은 눈을 깜빡이며 거침

없이 대답하신다. "감사는 저희가 드려야지요. 이렇게 인연이 되어서 영광입니다. 어르신을 성심껏 모시겠습니다." 눈물이 날 지경이었다. 잘 생긴 것도 아니고 예쁜 얼굴은 아니라도 원장님의 얼굴은 한마디로 천사의 그것이었다. 신비스럽고 거룩해 보이기까지 했다. 감사한 마음에 전에 모셨던 함덕요양원 원장교무님과 서귀포요양원 원장교무님을 함께 모시고 식사 대접을 한번 하게 되었는데 서귀포 원장교무님은 또 내 정신을 쏙 빼놓고 말았다. 어머님을 뵈러 갔을 때도 그렇지만 원장교무님과 일상적인 대화일 뿐인데도 나는 정신줄을 놓고 만다. "아이고 오셨군요. 자주 오시네요. 효자시군요. 지난 수요일 오셨는데 5일 만에 또 오셨네요. 얼굴이 환해 보이시네요. 모자가 멋지시군요. 이런 신발은 어디서 구했어요? 어머님 뵈니까 좋으시죠?" 등등. 그저 일상적인 인사말이려니 하면서도 그 목소리, 표정, 몸짓에 나는 정신이 혼미해져 별의별 상상을 다하고 있었다. 요즘 말로 혼자서 썸 탄다는 말이 그것인지는 잘 모르겠으나 나이가 70 넘은 할배인 주제에 무슨 일을 저지르지는 못할망정 가슴이 더워지는 것은 어쩔 수 없는 현실이었다. 혼자서 무수히 다짐하고 명심한다. 실수하지 말아야지. 혼자만의 아름다운 이야기로 간직하고 보물처럼 가지고 살아야지….

그럭저럭 시간이 흐르고 계절이 바뀌고 해가 갔다. 그런대로 꿈속 같은 세월이 흐르고 있었다. 나는 그 해 겨울 여느 때처럼 명상수행 차 미얀마에 가게 되었다. 원래 계획대로 넉넉하게 두 달 여로 일정을 잡았다. "안 가시면 안 되나요?" 원장님이 심각한 표정으로 말했다. "원래 계획된 것이어서요!" 원장님은 두말하지 않았다. 「두 사람은 해를 넘겨 해변에서 만났다. 두 손을 꼭 잡고 길지 않은 이별을 아쉬워했다. 저녁을 먹고 와인을 마시고 파도소리 부서지는 해변에서 서로 허리 어깨를 옆에 끼고 걷다가 바닷물 일렁이는 바위 밑으로 넘어지고 말았다.」 깜짝 깨어보니 쓸쓸한 움막의 한밤중이었다. 때 아닌 춘몽을 꾸었던 것이다. 나는 참으로 민망하고 미안하여서 혼자 되뇐다.

"정신 차렷! 죽는 날까지!"

상주 부재

수 없는 장례식에 다녔다. 아마도 수백 번은 족히 될 것이다. 마지막이니까 잘 보내드려야 한다고…, 다시는 못 볼 테니까 좋은 곳으로 가시라고, 그 인연을 소중히 생각하며 혹시 서운했던 점을 사죄드리고 은혜에 감사한다고…. 그렇게 절하며 봉투를 내밀고 내심 숙연하여 울컥이며 그렇게 다녔다. 장례식장은 항상 사람들이 들끓고 조화가 벽을 이루고 여기저기 웅성웅성, 간 사람을 회고하며 애도하는 아쉬움과 안타까움을 토로하며 칭송하고 애석해하는 공간이다. 그런데 쓸쓸하고 한적한 상가도 적지 않다. 최근 들어 더욱 그렇다. 그럴 때마다 생각하기를 '나도 저러려니….' 한다. 그러나 상주가 없는 곳은 거의 없었다. '아! 내 장례에는 상주가 없을 수 있겠구나!' 불현듯 그런 생각이 들며 스스로 황망할 때가 있다. 왜, 자기 장례식에 상주가 없을 거라는 생각을 하고 있는 것일까? 아들이 둘이나 건재하고 딸도 있다. 손자 손녀도 열한 명이나 되는데 왜 내가 죽은 장례식장에 상주가 없을 거라고 생각하고 있을까? 아니 왜 핏줄을 상주로 두고 싶지 않겠는가. 해석이 어렵고 복잡하다. 하지만 아무리 복잡해도 결론은 의외로 단순하고 간단할 수 있다. 결론은 자손들 마음이 떠나 그를 찾지 않는 것이다.

미안할 지경으로 부모 노릇이 미흡했기에 더 이상은 자식들을 힘들게 하지 않겠다는 생각도 있다. 그렇게 살아서 보지 못한 자식들을 죽어서 보면 뭐하나 하는 생각이 드는 걸 게다. 지금 나는 그저 외톨이 독거노인일 뿐이다. 당장 죽는다면 아무도 시신을 챙겨주지 않을 지도 모른다. 무연고 시신이 되어 관공서에서 국가 규정에 의거 화장을 하고 공동 유골장에 관리될 수 있다. 굳이 따지고 챙겨 보자면 젊은 시절 대한민국 육군 장교로서 수십 년을 복무했기 때문에 원할 경우 소정의 절차를 밟아 대전 현충원에 묻힐 수도 있다. 하지만 그 일을 맡아서 추진해 줄 사람이 없다면 무슨 소용인가? 안타까운 생각도 들지만 죽은 후에 무슨 영화를 보겠다고 사 후 일을 그렇게 시시콜콜 챙겨야 하나 하는 생각이 들고 그럴 필요를 느끼지 않았다.

나는 술 한 잔 얼큰한 어느 날 움막에 누워 곰곰이 생각하다가 문득 아이디어가 번뜩였다. 지금이라도 상주를 미리 정해 두면 어떨까 하는 생각이었다. 주위에 자기와 잘 지내고 있는 몇 안 되는 사람들을 떠올려 본다. 곰곰이 생각하던 끝에 한라표구화랑 사장님을 떠올리며 평안한 미소를 지었다. 의리도 있고 정도 있으신 분인데 무엇보다도 내 그림, 글씨, 국악 등의 기량을 인정해 주신다는 것이 큰 비중으로 다가왔다. 예의범절이 뛰어나시고 나를 극진하게 예우해 주시는 분이다. 기회를 봐서 이 분께 자신의 상주를 부탁해야겠다고 마음먹었다.

몇 개월 뒤 오붓한 식사 자리에서 정중하게 상주 건에 대한 생각을 말씀드렸다. 친자식들이 있고 형제들도 있는데 곤란하시다는 말끝에 “내 가족이나 친척이 있지만 연락 끊고 지낸 20년 넘은 세월을 생각지 않을 수 없고 그들은 내 상주가 되길 싫어할 것입니다.” “생각할 시간을 좀 주십시오.” 몇 달 후 화랑 사장님은 내 제안을 수락하셨다. 그러나 그런 후로 사장님과의 연락이 자꾸만 뜸해지고 어쩐지 소원해지는 관계가 되어가고 있었다. 어쩌다 한번 만나면 대하는 태도가 이전과 달리 거리감과 벽이 생겼다는 느낌을 받게 되었다. 괜한 부담을 주어서 폐를 끼쳤음이야. 또 한 번 자신의 경솔함에 자괴감을 느꼈다. 고통스러운 일이었다. 그래…, 그냥 조용히 있다가 조용히 가자. 현실도 버거운데 죽은 후를 무슨 수로 관리하겠다는 것인가. 끼니도 못 때우면서 멋 부리는 사치는 관두자. 쓸데없는 욕심이었어. 흐르는 대로 살다가 흐르는 대로 가자꾸나. 내가 해야 하는 수행만을 여념 없이 하자꾸나. 수행하다가 죽으면 최고의 행복이란 걸 잘 알기에 자기가 하는 것 아닌가. 나 자신이 할 수 있는 것과 내가 대접하고 받을 수 있는 것도 여기까지이다!

은사님

누구나 은사님이 계시지만 내게도 지금까지 못내 그립고 고마우신 학창시절 스승님이 계신다. 지금 생각해봐도 그 선생님은 확실히 출중한 능력을 갖고 계셨다. 식품영양학과 교수이셨는데, 독일어와 영어를 강의하실 만큼 남다른 실력을 갖고 계셨다. 게다가 의대를 졸업하시고 군에서 군의관을 지내셨으니 실력으로만 봐도 그 출중함이 환상적이 아닌가. 그보다 중요한 건 나만을 특별히 사랑해 주신다고 내가 믿었다는 것이다. 어느 날 어머니께서 무릎에 병이 생겨 걷지도 서지도 못하시게 되었다. 무릎이 퉁퉁 부었는데 병원 갈 형편도 못되어 파스 몇 장 사다 놓고 붙이고 있었다. 나는 생각다 못해 수업이 끝나고 교무실에 들려 선생님을 뵈었다. "어머님이 무릎이 많이 아프셔서…." "그래 가자." 주저 없이 대뜸 의료 기구가 든 가방을 챙겨 들고 앞장서 신다. 이 골목 저 골목을 지나 40분을 걸어서 하천가 쓰러져가는 판잣집에 누워계신 어머니를 만나셨다. "아이고 고생하시네요. 많이 아프셨을 텐데…. 무릎에 고름이 많이 들어서 째고 짜내야 돼요. 많이 아플 텐데 참으셔야 해요. 어머님!" 어머니는 그저 죄송하고 민망해서 아프지만 비명 한번 못 지르고, 마취도 없이 생살을 째고 피고름을 한 바가지나 짜냈다. 선생님은 거즈를 집어넣고 붕대로 감아 매주시고는 "내일 다시 와서 소독해 드릴테니 걱정마세요. 이제 다 나았습니다. 어머님!" 하신다. 어머님은 그저 아파서인지 고마워서인지 고개를 숙이고 눈물을 흘리셨다. 진료비는커녕 차비마저 드릴 형편도 안돼 선생님은 다시 걸어서 가셔야했다. 무리한 부탁을 드리면서도 아무런 준비도 못한 것이 부끄럽기 짝이없었다. "얘야, 물 좀 한 그릇 떠올래?" 물 한 바가지가 왕진 오신 의사 선생님의 시술비를 대신했다.

그 뒤 나는 아무도 몰래 새벽에 집을 나서 조선일보 신문 120부를 배달한 뒤 등교를 했다. 토, 일요일에는 광주공원에 가서 구두닦이를 했다. 그래서 번 돈으로 국수를 사 먹거나 밀가루나 옥수수가루를 사 왔다. 그러나 얼굴은 반쪽이 되고 학교 성적은 서열 20등까지 떨어졌다. 시간이 없고 피곤해서 공부를 할 수 없었다. 나는 교무실에 들려 선생님을 또 뵈었다. "신문 돌리고 구두닦이를 하다 보니 공부할 시간이 없어요!" 선생님은 내 눈을 빤히 들여다보시더니 "그렇구나! 그런데 말이야, 바쁜 사람이 시간이 더 많다는 거 너 아냐? 오히려 할 일 없는 사람이 시간이 더 없어!" 순간 곧바로 그게 무슨 말인지 이해할 수 있었다. "예. 알겠습니다!" 공부를 안 해 성적이 떨어진 이유를 설명할 겸 실습 점수라도 좀 후하게 주십사 하고 부탁 겸 선생님을 뵈었는데 그러한 내 생각이 쪼잔하고 비겁하다는 생각이 들었다. 게으름을 변명하려던 생각을 들켜버려 민망하고 부끄러웠다. 다음 달 성적은 평소 성적으로 회복되었고 오히려 공부가 재미있어졌다. 나는 공부를 더 열심히 했고 선생님 덕분에 마음잡고 공부 잘하는 모범생이 되었다.

그 후 세월이 얼마나 지났을까, 나는 육군 대위가 되었고 결혼을 했다. 광주 부모님 집에 다니러 왔다가 학교에 들러 그 은사님을 찾아뵈었는데 얼마나 반가워하시는지 눈물이 날 수밖에 없었다. 다음날 저녁

은사님은 사모님과 함께 우리 집에 찾아오셨다. 찾아오신 것만도 놀라운 일인데 더욱 놀라운 것은 "자네가 최근 결혼을 했다던데 가보지도 못하고 미안해서 축하해 주려고 집사람하고 같이 왔네. 여기 이거 결혼 선물이야." 교수님은 큼지막한 양은솥을 사 오셨다. 참으로 눈물 나는 결혼 선물이었다. 한없는 은사님의 사랑을 담은 그 솥, 선물의 의미를 평생을 두고 생각해 봐야할 것 같았다.

지금은 한라산 산중 토굴에 그 양은솥을 걸어 놓고 가끔 군불을 땐다. 그리고 생각한다. 홀로 사는 내 모습을 보신다면 뭐라 하실까. 은근한 미소를 지으며 한 말씀 하지 않으실까 생각해 본다. 군 생활을 하고 예술을 하고 지금은 좌선하며 수행자로 사는 나를 보신다면 저 양은솥처럼 뜨끈하고 은근한 미소를 지으실 거라고 생각해 본다.

- 제5부 -

명상을 만나다

나를 잊어버린다.

고통도 고독도 없다.

앎과 고요가 있었다.

안정만이….

수행자들

불교의 나라 미얀마! 미얀마 여행은 오래전 소망이었지만 엄두를 못 내고 오랜 세월 동안 미뤄 뒀던 일이다. 한의사 손경문 선생의 주선으로 미얀마에서 수년째 의료봉사 활동을 하고 있다는 박 선생을 만났다. 박 선생은 아무 때라도 미얀마 의료봉사에 함께 가면 명상센터에 입소시켜줄 수 있다고 했다. 내게 행운이 찾아왔다 싶어 기뻤다. 드디어 꿈이 이루어지는 순간이 온 것이다.

그해 겨울이 깊어가는 12월 하순 한 달 비자를 받고 미얀마행 비행기에 올랐다. 방콕을 거쳐 비행기를 바꿔 타고 거의 열 시간 만에 미얀마 양곤에 도착했는데 피곤해 초주검이 되었다. 마중 나오겠다던 박 선생은 보이지 않고 전화도 불통이어서 홀로 공항 대합실에 덩그러니 남아 있었다. 수많은 군중 속에 홀로 미아가 되어 어쩔 줄 모르고 여행 가방을 끌고 서성거리던 세 시간 동안 별의별 생각이 다 들었다. 다시 한국으로 돌아갈 것인가. 황당하고 당황스러운 지옥 같은 시간이 흐르고 있었다. 그때 30대 젊은 남자가 내 앞에 섰다. 박 선생이 보낸 사람이란다. 기가 막히고 코가 막힌단 말을 이런 때 하는가 보다. 어쨌든 그와 대동한 두 사람과 함께 택시를 타고 의료봉사 현장으로 가는 도중 박 선생과 통화가 이루어졌다. "점심을 해결하고 오세요!" 무뚝뚝한 한마디에 식당에 들러 택시비는 물론 친구라는 택시운전사 또 다른 친구까지 식사 대접을 하고 우여곡절 끝에 의료봉사 현장에 도착했다. 양곤에 아침 일찍 도착했으나 박 선생을 만난 것은 오후 3시가 되어서였다.

간이침대에 누워 있던 박 선생은 나를 보더니 푸시시 일어나며 "어서 오시오. 잠시 쉬는 중입니다!" 그래도 명색이 손님이고 처음 보는 그야말로 초면인데 사람을 대하는 게 이럴 수 있나 싶었다. 그렇게 경우 없는 일을 당하고도 나는 한마디 불평도 못하는 바보가 되어 있었다. "만나주셔서 감사합니다!" "혹시 오시는 중에 불편하지 않았나요? 왜 이리 늦었죠?" 나는 자초지종 얘길 다 했다. 공항에서 3시간 넘게 기다린 일, 친구 택시를 불러와서 불편했던 일, 친구의 식당에 가서 바가지 쓰고, 전화불통에 정신적으로 고통스러웠던 일 등을 모조리 퍼붓듯 얘기했는데 기막힌 일이 또 일어났다. 그 얘기를 다 듣고도 시큰둥하던 박 선생이 다음날 아침, 출근한 직원들을 다 불러놓고 어제 일을 처리하는 모양이었다. "여기 김 선생이 한국에서 어떤 분이신데 그렇게 대하나? 새벽에 공항 가서 모시고 오라고 돈 줘서 보냈는데 제시간에 가지도 않고 내가 준 돈은 어떡했어?" 그러면서 직원 1명을 즉석에서 해고했는데 다른 동료 1명이 자진 동반 사퇴하였다. 3명의 직원 중 2명이 졸지에 해고되어 봉사활동에 차질이 생겼다. 나 때문에 일어난 일이어서 민망해서 어찌할 바를 몰랐다. 저녁이 되자 박 선생은 자신이 살아온 무용담을 시작했다. 대기업에 입사한 얘기, 큰 사업을 성공시킨 얘기, 사고를 해결한 얘기 등을 매일 저녁 두 시간씩 들어줘야 했다. 저녁 시간이 고통스러웠다. 주간에는 밀려드는 환자들에게 침을 놓아주는 침술치료를 하는데 나는 그 꽂혀있는 침을 손가락 끝으로 비벼 돌려주는 일을 온종일 해야 했다.

그럭저럭 일주일이 지난 어느 날 박 선생은 나에게 금·토·일요일을 이용해서 관광을 가잔다. 만달레이, 바간을 거쳐서 양곤으로 돌아오는 3박 4일 코스를 스스로 정해 놓고 한 명 남은 직원을 서툰 통역으로 데리고 3명이서 예정에도 없던 느닷없는 여행을 떠났다. 나는 여행경비도 걱정이 되어서 그저 눈치만 보며 따라다녔다. 아니나 다를까 아무런 의논도 없이 결정한 즉흥적인 여행을 다녀와서는 여행경비의 절반인 350달러를 내놓으란다. 어처구니없지만 돈 때문에 추잡한 소리를 듣기 싫어서 "우선 20만 원을 받으시고 나머지는 귀국해서 계좌로 지불하겠습니다. 지금 가지고 있는 돈이 없어서 그럽니다." "아니! 돈도 없이 여행을 다닙니까? 내일 아침에 공항에 데려다 줄테니 한국으로 들어가세요." "저는 수행차 명상센터에 들릴 생각입니다만!" "그냥 귀국하세요!" 불같이 화를 내며 소등하고 자기 침대에 누워 버린다. 나는 자리를 피할 양으로 메모를 남기고 산책 겸 밖으로 나왔다. 「정 선생님께! 적잖은 불편을 드려서 죄송합니다. 그러나 이번 주관하신 관광은 제 계획에는 없었습니다. 선생께서 일방적으로 강행한 것이고 나는 명상센터를 가기 위해 선생님의 비위를 맞추느라 의료봉사에 시간을 할애한 것입니다. 그런데 그냥 귀국 하라시니 저로선 이국땅에서 처분대로 따라야겠지만 황당하고 억울합니다. 귀찮게 해서 죄송합니다. 귀국하면 명상센터를 수소문해서 다시 오겠습니다!」 산책을 마치고 돌아오니 나의 메모지가 펼쳐져 있는 걸 보니 읽기는 했던가 보았다.

다음날 아침 그는 택시를 불러 날 데리고 집을 나섰다. 공항으로 가는 줄 알았더니 양곤에 있는 쉐우민명상센터에 나를 데려갔다. 그가 내게 한 마지막 말은 "왕복 택시비를 내시오!"였다. 나는 택시비를 배로 지불하고 그렇게 그와 헤어졌다. 불쾌한 인연이었지만 그래도 그 인연이 쉐우민명상센터와의 인연을 맺어준 것에 감사하지 않을 수 없었다. 나중 일이지만 그에게 몇 번 문자를 보내 계좌번호를 알려 달라고 했지만 응답이 없었다.

쉐우민센터에서 나는 드디어 소망하던 수행 절차에 들어갔다. 청현스님의 안내를 받고 간단한 기초이론과 수련원 생활규칙 등을 교육받았다. 그렇게 2주일간의 명상수행이 시작되었다. 입소 다음날 마침 한국 요기들의 인터뷰가 계획되어 있었다. 떼자니아 사야도 앞에 20여 명 한국 요기들과 10여 명 한국 스님들이 모여 앉아 자신의 수행을 점검받고 의문 나는 사항을 질문하면 사야도께서 통역을 통해 즉석에서 답을 해주시는 토론 형식의 강론이었다. 참으로 적절하고 유익한 인터뷰식의 공부였다. 자신의 수행 상태를 보고하고 문의하는 1:1 교육 형식인 것이었다. 그렇게 두 시간 남짓 인터뷰가 끝나고 나오는데 수행자 중 한 사람이 10여 년 전 제주 KBS 방송국 총국장이시던 김용관 씨 같았다. 10년 세월에 변하기도 했겠으나 벗어진 머리하며 모습이 변해 있어 긴가민가 했다.

이튿날 새벽 좌선이 끝나고 선방 청소가 시작되었다. 순간 김용관 씨와 정면으로 눈길이 마주쳤다. 내가 말을 걸었다. “혹시 김용관 선생 아니십니까?” “네?” “저 서귀포 로천입니다!” 내 말이 끝나기 무섭게 김용관 씨는 반사적으로 “아이구!” 외마디 소리를 토하며 두 팔을 벌려 나를 껴안았다. 대략 정중한 인사를 나눌 수도 있겠으나 김용관 씨는 온몸으로 나를 반겨주어 눈물이 날 지경이었다. 서로의 안부와 살아온 세월에 대해 묻고 답하기를 몇 날 며칠 끊일 줄 몰랐다. 수행처에서 우리 둘은 그림자처럼 붙어 다녔다. 나는 미얀마에 처음 와서 낯설 뿐 아니라 수행에 대해 거의 백지상태였다. 불교의 교리와 수행에 대한 이론을 교학이라 하는데 나는 교학에 대해 개념 자체가 없었다. 수행한다고 말하고 흉내만 낼 뿐 자신감이 없고 소극적이었다. 그런 내 상태를 눈치채고 그가 말했다. "매일 한 시간씩 두 번 정도 이론 강의를 1:1로 해드리겠습니다." 자기 공부를 해야 할 귀중한 시간을 할애해서 나를 위해 1인 특강을 해주겠다는 말이었다. 이런 고마운 일이 어디 있겠는가. 두 번 해주겠다던 특강은 네 번으로 늘었다. 수행을 막연하고 상식적으로만 생각하다가 무엇을 공부해야 하고 무엇을 수행해야 하는지에 대한 개념을 어렴풋이나마 알게 되었다. 그동안의 무지와 헛수고에 대한 회의가 부끄러울 뿐이었고 그만큼 김용관 님의 배려에 감사할 뿐이었다.

김용관 님과의 만남은 아름다웠고 쌓이는 정은 도타웠다. 지난 10여 년 동안 김용관 님은 KBS 제주 총국장을 마치신 후 해설위원을 지내시고 퇴임 후에 자신의 전공을 찾아 영주에 있는 동양대학교 교수로 일한다고 했다. 그는 나를 보물처럼 우대해 주었다. 내가 한국화가라는 것, 판소리꾼이라는 것, 고수로서 문화재라는 것, 젊은 시절 중장년 시절을 군에 몸담은 공수부대 출신이란 것, 그 나이에 마라톤으로 건강을 챙기고 있다는 것 등을 들어 한국의 전통문화의 보고라고 칭송했다. 칭찬이 아니라 더욱 정진하라는 뜻이었을 것이다. 나의 미얀마 체류기간이 만료되어 쉐우민센터를 떠나던 날 나를 전송하던 여러 사람이 모인 가운데 김용관 님은 크게 소리쳤다. "한국의 마스코트가 떠납니다!" 둘러싸인 많은 사람들이 박수를 보냈고 나는 일일이 포옹으로 인사를 나눴다.

귀국 후 그는 나를 동양대학교에 특강을 마련해 초청해 주었다. 풍기, 영주, 주워 명승지를 몸소 가이드가 되어 1인 관광을 시켜 주었다. 5박 6일의 융숭한 대접을 받고 나는 대학생 대상으로 2시간 특강을 가졌다. 미얀마에서 만난 천사를 영주에서 다시 만난 셈이다. 함월 김용관 님은 나의 천사이며 앞으로 영원할 것이다. 「함월님! 그대만 천사하시지 말고 나도 천사 시켜주세요!」

미얀마를 보다

미얀마 수행센터에 가서 수행하겠다는 생각을 가진 건 20년 전 네팔 여행 때부터였다. 내 나이 40대부터 이곳저곳 절을 찾아다녔다. 그렇게 스님들과 인연을 맺고 교유하면서 명상이나 기도에 대한 막연한 동경이 늘 마음에 자리하고 있었다. 40년 전, 광주 광제당한의원 원장님과 명상수련을 함께 할 때 동참해 주시던 정보 스님이 미얀마에 수행하러 가신 뒤 미얀마에서 큰 스님이 되셨다는 소문을 들은 것이 미얀마에 대한 내 상식의 전부다. 서귀포에 이주한 지 얼마 되지 않은 10여 년 전 당시 제주 KBS 총국장이시던 김용관 씨 소개로 진혜 스님을 딱 한 번 뵌 적이 있다. 그땐 스님으로부터 쉐우민 센터의 수행 텍스트를 한 권 받았다. 하지만 그때 그저 무심하게 지나쳐 버리고 말았다. 진혜 스님은 미얀마에서 5년 동안 수행하시고 귀국하여 제주에 정착하신 분이다. 이후 10년 넘도록 조용히 수행 일로를 걷고 있다는 사실을 최근에야 알게 되었다. 그 후 불교국가 미얀마에 대한 동경과 기대가 더욱 가슴에 차올랐다. 손경문 원장님의 소개로 미얀마에 첫 발을 딛은 것은 행운이었다.

2017년 1월 미얀마 쉐우민에 다녀온 후, 인간이 찾아야 하고 또 누려야 할 것이 '진정한 자유' 란 것이 아닌가 하는 생각을 갖게 되었다. 깨달음이나 해탈이란 결국 진정한 자유를 뜻한다는 생각이 들었다. 한 달여의 나의 서툰 미얀마 수행체험이 대단한 것일 순 없었다. 수행하는 시늉을 해 봤을 뿐이다. 내가 미얀마를 다녀왔다니까 "미얀마에 갔다 왔다고? 아! 그것 참! 내가 갔어야 하는 건데…. 내가 항상 갈려고 했거덩…." 내가 아는 몇몇 사람들은 그렇게 반응한다. "일찍 갔다 왔군! 나도 아직 못 갔는데…." 내 나이 72살인데 '일찍' 이란다. 자기가 먼저 가지 못했으니까 이르다는 얘기를 그렇게 하는가 보다.

양곤에 있는 쉐우민이란 명상센터에 들어가 보니 300여 명의 세계 각지에서 모여든 요기(수행자)들이 있었는데 영국, 독일, 프랑스, 스웨덴, 러시아, 인도, 중국, 베트남, 미국 등 많은 종족들의 집합체였고 우리 한국도 스님 15분 일반 수행자 15명이 맹공·명상 거사를 행하고들 계셨다. 새벽 3시 반에 기상하여 새벽 수행을 시작하면 5시 반에 아침 공양을 하고 오전 수행을 마친 10시 반에 점심 공양을 하고 나면 오후 불식이라 하여 다음날 아침 공양 시까지 먹지 않는다. 저녁 9시 반에 취침에 들면 하루 일과가 끝인데 나는 하루 운동량이 부족하여 새벽 명상에 결석하고 인근에 있는 둘레 길이가 70m쯤 되는 연못가를 60바퀴 60분간 뛰었다. 처음 며칠은 혼자 뛰었다. 어느 날 한국인 젊은이 김영준 씨가 몇 바퀴 따라서 뛰더니 다음날부터 나오지 않았다. 알고 보니 그날 그걸 뛰고서 몸살이 났다고 했다. 곧이어 유럽의 젊은 여인 3명이 나를 따라 뛰기 시작했고 그중에 베트남 비구니 한 분이 슬리퍼를 신은 채 뛰었는데 마지막 날 나에게 처음이자 마지막으로 한마디 말을 걸었다. "What' s Your Name?" 내 이름을 듣자마자 그대로 되돌아 뛰어가 버리는 그 비구니는 꼬마 아이 같기도 했다. 이곳 미얀마를 수행 차 다녀간 외국인 수행자들은 대부분 한 달 넘기고 귀국하는데 건강이 쇠하여 고생들을 많이 한다지만, 나는 아침 조깅으로 건강을 챙기며 명상을 유지할 수 있었다.

귀국이 임박하면서 생각했다. '지금 여기서 뭘 하고 있나?' 내게 스스로 묻는 질문에 대한 답을 알지 못했다. 나 스스로에게 미안했다. 그 물음은 나 스스로를 만나는 순간이기도 했다. 맥없이 쏟아지는 눈물은 또 무엇인가. 하릴없이 캐리어를 끌고 공항 대합실을 나왔다. 귀가하여 일상으로 돌아왔지만 미얀마 체험이 꿈같이 아련했다. 전혀 현실감이 없었다. 그래서 미얀마를 다녀온 사람들은 미얀마에 다시 가거나 그리워하는지도 모르겠다. 미얀마라는 나라는 그다지 신비로울 것도, 아름다울 것도 없는 미개발국일 뿐이다. 그런데도 나는 1년 후에 다시 올 요량으로 사야도 초청장을 미리 받았다. 어쨌든 다시 미얀마에 갈 작정이다. 왜 가려는지 곰곰이 생각해 본다. 나이 들어 견디기 싫은 한겨울 혹한기를 미얀마의 따뜻한 기후 속에서 잘 지낼 수 있다는 생각. 약간의 통제는 있지만 한두 달 거의 공짜로 먹고 자면서 자유스럽고 평화로운 혼자만의 시간을 가질 수 있다는 생각, 낯선 곳에서 자기 굴레를 벗어나 자유를 얻고 수행을 통한 앎으로 깨우침을 얻겠다는 생각일 것이다.

다음 해 겨울 두 달 일정의 두 번째 미얀마 행을 준비했다. 출발 전날 서귀포 진혜 스님을 찾아갔다. "무엇을 어떻게 공부하고 와야 할지 모릅니다." 바보 같은 푸념이었다. "모두 잊고 푹 쉬었다 오십시오. 단지 호흡에 집중하고 보면 코 앞쪽에 밝은 빛 덩어리가 생길 것입니다. 그것만 찾아오세요!" 분명한 숙제를 받은 셈이었다. 막연하고 막막한 심정으로 쉐우민 센터에 도착했다. B동 19호실에 배치되어 입실을 하니 룸메이트 한 분이 이미 와 있었다. 이건 또 무슨 인연인가. 전남 화순 이서면은 내 고향과는 20분 거리도 안 되는 이웃이다. 그곳에서 왔다는 나의 룸메이트 임웅기 씨! 우리나라에서 내로라하는 태극권의 대가이신 종교 이론가 임웅기 씨! 얼핏 예감이 성가시다. '이 사람 나를 들들 볶아먹을 사람이구만!' 나의 룸메이트 임웅기 씨는 공자, 노자, 장자 등의 고전에 밝고 도교철학에 능통하고 달변가였다. 나는 이내 그의 언변에 빠져들었으나 감당하기 버거워 금세 피곤해지곤 했다. 27일간을 그와 한 방에서 바쁘진 않아도 정신적으로 한가하지 않은 일정을 살았다.

쉐우민 입소 일주일이 지난 어느 날 "두 분은 어느 산에서 하산하신 도사님들이오?" 멋진 바리톤 목소리로 경상도 사투리를 쓰는 조각처럼 잘 생긴 한국 꽃 스님이 한마디 던지셨다. 룸메이트와 나는 똑같이 수염과 꽁지머리를 하고 그림자처럼 붙어 다녔다. 개그맨 콤비처럼 보였을 거란 생각에 헛웃음이 나왔다. 잘 생긴 그 혜등 스님은 원래 교사로 근무 하시다가 영어 학원을 운영하던 지식인이시다. 그 잘 나가던 학원을 버리고 과감히 출가하신 깊은 철학을 지니고 주제 높으신 선지식을 갖춘 지식인이시다. 우리는 금세 친해져서 차를 마시며 수행에 대해 몇 시간씩 열띤 토론을 벌이곤 했다. 대체로 수행에는 크게 두 가지 부류가 있다. 하나는 아나빠나 사띠를 주로 하는 마하시 센터와 심념처를 공부하는 쉐우민명상센터로 대표되는 순수 위파사나 계열이다. 다른 하나는 삔우린이나 몰나민의 사마타 수행인데 니밋따를 띄워 사마타 선정 수행을 하는데 파욱센터가 대표적이다. 이 두 계파가 미얀마 수행 전통에 양립하고 있다. 혜등 스님은 한때 파욱센터에서 니밋따를 띠우는 선정 수행을 하시다가 귀국해야 할 개인 사정 때문에 파욱센터를 떠났다고 했다. 지금은 쉐우민센터에서 수행하는 데 수행에 대한 경험과 교학 체계에 대한 해박한 지식을 갖고 계셨다. 나는 스님에게 기초적인 질문을 했다. "대체 그 「니밋따」라는 게 무엇인가요?" 스님은 리밋따의 형태와 성질 등을 대강 설명해 주셨다. 듣고 보니 생소한 것이 아니고 내가 모르는 것이 아니었다. "나 그것 뜨는데요!" 사실이다. 난 늘 그런 것을 봐왔다.

정확히 언제부턴지는 알 수 없으나 청년 시절쯤부터 눈만 감으면 보이는 그것을 환각 같은 것으로 치부해버렸다. 아직도 그것은 보이는데 형태는 예나 지금이나 비슷했다. 한번 보게 되면 얼마든지 내가 보고 싶을 때까지 보고 눈 뜨면 사라진다. 심심할 때는 눈을 감고 떠오르는 환각 같은 영상을 감상하면서 즐겼다. 그러나 그것이 수행과 관련이 있다는 사실을 이제야 알게 되었다. 진작 스승을 만나 가르침을 받았더라면 하는 아쉬움이 있지만 이제라도 제대로 수행할 수 있게 된다면 다행 아닌가. 청년 시절부터 명상이니 수행이니 하면서 절을 찾아다니고 수많은 모임을 가졌다. 충효동 쌍청재에 살 때는 아예 마당에 3m 높이의 대형 불상을 내가 직접 조각하여 조성하고 선방을 만들기도 했다. 지금껏 40년 이상을 명상 흉내를 내고 다녔지만 아무것도 모른다. 그런데 이제야 본격적인 수행에 대해 알게 될 길을 찾은 셈이다. 내가 갖고 있는 니밋따는 흰 목화송이나 솜사탕 같은 덩어리로 나타났다. 그 형상은 날아다니고 일렁이고 커졌다가 작아지고 밝아졌다가 희미해지기도 했다. 붉은색이나 회색이나 청색으로 수시로 변하며 사라지거나 폭발하듯 깨지거나 퍼지기도 하는 것이 밤하늘 불꽃놀이와도 흡사했다.

나는 쉐우민의 떼자니아 사야도(쉐우민 지도자) 인터뷰에서 한국 요기들이 모인 가운데 용기를 내어 질문을 드렸다. "리밋따가 뜨는 것 같은데 어떻게 해야합니까?" "떨쳐버리고 무시하고 사띠에만 치중하라."는 해답을 내리셨다. 그날 밤. 혜등 스님과 단둘이 앉았다. "선생님의 리밋따를 앞으로 일주일간 제가 점검해 보고 비전이 있다고 판단

되면 제가 모시고 파욱센터로 가서 선생님을 점검받게 하겠습니다." 혜등 스님은 매일매일 나의 명상 요령을 주문하고 결과를 물어보곤 하시더니 4일째 되는 날 "더 이상 지체할 필요 없이 내일 떠납시다." 스님의 제안에 흔쾌히 동의하고 같이 지낸 한국인이나 청현 스님과 사무실에 집안일이 생겼다고 꾸며대어 스님 주문대로 극비에 부치고 쉐우민을 탈출(?), 삔우린 파욱 입성 작전이 전개되었다. 아침 일찍 쉐우민을 빠져나와 터미널에서 혜등 스님과 랑데부를 하여 삔우린 행 버스에 올라 10시간의 야간 여행길에 올랐다.

죽음을 넘어서 삶을 찾아가는 마음으로 삔우린 파욱센터에서만 배울 수 있다는 붓다의 수행법을 찾아 히말라야산맥의 끝자락 삔우린 넓은 분지의 가장 높은 곳 파욱센터의 구찌를 향해 달려가고 있었다. 속으로 얼마나 신나고 행복했는지 모른다. 천국을 향한 모험길에 들어선 기분으로 설레었다. 버스에서는 빵도 주고 물도 주고 휴게실 화장실 갈 때는 물수건에 치약 칫솔도 준다.

이튿날 새벽 삔우린에 내린 우리는 우선 식당에 들렀다. 주인 남자가 따라주는 모닝차는 차마 마시지 못했다. 상거지 뺨치는 옷차림에 흑인처럼 시커먼, 손등이 부르터서 찢어진 상처투성이에 딱지들이 앉아 있는데 씹는 담배를 씹어서 입술과 주둥이는 피를 머금은 듯하고, 얼굴 가죽은 검은 구두약을 발라 놓은 듯 번들거리는데 남이 먹다 남은 찻잔의 찌꺼기를 바닥에 쏟아내고, 그 더러운 주전자에 든 검붉은 액체를 따라 주는데 손가락이 찻잔 속에 들어갔다 나온다. 하지만 아무렇지도 않게 차를 마시는 혜등 스님을 보고 '저렇게까지 수행이 되셨구나.' 하고 감탄했다. 중국식 볶음밥이 나왔는데 의외로 맛은 괜찮았다. 그럭저럭 식사를 마치고 파욱으로 가는 택시를 탔다.

파욱센터는 쉐우민에 비해 무척 규모가 컸다. 건물들도 쉐우민센터와는 비교가 안 될 정도였다. 수행자 모두가 '꾸띠' 라고 하는 10평 남짓한 독채에 한 사람씩 입주하여 산다. 400여 명의 수행자들은 대부분 출가승들인데 그중 한국 스님이 다섯 분이었다. 나 같은 일반 수행자는 10명 정도였으나 다들 외국인들이고 한국인은 나와 공주대학교 교수이신 위오기 교수 둘뿐이었다. 곧바로 주지스님을 뵙고 입소를 위한 면담을 했는데, 아뿔사! 나는 입소가 허락되었으나 나를 인도하신 혜등 스님은 거부되었다. 서류상 문제가 있어서 그렇다 하나 과거 파욱센터에서 무단으로 퇴소했다는 경력 때문이란다. 나는 의리상 이곳을 포기하고 다음 갈 곳을 정하지 못하고 있는 혜등 스님과 동행하겠다고 했지만 스님은 강경하게 반대하셨다. 난감하고 난처할 뿐이었다. 어쨌든 나만 남고 가시는 스님을 배웅해야 할 상황이 되었다.

나는 꾸띠를 배정받고 열쇠를 받았다. 떠나시는 스님을 배웅하면서 안타까움에 솟는 눈물을 참느라 애를 먹었다. 멋쩍어 하면서도 웃어 보이는 스님의 눈가가 발그레했다. 그날 오후 나는 센터를 창건하시고 수행자들을 지도해 오신 파욱 사야도와 그의 제자 티칭 사야도와의 인터뷰가 각각 4시와 5시에 차례로 잡혀 있었다. 황송하면서도 두려운 마음이 들었다. 살아있는 신을 만나는 것과 같다고들 말하지 않던가.

파욱 사야도께서는 한동안 몸이 너무 쇠약해져서 토굴에 누워만 계시다가 최근 건강이 호전되면서 "내가 할 일은 내가 한다."며 선방에 내려오셨다고 한다. 파욱 사야도는 반쯤 누운 자세로 시봉하는 스님 3명이 양 어깨 팔다리를 주무르고 있었다. 그 앞에 꿇어앉아 1:1 인터뷰를 하는데 인터뷰 대상자들은 나를 제외하고 모두 스님들이었는데 방 안에서부터 복도 끝까지 줄지어 꿇어앉아 있었다. 내가 무슨 특별하지도 않은데 안내하는 스님께서 줄지어 있는 대기자들을 제치고 대뜸 나를 맨 앞에 앉혔다. 큰 숄로 머리 어깨를 덮어서 얼굴 전체가 뵈지는 않지만 얼굴빛이 검고 부은 것이 병색이 짙어 보였다. 하지만 나를 바라보는 눈빛은 강렬하고 반짝였다. 평온하면서도 신중한 표정으로 나를 살피셨다. 내가 니밋따가 뜨고 수십 년 위파사나 수행을 했다는 말씀을 들으시고는 손을 움직여 가며 열심히 말씀하신다. 통역하는 스님 말은 "얼마나 있겠냐?"며 있는 동안 "인중에 집중하여 호흡 명상을 하라."는 말씀이란다. 건강을 속히 회복하시라는 말씀을 드리며 합장 삼배를 올리고 물러나왔다. 정신이 몽롱했다. 말로만 듣던 아라한을 직접 뵙고 온 것이다. '내 인생에 이런 영광도 있구나.' 하고 감복했다.

통역을 해주던 한국인 비구니 세등 스님은 곧바로 나를 데리고 10분 거리에 있는 티칭 사야도에게 데려갔다. 가는 도중 세등 스님은 내게 이것저것 묻기 시작했다. "위파사나를 어떻게 했는가? 니밋따가 언제부터 떴는가? 규모와 형태는? 언제, 얼마나 오래 뜨는가?" 계속 묻기만 하지 대답할 기회를 안 준다. "내 목소리가 좀 크죠. 나도 모르게 커졌네요." 사과 아닌 자기 챙김을 하셨다. 우리는 어느 건물 2층에 들었는데 그곳에도 20여 명 스님들이 줄지어 앉아 대기 중이었다. 앞에는 작고 낮은 테이블이 있고 큰 의자에 단정하고 공손한 모습으로 50대 젊은 스님이 인터뷰를 하고 있었다. 다소곳이 앉은 모습이 조각처럼 예쁜 그 스님은 아주 작고 부드러운 맑은 목소리와 선량하고 초롱초롱한 눈빛을 지녔다. 큰 방안에 숨소리조차도 조심스러운 고요함이 바위의 무게로 압박해 왔다. 50분쯤 지나 내 순서가 되었다. 나를 내려다보는 티칭 사야도의 눈빛이 어찌나 다정스럽고 부드러운지 감사하고 황송했다. 통역을 통해 내 얘기를 들은 후 보다 세부적으로 나의 니밋따와 명상수행 경력에 대해 물으셨다. 그리고 자상하게 말씀해주신다. 들숨 날숨 호흡을 놓치지 말고 계속 집중하라고 말씀하셨다. 파욱 사야도의 말씀과 같은 내용이었다. 그렇게 나는 파욱센터 수행의 첫 인터뷰를 마쳤다. 본격적인 맞춤 수행이 시작되었다. 아! 내 나이 70이 넘어 이제야 임자를 만나서 내 길을 찾았구나 생각하니 황송한 감사가 끓어올랐다.

파욱센터의 일과는 팍팍했다. 최소한 하루 9시간 정도는 좌선에 들어야 한다. 오래 앉아 있을수록 운동은 더욱 필요하다는 생각에 나에게 맞는 일정표로 약간 수정하여 지내기로 했다. 새벽 3시 반에 기상하면 한 시간 동안 파욱 뒷산을 후레쉬를 들고 뛰어서 오르내리는 운동을 강행했다. 5시부터 2시간 좌선하고 아침 공양을 한 다음 오전 수행으로 2시간을 좌선하고 점심 공양 후 오후 3시간, 저녁 2시간, 그렇게 하루 9시간 좌선으로 계획을 짰다. 계획을 최대한 지키겠지만 약간의 융통성을 두기로 했다. 생전 처음 맹공의 상황을 맞은 셈이다. 순조롭게 시간이 흐르는 듯했는데 수행에 난관이 왔다. 파욱에 도착하면서 니밋따가 아예 없어져 버렸다. 무릎도, 허리도, 고개도 더 아팠다. 이틀에 한 번씩 하는 사야도 인터뷰에서 니밋따가 없어졌다고 말씀드려도 그저 인중에 호흡을 집중하라고만 하신다. 니밋따에 신경 쓰지 말라고 하신다.

몇 분 스님들과 생강차를 마시며 한담하던 중 나의 니밋따에 대한 얘기를 꺼냈다. 모두들 한 마디씩 하지만 결론은 매우 잘 되어가고 있는 현상이라는 것이다. 위로는 되었지만 내심 긴가 민가 할 뿐이었다. 바로 그 다음날이었다. 저녁 예불을 마치고 2시간 좌선에 들었는데 니밋따가 떴는데 과거의 니밋따와 달랐다. 온 세상이 어항 속처럼 맑고 고요한데 환각이나 환상 같은 신비스러운 느낌의 세상이 펼쳐졌다. 때마침 9시가 지나 요기들이 법당에 불을 밝히고 자리를 정리하는 작은 소동에도 불구하고 니밋따는 사라지지 않았다. 맑고 투명한 하늘같고 물속 같은 고요한 세상에 형상이 나타났다. 솜사탕 같은 밝은 덩어리가 변하기를 사람 얼굴이 되었다 또렷해지는 낯익은 얼굴로 점점 변했다. 그것은 바로 나였다. 내 얼굴이 요모조모로 움직이며 보이는데 마치 내가 나 자신을 만나는 것 같았다. 그러나 그도 잠시, 얼굴이 사라지고 그야말로 정면 아래 콧구멍 앞에 움직이지 않는 안정된 검은 점 하나가 생기더니 그 둘레에 어둑한 흰색의 아우라 같은 흰색 테두리가 생겨서 CD나 LP 판처럼 고정되어 정면으로 나를 바라보고 있는 그 빛. 아! 이 얼마나 황홀한 빛인가! 그러나 오래지 않아 슬그머니 사라졌고 어둡고 막막한 허공이 남았다. 다음 인터뷰에서 이를 사야도께 낱낱이 말씀드렸다. 파욱 사야도께서는 잘 되어가고 있다며 계속 열심히 정진하되 니밋따를 따라가지 말고 인중 호흡에만 집중하라 하셨다.

수행이나 인터뷰 내용을 더 상세히 기록하는 것이 적절치 않다는 생각에 여기서 그친다. 사흘 만에 아홉 번의 인터뷰를 가졌다. 때마침 예기치 못한 변수가 생겼다. 파욱 사야도와 티칭 사야도 두 분이 모두 타 지역으로 멀리 출장을 가신단다. 교관 없이 훈련을 받게 된 셈이었다. 왠지 우울해지며, 무기력 해지고, 의기소침해졌다. 수행이란 혼자 하는 공부인데 내 마음이 왜 이러나. 귀국하려면 2주일이나 남았는데 쉐우민에서 경험한 마장이 여기에서 갖가지 마구니가 되어 들어오는 것 같았다. 흔들리는 자신이 우스웠다. 그 시간 쉐우민에 계시는 김용관 님과 연락하며 위안을 받고 마음을 다잡았다. 다행스럽게도 티칭 사야도가 돌아오셨다. 얼마나 반가운지. 막상 오시니 아무 일도 없었다는 듯 수행이 복구되었다. 역시 나의 수행은 걸음마 수준이었다. 지도자가 잠시 없다고 그렇게 휘둘리니 홀로 수행이 불가한 수준인 것을 통감했다. 바로 그때 위오기 교수님이 내 수행에 도움을 주셨다. 그는 현재 공주대학교 경영학과 교수이며 미국, 일본, 중국의 교환교수 경력이 있어 영어에 능통했다. 수행 경력도 다채로워서 4선정을 얻고 물질 분석까지 통과하신 수행에 관한한 스승 같은 대 선배셨다. 스님들의 입소문에 의하면 일찍이 위파사나를 하시다가 사마타 수행에 들어왔는데 곧 수다원이 되실 큰 어른이시란다. 내가 보기에도 나이에 비해 건강하며 머리 회전이 빠르고 눈치가 비상하고 눈에 총기가 있었다. 아이큐가 적어도 140은 넘을 것 같아 보였다. 그러한 위 교수가 자기 꾸띠에 가서 차를 한 잔 나누자고 제안했다. 수행만을 주제로 대화하는 자리였지만 서로의 친분을 밀접히 하는 자리가 되었다. 우리는 즉시로 단짝이 되어 수행처에서 '투 코리언'이라 불렸다. 주변에서 우리 둘을 친한 친구로 인식하는 듯했다.

그 무렵 지금까지 나의 인터뷰 통역을 맡아 주셨던 한국 비구니 세등 스님께서 내게 문자를 보냈다. "숨에 관한 질문만 하세요! 고경 스님처럼!" 리밋따도 갖지 못한 통역관으로서 하실 말씀은 아닌 듯싶었다. 통역자라면 의사자의 말을 액면 그대로 가감 없이 전하는 게 최우선일 텐데 의사자를 컨트롤하려는 자세가 주제넘은 듯했다. 나로선 통역 스님이 내 공부에 방해가 되고 있다는 생각이 들었다. 다음날 인터뷰에 가지 않고 위 교수에게 말했다. "내 인터뷰 좀 도와주세요!" 정황 설명을 들은 위 교수는 "진작 그랬어야지요." 그날부터 위 교수는 인터뷰 시 나의 통역관이 되어 주시고 나를 전폭적으로 지지해 주셨다. 위 교수의 통역 실력은 시원시원 했다. 덕분에 다시 용맹정진의 길로 들어설 수 있었다. 그다음 인터뷰에서 사야도께서는 3시간쯤 앉아 있어 보라는 주문을 하셨는데 내 수행 태도를 눈여겨보던 위 교수는 내게 제안하신다. "오후 2시부터 5시까지 3시간 담마홀(법당)에 가지 말고 내 꾸띠에서 나하고 앉아 봅시다." 개인교습을 하겠다는 뜻으로 이해돼 좀 거북할 것도 같았지만 감사하여 흔쾌히 동의했다. 그날부터 그야말로 미동도 하지 않는 3시간 명상을 시작했다. 겁도 나고 두렵기도 했으나 막상 해보니 죽을힘을 다하지 않고도 어쨌든 해냈다. 그날부터 매일 오후 시간은 위 교수와의 3시간 명상이 이루어지고 시간이 갈수록 몸과 마음이 적응되었다. 명상의 체험을 즉석에서 토의하면서 위 교수는 나의 명상이 급작스러운 진전을 보이고 있다며 즐거워했다. 내 체험이 최초 자기가 공부하던 때와 너무나 똑같다며 위 교수는 반가워했다.

나의 리밋따는 그야말로 변화의 변화를 거듭하며 내 스스로 감탄하고 놀라 신기할 뿐이었다. 인터뷰는 계속 진행되었다. 내 리밋따에 대한 보고를 받으시고 "그 리밋따가 얼마 동안 유지되는가?" "예! 50분에서 80분까지입니다." 사야도께선 그 매서운 눈으로 나를 꽂아보시면서 영어로 말씀하셨다. 즉시로 위 교수가 통역했다. "그 리밋따를 3시간까지 끌어야 한다. 귀국하지 말고 3시간까지 하고 나서 집에 가라. 일주일이면 될 거다!" "연말에 꼭 다시 오겠습니다. 초청장을 해주십시오." "초청장을 해줘라!" 그날의 인터뷰가 초선정을 인정하는 것이었다는 것을 나중에 위 교수에게 듣고 알았다.

다음날 아침 공양간에서 만난 몇몇 지인들이 내 앞에 다가와 합장을 하며 「사두! 사두! 사두!」를 외이며 나의 초선정을 축하해 주었다. 실로 눈물 나는 순간들이었다. 다음날 위 교수는 파욱센터에서 수행 중인 한국 스님 다섯 분을 자기 꾸띠로 초대하고 간단한 다과회를 가진 자리에서 자신의 이곳 체류 기간이 만료되어 귀국해야 한다는 인사와 함께 나의 수행 결과인 초선정 인정이 어제 인터뷰에서 있었다고 공식적으로 공표하셨다. 한국 스님들은 너무도 뜻밖이라는 듯 놀라면서도 축하를 해주었다. 그런데 그 후로 스님들은 나를 투명인간 취급을 했다. 그런 태도를 위 교수는 질투, 시기 때문에 그러는 것이니 마음 쓰지 말라고 하셨다. 위 교수는 내게 말했다. "이것은 중요한 인연입니다. 우리는 서로 도반이 되어 신통까지 꼭 같이 갑시다." "예. 감사합니다. 꼭 그렇게 하십시다."

한국 스님 중 한 분이 다음날 내 꾸띠로 날 찾아왔다. "몇 년 전 석 달 만에 초선에 든 스님이 계셨으나 한 달 만에 초선에 드셨다는 거사님의 경우는 납득이 안 됩니다." 그 스님은 9년째 그곳에서 수행 중인데 아직 리밋따 경험도 못했다. 그러니 나를 보고 생각이 많았을 것이다. 내가 그곳을 떠나는 날 초대하지도 않았는데 한국 스님들이 한 둘 내 꾸띠로 모였다. 아무 말 없이 조용히 떠나려 했는데…, 무슨 말을 해야 할지 그저 실없는 인사를 나누고 아무 일도 없었다는 듯 "안녕." 하고 헤어졌다. 그 스님들 나이가 한 사람 빼고는 다들 내 아들 또래인데 인생의 황금기 아닌가. 거저 주는 집에 거저 주는 밥에 위대한 수행만을 하고 있다지만 어딘지 가슴 한 쪽이 아려오는 것은 왜일까? 그렇게 삔우린 파욱센터 수행을 마치고 귀국길에 올랐다.

삔우린에서 탄 하이웨이 고속버스는 10시간을 달려 새벽 6시에 양곤에 도착했다. 나의 영원한 멘토 함월 김용관 님과 감격의 랑데부에 성공했다. 고향에 온 것만큼 눈물어린 상봉을 하고 호텔에 짐을 풀고 24시간 김용관 님과 지낼 일이 설레었다. 아침도 같이 먹고 점심도 같이 먹고 인야 호숫가의 유명한 태국 식당에서 실로 거창한 저녁 만찬을 가졌다. 실컷 얘길 나누고 실컷 정을 나누고 실컷 술을 마시고 이튿날 서로 다른 비행기를 타고 귀국하게 되었다. 마침 나는 혜등 스님과 점심 약속을 하고 김용관 님과 아듀를 고했다. "죄송해서 어떡헌대요!" 여기서 함월 님의 명언이 나왔다. "괜찮습니다. 저는 수행자 아닙니까!" 한동안 무슨 말인지 새겨 봐야 했다. "나도 수행자 아닌가!" 한평생 많은 것을 하며 살았다. 이제 이 나이 들어 마땅히 할 일도 없는데? 꼭 그래서가 아니라 수행을 하면서 남은 인생을 마무리 하는 것은 엄청 중요하면서도 실로 보람되며 다행이며 멋스럽지 않은가. 수행자는 어떻게 살아야가 아니라 수행자는 수행자로 살아야 한다는 것이지…. 수행자로만…. 나는 미얀마에 가서 그걸 알고 돌아와 수행자로만 살아가는 것이었다. 그것이 수행이었다.

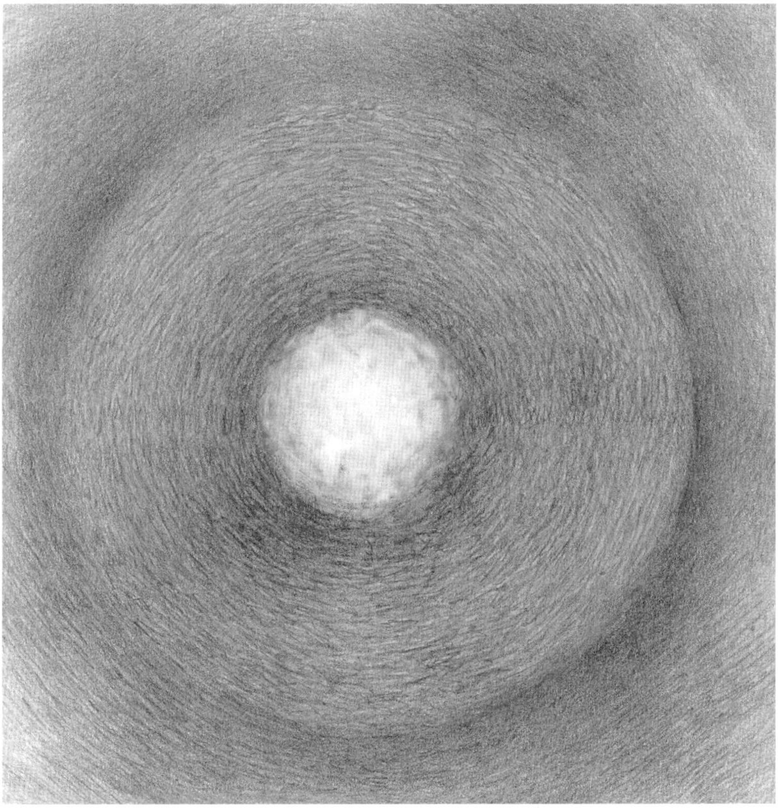

동자승

만학도인 내가 마흔이 지날 즈음, 화공으로 인간문화재가 되신 인도 이인호 선생님께 달마 그림과 단청을 배웠다. 어느 날 선생님은 나에게 당신의「百童子」그림을 보여 주셨다. 100명의 동자승을 그린 것이라며 그려보라 하신다. 난생처음 보는 그림이었다. 아름답기가 신비로울 지경이었다. '나도 언젠가는 저런 그림을 그릴 수 있으려나.' 부러울 뿐이다. 그 후로 항상 동자승에 대한 동경과 호기심을 품고 살면서도 불교 달력이나 동자승 사진을 접해보는 것이 고작이지 막상 그려볼 엄두를 내지는 못했다. 사실 우리나라에 현재 동자승이 있는지도 모를 일이다.

세월이 흘러 나이 칠십에 미얀마에 가서 명상 수행차 쉐우민이란 수행처에 머물렀는데 그 안에 동자승 양성소가 있었다. 새벽 세시 반에 기상하여 모두들 법당으로 가서 새벽 명상을 시작하는데 나는 그 시간에 달리기 운동을 2시간가량 했다. 내가 운동하는 연못가를 지나면 우람한 3층 건물이 있는데 그곳은 5세부터 16세까지의 동자승 백여 명이 살면서 수행과 교육을 겸한 양육을 받는 곳이었다.

새벽 4시가 되면 동자승들은 이미 기상하여 세수하고 승복을 갖춰

입고 빗자루 등 청소도구를 하나씩 들고 삼삼오오 건물을 나와 연못가를 돌아 각자 맡은 청소구역으로 향한다. 잠이 덜 깬 어떤 동자는 졸면서 눈을 감고 걷는가 하면 어떤 동자는 찡그리고 울면서 나오는 동자도 있다. 어쨌든 모두 다 즐겁고 가벼운 표정은 아니었다. 나는 그 시간 연못가를 조깅하면서 마주친 그들에게 가볍게 손을 흔들며 "밍글라바!" 하고 인사를 건네면 그냥 힐긋 쳐다만 보기도 하고 또는 억지로 미소를 주기도 하고 "밍글라바(안녕)!" 하며 인사로 맞는 동자도 있다. 흔드는 내 손에 하이파이브 하듯 쳐주기도 하고 내 손을 살짝 잡아주기도 한다. 그렇게 한 달쯤 지나니 이제는 대부분 얼굴을 알겠고 나는 그들 사이에서 하루 일과 중 맨 처음 만나는 외부 인사 중 한 사람이 되었다. 어느 날 한 동자가 왼팔에 깁스를 하고 나타났다. 나를 보자 깁스 한 팔을 자랑이라도 하듯 내밀어 보인다. 나는 얼른 그 팔을 두 손으로 감싸 잡고 깁스에 입을 맞추었다. 그 동자는 놀라며 신기한 눈빛으로 내 눈을 들여다본다. 아무튼 내게는 매일 아침 운동과 함께 동자승들과의 대화 없는 만남도 중요한 일과가 되었다.

수행처 청소를 끝내고 아침 공양을 마치면 동자승들은 탁발에 나선다. 수행처에 머무는 스님 50여 분과 동자승 50여 명이 모두 탁발에 동참해야 한다. 가장 고참 스님이 맨 앞에 서고 승랍 순으로 열을 짓는다. 스님들 뒤를 동자승들이 일렬로 따르는데 센터를 나와 인근 마을과 시장을 돌아 다시 센터로 돌아오는 데 걸리는 시간은 90분 정도다. 스님들은 길 오른쪽을 걷고 길 왼쪽에는 보시하는 신도들이 선다. 신도들은 어깨띠를 두르고 신발을 벗고 맨발로 다가가서 합장을 하고 준비한 밥이며 반찬 등 음식을 일일이 수저로 떠서 스님들의 발우에 조심스럽게 담아 드린다. 음식을 받는 스님의 행동과 보시하는 중생의 행동이 얼마나 신중하고 거룩하며 근엄하고 정성스러운지 말로 표현이 잘 안 된다. 너무나 경건하여 나는 탁발 광경을 보고 눈물을 참을 수 없었다. 신비롭고 갸륵하단 말은 이럴 때 쓰는 단어가 아닐까? 신도들이 땅바닥에 엎드려 절을 올리는 모습, 그 절을 받는 동자승의 알 수 없는 표정은 너무 거룩해서 그걸 보는 누구라도 눈물을 흘리고 만다. 그중에서도 맨 끝에서 따라가는 다섯 살 난 동자승은 귀엽고도 대견해 보이지만 애잔한 생각도 든다. 발우가 가득 차서 무거워 하면 옆에 따르던 처사가 리어카에 싣고 온 큰 통에 발우를 비워준다. 가장 어리고 귀여운 동자승은 이방인 수행자들에게 인기 제일이다. 수행처에서 지켜야 할 계율 중에는 동자승과 신체적 접촉을 하면 안 된다는 계율이 있단다. 이 계율은 엄격하게 지켜진다는데, 그래서 사람들은 가까이 가서 쳐다만 봐야 한다. 손을 잡아서도 안 되고, 심지어 옷깃을 스쳐도 안 된다. 그런데 나는 깜깜한 새벽 4시에 매일 그들과 함께 하이파이브도 하고 손도 잡고 어깨나 등을 두들기거나 토닥거리기도 했다. 그래도 그 누구도 뿌리치거나 피하는 동자는 없었다.

한 달이 지나 내가 수행처를 떠나는 날 새벽, 그날따라 일찍 나가 연못가에서 그들을 기다렸다. 동자승들과의 이별이 가슴 아팠다. 4시가 되니 동자승들이 우르르 쏟아져 나온다. 나는 그들을 반기며 "안녕 안녕 잘 있어!" 이별을 하고 있었다. 말이 통하지 않으니 영문을 모르는 동자들은 그저 활짝 웃어주며 갈 길을 태연히 간다. 얼마 후 제일 작은 그 꼬마 동자가 나타났다. 얼른 다가가서 그 애를 껴안아 들고 한두 바퀴를 돌았다. 동자는 나의 돌발 행동에 당황한 빛이 역력했으나 "어어-!" 하면서도 반항하지는 않았다. "얘야. 나 오늘 떠나. 건강하게 잘 있어야 해!" 울먹이며 지껄이는 나를 의아한 눈으로 빤히 보고 선 가면서도 자꾸 뒤돌아본다. 나는 한참을 서서 멀어져 가는 동자승을 보고 있었다. 이름도 모르고 연락처도 모르지만 동자승들도 엄마 아빠한테 재롱부리고 사랑받으며 자라야 할 아이들일 텐데 말이다.

동자승! 그들은 나의 훌륭한 스승이요 스님이셨다.

파욱센터

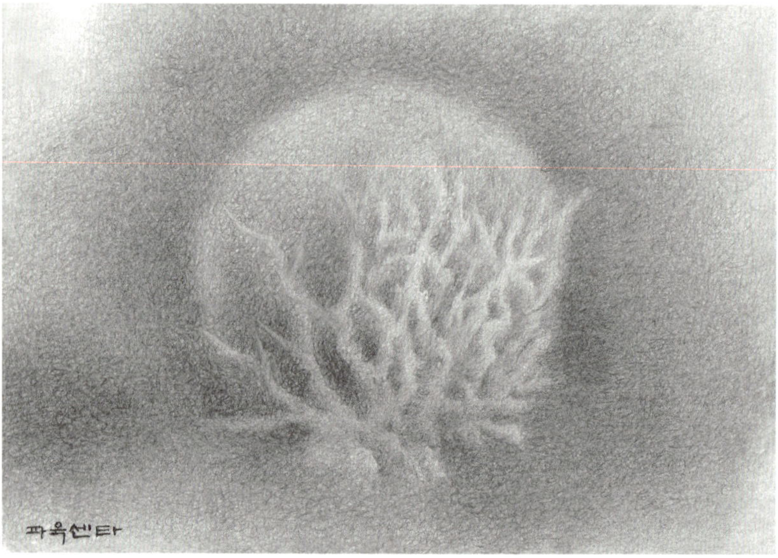

히말라야 산맥의 꽁지가 끝나갈 지점에 잔잔한 산봉우리와 분지가 널려진 곳 만달리아 인근 삔우린에 추앙받는 선각자 '아라한'이 계시다는 파욱센터가 있다. 그곳을 찾아가는 길은 양곤 공항에서 국내선 비행기로 만달레이로 가서 버스나 택시로 삔우린에 가거나 양곤에서

야간 고속버스를 타고서 10시간 정도 달려 이튿날 아침 삔우린에 도착하는 두 가지 방법이 있다.

나는 삔우린에서 다시 택시를 타고 20분 정도 달려서 평화롭고도 한적해 보이는 파욱센터에 도착했다. 별세계에 온 듯 생소하면서도 이웃집 마당에 들어선 듯 평안한 느낌이다. 종무소에서 짧은 영어 몇 마디로 등록 절차를 마치고 어느 큰 건물의 2층에서 주지 스님과 마주 앉았다. 파욱센터 입소 여부가 결정되는 시험대에 오른 셈이다. 다행히도 잘 아는 스님의 주선으로 찾아오게 된 것이니 행정상 문제는 없으나 첫 대면의 인상이나 느낌이 합격 여부를 결정하는 중요한 순간이었다.

나는 짧은 몇 마디 영어와 눈빛 하나로 무사통과가 결정되는 행운을 잡았다. 원래 파욱센터 입소 과정은 인터넷으로 한 달 전에 신청하면 서류상으로 심사하여 그 결과를 개인적으로 통보해 준다. 그런데 통과는 매우 어려운 과정으로 악명이 높다고 했다. 그곳에 머물러 수련중인 수행자들은 95%가 스님들이고 남은 5% 정도가 유발 수행자들이다. 남녀 수행자가 각각 400명 정도이다. 1인 1가옥을 원칙으로 꾸띠를 배정하고 있으니 800여 채의 꾸띠가 있고 남녀 각각의 법당과 식당 등의 공공시설이 있다. 미얀마가 가난한 나라인데 수행센터가 이렇게 거대하고 웅장한 규모라면 내가 알지 못하는 뭔가가 분명 있을 것이라는 생각이 든다. 인간의 근원적이고 궁극적인 뭔가가 여기 있다는 예감을 하면서 흥분되고 상기된다.

나는 꾸띠 배정을 받아 열쇠를 받고 여권과 몇 가지 행정 서류를 제출하고 파욱센터의 요기(수행자)가 되었다. 나에게 배정된 꾸띠 앞에 섰다. 닫힌 방문이 나를 보고 얼라며 비소하는 듯 보였다. 열쇠를 돌려 바쁜 듯 방문을 열어젖혔다. 다섯 평 남짓 네모반듯한 방은 상쾌한 인상을 주었다. 1인용 목침대엔 매트리스와 시트가 잘 정돈되어 있고 1인용 탁자에 의자 하나가 마주하고 있다. 맞은편 문을 열면 세 평 남짓한 샤워실 겸 화장실이 있다. 순간온수기가 부착된 샤워기가 꼽혀 있고 반대편에 수세식 변기가 앉아 있다. 그만하면 수행생활엔 더없는 호사가 아닐 수 없을 것이었다. 가방과 배낭을 침대 밑에 밀어 넣고 팔걸이가 있는 의자에 넌지시 앉고 보니 이 꾸띠의 주인이 된 실감이 난다. 점심 공양 시간이 11시란 당부가 생각나서 서두른다.

미얀마의 모든 사찰이나 수행처에서의 공양은 새벽 5시에 아침 공양을, 오전 11시에 점심 공양을 하고 나면 다음날 아침 공양까지 먹지 않는다. 오후 불식의 계율을 지키는 것이다. 서둘러 평상복을 갈아입고 공양간으로 향했다. 공양간이 가까워졌을 때 공양을 알리는 목종 소리가 울렸다. 300명도 더 넘는 스님들이 발우를 안아 들고 일렬로 줄을 서 있는 장관이 펼쳐져 있었다. 잡담 한 마디, 표정 하나, 몸짓 하나 흐트러짐 없이 고정되어 자못 엄숙한 분위기로 마치 군인들이 부동자세를 하고 있는 듯 했다. 미얀마 스님들과 세계 각국에서 모인 스님들이 앞에 서고 스님계를 아직 못 받은 사미승들이 서고 이어서 한국 스님들이 서고 그 뒤에 재가 불자나 일반 수행자들이 선다. 나는 당당히 그 자리에 섰다. 묵묵히, 고요하게 숨소리도 조심하며 뷔페 식단을 향해 흐르듯 서 있다. 식단 앞에 다다른 10분 남짓 한 시간은 그냥 10분일 수 있으나 어쩌면 몇 시간만큼 긴 시간인 것도 같았다. 내가 살아온 것이 이랬을까. 혹여 장차 살아갈 세월이 이럴까? 그 끝에 맛있는 진수성찬이 있듯이 내 인생도 그러려니…. 그 진수성찬이 미안하지 않도록 방일하지 않는 수행을 다짐해 본다.

식단을 바라보니 화려하기 그지없다. 밥 종류만도 흰 밥, 잡곡 밥, 볶은 밥 등이 있고 국도 서너 가지, 찌개도 서너 가지, 반찬은 10여 가지, 과일도 서너 가지에 과자나 떡들이 색색이 종류별로 나열되어 있다. 특히 나이 든 수행자들을 위해 서너 가지 죽이 별도로 놓여 있고 간식을 위한 빵과 사탕 그리고 차나 꽃송이까지 차려져 있다. 하루 두 번 항상 그렇다. 행복하다 못해 너무 과분하여 황송할 지경이다. 왜 이럴까? 궁금하고 의아하다. 두고두고 생각해 보기로 한다. 대부분의 스님들은 차려진 모든 음식들을 다 챙기지 않는다. 각자 다르긴 하지만 40여 가지 메뉴 중 보통 다섯 가지 정도의 음식만을 취한다. 몇몇 스님은 발우에 음식을 가득 담아 거의 30분 이상을 먹는 일에 정신을 놓아버리기도 한다. 하지만 나는 여느 스님처럼 네댓 가지의 적당량을 취했다. 아마도 수행 중인 스님이 먹는 일에 아쉬움을 느끼지 않고 수행에만 정진하기를 바라는 마음에 그러한 성찬을 준비한 것이라는 생각이 들었다.

공양을 마치고 꾸띠로 돌아오면서 생각했다. 적게 먹겠다고 다짐했으나 지금 보니 배가 너무 부르다. 먹는 걸 조절 못하니 수행의 길이 멀고도 멀어 보인다. 포트에 물을 끓여 녹차를 몇 잔 하고 잠시 눈을 감았다. 한국을 떠나 이틀이 지난 이 순간 긴장이 풀려 피곤이 밀려온다. 한국은 겨울일 텐데, 이곳 미얀마의 늦여름 날씨의 곤한 나른함이 나를 덮는다. "법당에 가야 되는데…." 깜빡 잠에서 깨었다. 서둘러 방을 나와 첫 좌선을 위해 법당으로 향한다. 뙤약볕을 피하기 위해 우산을 겸한 양산을 챙겨 쓰고 10분 거리의 법당에 섰을 때는 여러 스님들이 들어서고 있었다. 나는 법당 앞 화장실에 들러 손발과 입안을 정결히 하고 자못 경건한 마음으로 긴장하여 단마홀에 들어선다. 이미 법당 가득 개인용 모기장이 큰 장독대 마냥 줄지어 앉아 있다. 수백 명의 수행자들이 앉아 있지만 아무도 없는 듯 고요하다. 맨 앞 정면에 앉아 계신 옥 부처님을 향해 삼배를 올리고 앉으니 평안한 안정감이 나를 휩싸 안는다. 그렇게 한 시간을 있었으나 내 마음은 무한한 어떤 미지의 세계를 바라보는 듯한 몽환과 망상 속에 서성거리다 만 듯했다.

나는 조용히 일어나 밖으로 나왔다. 4시에 사야도 인터뷰가 예약되었기에 사야도가 계신다는 비교적 크나큰 단층 양옥집에 다다르니 통역을 하신다는 비구니 스님 한 분이 나를 안내한다. 계단을 올라 긴 복도를 지나는데 복도 양쪽으로 스님들이 줄지어 앉아 있다. 모두가 사야도와의 1:1 인터뷰를 위해 대기 중이란다. 나는 복도 맨 안쪽 큰 방 앞에 인도되어 잠깐 기다리다 방안에 계시는 사야도와 마주하게 되었다. 사야도는 세계에서 세 분 밖에 안 계신다는 아라한으로 불리시는 분이라고 했다. 얼마 전 건강이 매우 악화되어 토굴에 오랫동안 누워만 계셨으나 다행히 요즘 건강이 한껏 호전되어 만류에도 불구하고 교당에 나오셔서 의원 스님들의 간호를 받으며 수행 스님들의 인터뷰를 강행하고 계신다 한다. 이 또한 내게는 행운이 아닐 수 없었다. 반쯤 누운 자세로 세 분의 의원 스님이 양 어깨와 양 다리를 주무르고 계신 가운데 두툼한 모포를 온몸과 머리까지 흠뻑 두르셨다. 두 눈망울만 모포 속에서 반짝이는 듯하고 얼굴은 검고 부어 있는 듯 보였다. 통역 스님은 내가 한국인이라는 것과 니밋따를 본다고 소개하는 것 같았다. 사야도는 예리한 눈빛으로 나를 잠깐 내려보는 것 같았으며 약간은 적극적인 자세로 두 손을 들어 액션을 취하며 여러 말씀을 하신다. 가르침을 상세하게는 이해할 수 없었지만 「인중에 집중」하여 호흡명상만 하라는 것이 가르침의 요지였다. 사두·사두·사두 삼배를 드리고 물러 나와 이어서 통역 스님을 따라 티쳐 사야도를 배알하게 되었다.

이백 평이 넘는 이층 강당에 이삼십 명의 스님들이 줄지어 앉아 있고 맨 앞 자그마한 탁자 앞 의자에 다소곳이 앉아 계시는 티쳐 스님은 작은 인형처럼 앙증맞아 보이는 스님이셨다. 상담자를 마주 보는 그 눈빛이 그렇게 다정하고 인자해 보이며 상담자 얘기를 들어주는 그 표정이 얼마나 진지하고 다감해 보이는지 눈물이 날 지경이었다. 나는 마치 명화를 보는 듯 천사를 만난 듯 잠시 황홀경에 빠졌다. 한참을 기다려 나의 인터뷰 순서가 되었는데 사야도 말씀과 동일하게 인중에 집중하는 호흡명상을 지시하며 인터뷰를 마쳤다. 저렇게 거룩해 보이는 분에게 지도를 받는 자체가 하늘이 준 행운이란 생각이 들었다. 나에 대한 통역 스님의 얘기를 들어주는 그 진중한 모습하며 나를 바라보는 그 인자한 표정과 시건은 그 자체만으로도 감격스러울 뿐이었다. 파욱센터는 그런 곳이었다.

다시 법당을 향해 가는 중에 작은 저수지를 지나 산 쪽으로 뚫린 오솔길을 가보았다. 여기저기 땅을 고르거나 작대기 나무들을 엮어 비막이를 해놓고 앉아 있는 수행자들을 발견할 수 있었다. 법당이 여의치 않아 자연 속에 홀로 있고 싶어 임시방편으로 지은 개인 수행처 들이었다. 수행자들의 눈물겨운 노력에 감탄하지 않을 수 없었다. '아! 배울 것이 너무도 많구나. 그러니 내 걸음이 이미 헛되지 않은 것이다.' 그렇게 생각하며 뭔가를 배우게 될 것이란 걸 예감하면서 할 수 있다는 다짐을 더 해본다.

내 꾸띠에서 첫날밤을 보냈다. 참으로 편하고 곤한 잠을 잤다. 새벽 3시 반에 기상하여 법당으로 향했다. 새벽 예불이 시작되고 있었다. 「빨리어」로 된 불경을 합장으로 30분간 외는 것만으로 예불을 마친다. 그대로 입정하여 아침 공양 시까지 오전 명상이 진행되지만 나는 새벽 여명이 오면 조용히 법당을 나와 한 시간가량 아침 조깅을 했다. 젊다면 모르나 노인이 된 형편엔 매일 필요한 운동이 먹는 것만큼 중요하다는 생각이었다. 뒷산 급경사를 뛰어 올라 정상에 서니 10m×3m 크기의 흰 옥돌이 누워 있고 그 옥돌을 네댓 명의 조각가들이 입상부처를 새기는 중이었다. 내 생전 그렇게 큰 옥돌은 처음 보는 것이어서 신기할 뿐이었다. 족히 1~2년 이상이 걸릴 것 같은 대 공사장의 부처에게도 아침 경배를 드리며 나의 아침 수행은 진행되고 있었다. 내 인생의 마지막 장과 나의 내생을 여는 곳! 바로 미얀마 파욱센터이다.

사마타와 위빠사나

인간은 늘 긍정적 상태를 원하며 행복한 마음을 갖고자 하지만 괴로울 때는 행복을 느끼지 못하고 행복할 때는 부정한 마음이 생기지 않는다. 나를 행복하게 해 주거나 괴롭히는 것은 무엇인가. 그것은 내 안에 있는 나 자신이라고 선생님들은 가르친다. 모든 문제는 나 자신에 연계하고 나 자신이란 몸과 마음에서 일어난다는 것을 알아야 한다. 따라서 문제는 나의 몸과 마음에서 해결해야 한다는 것이다. 소인은 상대를 탓하고 대인은 자신을 탓하고 군자는 아무도 탓하지 않는다고 하지 않는가. 내 몸과 마음을 놔두고 다른 사람의 몸과 마음을 논하는 것은 맞지 않는다. 언제든 내가 우선해야 할 일은 지금 나라고 하는 몸과 마음을 안정시키고 그 마음과 몸을 느낌으로 인식하는 것이다.

사는 동안 끊임없이 생하는 문제를 해결하는 방법으로 부처님께서 두 가지를 설하셨다. 한 가지는 나를 잊는 것이고 다른 하나는 나를 확실히 아는 것이다. 무엇엔가 몰두해 있을 때 근심과 괴로움을 잊고 마음의 평안을 갖게 되지 않던가. 근심·초조·불안·성냄·탐욕·무기력·후회·질투 등이 일어날 때 관심을 다른 곳으로 쏟거나 집중이나 몰입의 힘으로 그것을 눌러 놓고 〈나〉를 잠시 잊을 수 있다면 이것이 나를 잊는 수행 방법인데 이것이 바로 선정을 목표로 하는 사마타이다. 그러나 이 방법으로는 지혜가 생겨나지 않아 갈애·우매함·성냄·탐욕을 다스리지는 못한다고 한다. 또 다른 한 가지 방법은 위빠사나인데 이를 설명하기 전에 〈나〉란 개념을 파악해야 한다. 〈나〉라는 것은 몸이라고 하는 물질과 마음이라는 느낌·지각·의도·의식을 말한다. 이러한 몸과 마음을 모든 대상을 인식하고 괴로움이나 희로애락을 느끼는데 이것을 분명히 알아차리는 방법이 위빠사나이다. 다시 말하면 힘들거나 고통, 장애와 고난, 편견과 무지 등의 상황을 피하거나 묵과하지 않고 맞부딪쳐서 그대로 보고 그대로 인식하여 알아차리는 방법을 빨리어로 「위빠사나」 수행이라 하는 것이다.

한 번에 두 가지 수행 방법을 동시에 할 수는 없는 것이다. 먼저 사마타 수행을 말하자면 마음이 어느 한 대상에 반복해서 가면 자연적으로 마음이 다른 대상으로 가는 경향이 생긴다. 명상은 어느 한 대상에 마음을 모으는 것이다. 예를 들면, 들숨과 날숨을 지켜보다가 딴 생각이 나면 그 생각을 중단하고 들숨과 날숨으로 얼른 돌아온다. 다리가 저리거나 다른 소음 때문에 의식이나 감각으로 마음이 가면 얼른 내려놓고 들숨 날숨으로 다시 돌아온다. 이런 훈련을 계속하면 마음을 하나로 모을 수 있다. 마음이 완전히 하나로 모은 상태가 선정이다. 선정 상태가 되면 몇 가지 좋은 현상을 맞게 된다. 우선, 괴로움이 없는 행복한 마음이 생긴다. 그래서 선정은 괴로움이 없는 열반으로까지 비유되기도 한다. 그 외에도 선정에 들면 미래에 유익한 씨앗이 심어진다고 하며 지혜의 눈이 생기는 것이다. 이러한 선정은 몰입하는 삼매의 한 형태이다. 선정을 닦는 것이 사마타이고 그 사마타를 통해 지혜의 눈을 얻어 그 눈으로 궁극의 실재를 보고 그 궁극을 아는 위빠사나를 한다. 그래서 사마타를 위빠사나의 토대라고 한다.

선정을 위한 호흡에 집중하는 4단계가 있는데 그 처음이 숨이 길면 긴 대로 아는 것이요 둘째로 숨이 짧으면 짧은 대로 아는 것이요 세 번째 단계가 호흡을 하나도 놓치지 않는 상태를 안정적으로 유지하면 자연스럽게 네 번째 단계인 미세한 호흡을 느끼게 되는 것인데 그 미세한 호흡을 하다 보면 빛이 생기는 것을 보게 된다. 이때 호흡이 빛으로 바뀌는 것이라고 보는 것이다. 숨과 빛이 하나가 되는 것이다. 이때의 빛을 「니밋따」라 하고 진정한 니밋따라면 이때부터는 그 빛이 명상 대상이 된다. 집중한다는 것은 마음을 쓰는 것이다. 마음을 쓸 때 생기는 물질이 있는데 그 물질이 밝은 빛이 된다. 호흡이 빛으로 바뀐 니밋따에 집중하면 계속 빛이 밝아지고 강렬해진다. 그런데 명상을 한 지 얼마 되지 않아 집중으로 인한 빛이 생기는데 그런 빛은 명상 대상이 아니다. 그때는 아직 호흡만이 명상 대상이다. 이것의 구별은 참으로 중요하다.

호흡을 보는 것이든 니밋따를 보는 것이든 선정 수행에서 중요한 두 가지 조건이 있다. 첫째는 번뇌가 없어야 한다는 것이다. 앉아 있는 동안도 그렇지만 평소에도 번뇌가 없도록 노력해야 한다. 5가지 장애 즉, 감각적 욕망·악의·해태와 혼침·들뜸과 후회·의심이 없어야 한다. 둘째는 명상 대상인 니밋따에 집중하는 것이다. 다시 말해 번뇌가 없는 상태에서 집중을 계속하면 선정에 드는 것이다. 호흡이나 니밋따에 집중하다 보면 몸이 그대로 고정되고 정신은 니밋따에 고정된 시간이 60분 이상을 유지한다면 그것이 선정 상태란 걸 느끼게 된다. 바로 그때 초선정 5요소 즉, 일으킨 생각·지속적인 고찰·희열·행복감·집중이 뚜렷해진다. 일으킨 생각은 명상의 대상에 향한 것이고 지속적 고찰이란 대상에 계속 가는 것이고 희열은 기쁨이 생기는 것이며 행복은 안정된 행복감을 느끼며 집중은 오로지 한 대상 그 니밋따에 가 있는 것이다. 선정 요소 점검은 선정에서 나와 意門(바왕가)에서 하는데 초선정 5요소가 분명히 있거나 니밋따를 한 시간 이상 지속한다면 초선정에 들었던 것으로 본다.

선정이 확실하면 5가지 자재를 할 수 있어야 한다. 선정에 들 수 있을 때 들 수 있어야 하고 선정에 머물고 싶을 때 머물 수 있어야 하고 선정에서 나오고 싶을 때 나올 수 있고 바왕가를 체크할 수 있어야 하고 선정 5요소를 점검하는데 자유자재한 능력을 갖추어야 하는 것이다. 이 능력을 가졌다면 비로소 안정적 선정에 들었다 할 것이다. 선정은 정도에 따라 초선정에서 사선정까지가 있는데 5자재를 각 선정마다 훈련해서 어려움 없이 선정에 들고 날 수 있어야 하고 초선정에서 이선정이 되면 희열이 없어지고 평온함과 행복감이 남게 되고 삼선정에 들면 평온함과 지혜가 생기며 좋지도 나쁘지도 않은 상태가 되며 사선정에 들면 호흡이 사라진다고 하나 의식하지 못하는 것일 수도 있고 평온만의 상태가 된다. 여기까지가 색계 사선정 수행이라 하는 것이다.

그다음으로 무색계 사선정에 돌입하게 되는데 열 가지의 까시나를 니밋따 원형 공간 가득히 색상으로 물들여 확대 후 허공을 빼 버리면 색으로만 가득한 마음의 공간이 되며 무색계 사선정에 들어갈 수 있다. 그 첫 단계가 공무변처로서 허공을 제외한 아홉 개의 까시나 중 하나를 먼저 닦는다. 까시나를 통해 초선정부터 시작해서 사선정까지 든다. 사선정에서 나와 선정 요소를 확인하고 난 뒤 숙고하기를, 물질은 생로병사가 있어 온갖 고통을 피할 수 없다. 그러므로 물질이 없는 공무변처에 머물겠다, 라고 숙고한 후 허공에 집중하면 까시나가 생기면서 허공이 점점 커지고 빛도 차츰 사라지고 나중에는 까시나도 사라지고 허공으로 가득 찬다. 이것이 공무변처인데 색계 사선정 보다 더 고요하고 평온하다. 공무변처가 숙달되면 거기서 나와 식무변처로 들어가는데 여기서 마음을 빼 버리고 다음 무소유처에서 고요하고 수승한 가운데 집중의 대상이 있는 것에서 없는 것으로 바뀌고 없는 것에 마음을 두면 있어서 힘듦이 없어진다. 이것에 대한 5재를 훈련한 후 비상 비비상처로 넘어가서 정신 작용이 뚜렷하지 않은 상태로서 수상식촉이 있는 것도 아니고 없는 것도 아닌 상태이다. 앞의 3가지 단계처럼 5자재 훈련을 닦으면 무색계 4선정의 과정이 된 것이다.

다음으로는 사마타에서 닦게 되는 신족통 즉, 5신통이 있다. 신성한 귀의 요소를 아는 지혜(신이통)와 남의 마음을 아는 지혜(타심통), 전생을 기억하는 지혜(숙명통), 죽음 환생을 아는 지혜(천안통), 모든 때를 없애는 지혜(누진통) 등이 있다.

위빠사나의 궁극적 목적은 삶에서 무명·탐욕·성냄·불만·근심·걱정·집착·갈망으로 인한 고통과 괴롬을 일으키고 마음을 더럽히는 생각과 번뇌를 완전히 소멸하는 닙바나이다. 알아차림(사띠)으로 현상을 관찰하면 번뇌는 다시 일어나지 않는다. 따라서 이를 통해 현재 순간 일어나는 삶의 궁극적 실재를 깨닫게 하는 통찰 지혜를 계발시켜 변함 없는 행복(닙바나)을 얻고자 하는 것이 궁극적 목적이다. 위빠사나 수행은 100% 집중이 아닌 순간 집중과 팔정도에서 일곱 번째 삼마사띠 즉, 올바를 알아차림으로 행해진다. 그리하여 쓸데없는 걱정, 안 해도 될 근심, 미리 걱정하는 일 등에서 벗어날 수 있다.

부처님의 가르침을 편의상 팔만 사천 법문이라 한다. 평생을 봐도 다 보기 어렵다면 간략하게 팔정도만 알면 되지만 그것도 힘들다면 계·정·혜만 알면 된다. 이 계정혜를 드러나게 해 주는 것이 바로 사띠(알아차림)이다. 알아차림이 없으면 계정혜가 드러나지 못하고 그러므로 계정혜를 풀어 놓은 것이 팔정도이다. 팔정도는 가장 큰 힘이 될 것이다. 그 바른 힘으로서 신통력이 아니라 올바른 힘을 성취할 수 있으며 이는 누구의 힘도 빌리지 않고 홀로 떳떳이 가야 할 길이다. 자신이 가지고 있는 이성과 신심, 바르게 살고자 하는 노력과 바른 생각으로 바른 알아차림을 지녔을 때 부처님께서 걸으셨던 그 길을 똑같이 걷게 될 것이다. 사두 사두 사두.

이제 나를 보다

누구나 그렇다더라. "너를 만난 적 있냐?"고 물으면 없다고 하는 사람은 없더라. 그러나 정말 자신을 만난 사람은 누굴까? 오래 살아본 사람일수록 만나기가 더 어렵다는 데, 나도 이제 나이가 많다. 어렵더라도 어떻게 해서라도 꼭 한번 만나보고 싶다. 이 세상 나와서 70년 넘게 살면서 수많은 인연을 만나고 헤어졌으나 정녕 나를 만나지는 못했다. 네 이름이 무었이더냐? 멋진 이름이 많기도 하다만 정녕 너를 불러본 적은 없구나. 누군가 그러더라. 너를 만나려면 명상을 하라고 쉽게 말하더라만 그래서 명상이란 걸 수도 없이 신물 나게 해봤다. 그래, 명상이 되었던가? 명상을 왜 하는지도 모르고 어떻게 하는지도 모르면서 평생을 해왔다. 그러니 명상이 무슨 명상이었겠는가! 모를 일이다. 명상은 했으나 명상을 모른다. 그런 줄을 알았다면 이제라도 다행이고 이제라도 제대로 해봐야 할 일이다.

'호흡명상, 철야명상, 산중명상, 좌선, 와선, 포행, 집중명상, 유도명상' 등등 수도 없이 책도 보고 선생님도 만나고 스님도 만나고 몰려다니고 좇아다니고 찾아다니고… 그랬다. 그러나 이제부터라도 그저 막연히 늙을 놀이가 아니고 인간으로 태어났으니 인간만이 할 수 있는 명상수행으로 내 인생의 궁극의 공부를 해야 한다는 것은 당연하고도 필수적인 것이며 궁극의 목적이고 목표일 것이며 나를 만나야만 이루어지는 공부일 것이다. 홀로 있음을 즐거움으로 여기면 될 것만 같은 그 공부를 결심해 본다. 그러기 위해 먼저 해결해야 할 문제가 바로 나를 교육하고 다스리고 관리해야 한다. 나와의 만남은 쓸쓸할 것 같으면서도 멋쩍지만 고요한 머묾의 행복을 느껴보고 즐기고 싶다. 괜히 사치스런 말로 외로움을 느끼고 싶어 혼자 있다는 등의 말장난 말고 명상을 통한 고요와 머묾과 자유를 만끽하는 나를 우선 만들고 싶다. 그러면 그다음을 보게 될 것 같다. 그래서 나를 둘러보게 된다. 너는 얼마나 독특한 인생을, 얼마만큼 힘겨운 인생을, 얼마나 화려한 시절을, 얼마나 철저한 인생을, 치열하게 살았는가. 악랄한 조직의 부속품 같은 생활로 기계처럼 청춘을 살고 그래도 부족해서 그림도 그리고 노래도 부르고 춤도 추고 북을 쳐서 떵떵거려 보기도 했지만 가진 것도 없고 명예도 없이 고독하고 초라하게 그저 그렇게 멋없는 인생을 보내 버렸네.

참새가 죽어도 짹 한다는데 나는 그만한 소리라도 낼 수 있을까. 다들 한다는 진정한 사랑 하나도 주지도 받지도 못한 삭막한 세월을 살았다. 그도 인생이라 마무리해야 할 즈음에 들어 아쉬움이 있다. 바삐도 살았다. 헤매고 헤매다 허덕이며 단 한 번의 평안한 쉼을 가져보지 못하고 남은 시간을 어찌할지 궁리해 보건만 빈 껍데기만 남은 지금 생각해 보면 나 자신이 그럴듯한 실력을 인정받았고 스스로도 인정되지 않는가. 그러니 그만 편하게 내려놓고 그만 욕심내라고 스스로 위안 하는 것도 지금 내가 해야 할 일 아닐까?

늙었다고 게으르지 말고 핑계 대지 말고 그렇다고 설치거나 오버하지 말고 고요한 자유를 즐겨 보자꾸나. 자연이랑 조용히 머물며 지내

자꾸나. 그러면 그것이 수행자의 시작 아니겠는가. 그러던 그날. 언뜻 그렇게. 문득 나를 만나보니 내가 왜 이렇게 고맙고 대견한지…, 나는 왜 이리도 자랑스러운지 내가 왜 이리도 훌륭한지…, 나는 왜 이리도 흡족한지…, 그래 그렇다. 나는 그렇게 수행자의 길을 죽는 순간까지 가는 것만이 이 인생 임무와 권한과 행복을 다하는 것일 테니까….

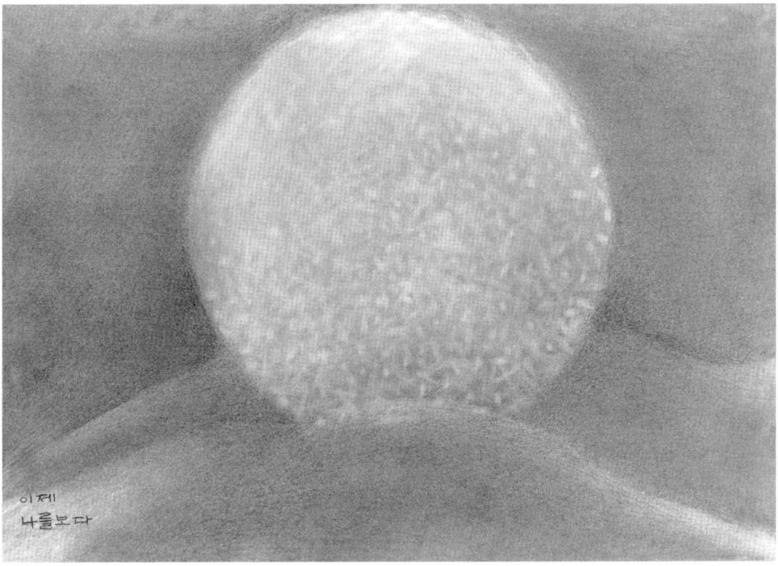

삶이 곧 수행

잠에서 깨었다. “얼른 일어나 세수하고 좌선해야지.” 마음먹고 일어나서 이불 개고 세면장에 가서 양치질도 하고 변기에도 앉았다가 세수하고 옷을 갈아입고 단정히 하여 앉아야 좌선이 된다면 그것은 아니다. 수행은 몸과 마음을 대상으로 알아차림을 두는 것이다. 좌선이나 경행만이 수행이라 생각하면 시간과 장소를 탓하게 된다. 현재의 몸, 마음이 무엇을 하는지…, 어떤 상태인지를 아는 것이 수행이기 때문이다. 잠에서 깨는 순간 내 몸이 잠에서 깨는 것을 알아차리는 것이 수행인 것이다. 그래서 잠에서 깬 순간 게으름이 일어나려는 미세한 욕망을 알아차리는 것부터 수행은 이미 시작된 것이다.

목욕이나 화장실 경우도 진정한 행복이라는 잘못된 견해를 갖는다. 화장실을 고통 대피실(해우소)로 부르는 대신 Rest Room(휴식실)이라는 관습에서 알 수 있듯이 육체적 불편함과 고통을 제거하고 이를 예방하기 위한 것임을 알아차려야 한다. 물이 차갑거나 뜨거운 느낌을 갖는다. 이때 차거나 뜨거운 것은 물질이고 그걸 느끼는 것은 마음이라는 궁극적 실재를 항상 알아차려 깨달아야 한다. 이런 지혜는 결국 인생의 행복을 줄 것이다.

하루에 세 번씩이나 하는 식사도 그렇다. 허기를 달래고 삶을 유지하고 더 나은 인생을 가꾸는 기회를 제공하는 것임을 이해해야 한다. 탐심에 빠져 먹기 위해 사는 인생을 경계해야 한다. 적당히 먹었다고 느낄 때 과식하지 않도록 알아차림을 두어서 식탐을 통제할 수 있다면 그 어떤 불만이나 고통도 피할 수 있을 것이다. 다 먹은 후에도 먹는 동안 알아차림을 하였는지, 과식하지 않았는지 점검해야 할 일이다.

내 몸에 두통이나 복통 등의 통증이 있어도 '내가 고통스럽다' 가 아니라 '마음이 고통스럽다' 라는 식으로 불쾌함을 알아차려야 한다. '내가 고통스럽다' 라고 한다면 통증은 더욱 악화된다. 식사 후 차를 마실 때에도 개운함을 느끼면 '내가 개운하다' 가 아니라 '마음이 개운하다' 는 식으로 알아차려야 한다. '내가 개운하다' 라고 받아들이면 그 개운함에 집착하게 된다.

내 귀에 들리는 모든 소리 중에 듣기 좋은 소리에는 맹목적으로 집착하거나 듣기 싫은 소리에는 적대적으로 반응하기 마련이다. 그것은 소리뿐 아니라 대화를 나눌 때도 마찬가지다. 듣기 좋은 말에는 욕심이나 집착이 생겨 불건전한 것을 찾아내지 못하거나 마음 챙김을 놓칠 수 있으므로 함정에 빠지지 않도록 불선함을 스스로 방어해야 한다. 듣기 싫은 소리에도 불만과 성냄을 갖게 되는데 이런 상태가 되면 어쩔 수 없이 알아차림을 놓칠 수 있다. 알아차림에 마음을 집중하여 불선의 힘을 약화시켜 극복해야 한다. 비난의 대화를 받더라도 정말 나쁜 의도였다면 불선을 쌓는 것이 유감이지만 그를 향해 자애를 보내야 한다.

갖가지 몸놀림도 살펴보면, 〈내가〉 서고 걷고 앉고 눕는 것이 아니라 〈물질〉이 서고 걷고 앉고 눕는 것이라고 알아차림을 해야 한다. 그래야 비로소 그대로의 실재에 대한 나의 앎이 향상되고 마침내 고(苦)의 근본 원인이 되는 잘못된 견해와 맹목적 집착을 없앨 수 있다. 자세를 바꿀 때 의도에 따라 보통 무의식적이고 자동적으로 바꾼다. 그러나 이는 불선업의 한 형태(탐심)이다. 사실 우리는 어떤 자세도 통증이나 괴로움 때문에 처음 자세를 계속 유지할 수 없다. 만일 억지로 그렇게 한다면 알아차림이 없어 건강에 문제가 생기거나 생명이 단축될 것이다. 그러므로 불선한 바람 대신에 자세를 바꾸는 진정한 목적이 통증의 제거에 있다는 깨달음을 가지고 다른 자세로 바꿀 때 되도록 많이 알아차림을 갖도록 노력해야 한다.

말의 행위는 기본적으로 마음에서 비롯된다. 말을 하게 하는 마음은 불선할 때나 선할 때이다. 올바른 말하기(선할 때)는 5가지 요소를 갖춘 것이어야 한다. 거짓 아닌 진실한 말, 거칠지 않는 점잖은 말, 쓸데없지 않고 쓸모 있는 말, 적대적이지 않는 자애로운 말, 부적절치 않는 합당한 말이어야만 한다. 말하기 전에는 쓸모 있는 말인지 알아차려야 하고 말하는 중에는 자신의 표현이 선한 마음에서 나오고 있는지, 불선한 마음에서 나오는지 알아차린다면 매번 알아차림이 될 때마다 불선의 강도가 약화되거나 사라질 것이다.

생각만으로 문제 해결은 안 되고 많은 생각은 게으름과 나태, 혼침과 졸음을 이끌고 생각으로 현실을 보기에 양 극단으로 느낌이 치닫게 되며 현실감을 무디게 한다. 그렇다고 생각을 말라는 것이 아니라 생각은 생각으로 알아야 한다는 것이다. 그래야 생각에 속거나 빠지지 않게 된다. 어떤 것이건 그대로 알고자 해야 한다. 또한 선한 생각을 할 때는 그 생각이 건전하다는 것을 알아차리고 깨닫게 되면 선업의 힘이 강화되어 인생에서 높은 수준의 행복을 성취할 수 있다. 반면, 불선한 생각이 일어날 때는 싫어하는 생각의 대상이 아닌 불만을 동반하는 생각만을 알아차려야 한다. 그래야 부정적 생각의 원인을 제거할 수 있으며 불만이나 성냄을 덜거나 없앨 수 있다.

잠자리에 들 때도 잠이란 육체적 불편과 고통을 해결해 주는 수단임을 알아차리고 깨달아야 한다. 더불어 알아차림과 지혜를 갖고서 너무 많이 자거나 잠에 골아 떨어지려는 불선한 탐심이 생기는 것을 막아야 한다. 그 욕망을 그냥 두면 잠에 만족하지 못하고 수면 장애나 불면증으로 뜬 눈의 긴 밤을 지새운다. 욕망의 부작용과 잠의 진정한 목적을 알아차린다면 그들의 불선한 욕망을 극복할 수 있게 되어 수이 깊은 잠에 들 것이다.

명예를 잃거나 재산을 잃거나 걱정과 근심, 사랑하는 사람을 잃거나 헤어지는 것은 인과법칙에 따라 자연적으로 일어난다는 사실을 깨달아야 한다. 일을 당해 괴로워하는 것은 그것들이 항상 있을 것이라는 집착에서 비롯된 것이다. 그런 슬픔에 대처하는 방법은 "내가 슬프다"가 아니라 "마음이 슬프다"라고 부정적 마음 상태를 바르게 알아차려 깨닫는 것이다. 그 슬픔을 자기 자신과 연관을 갖게 해서는 안 된다. 슬픔은 궁극적 실재이고 그것을 깨닫는 것은 마침내 영원한 행복인 닙바나를 성취하게끔 인도한다는 사실을 명심해야 한다. 이런 마음 상태를 되도록 자주 정기적으로 알아차리면 불선의 강도는 점차 약해지고 결국은 사라져 버린다.

자신의 의도가 타인의 심한 방해를 받아 큰 좌절이나 성냄이 일어나는 경우 효율적인 대처 방법은 이런 유해한 정신적 상태를 '내가 매우 좌절하고 내가 성을 낸다' 가 아니라 '마음이 매우 좌절하여 성내는 마음이 일어난다' 라고 알아차려 깨닫는 것이다. 이런 방법으로 이성과 진리에 입각하여 이런 문제점들에 효율적으로 대처하는 지혜를 얻게 된다. 남들이 어떻게 되기를 바라지 말고 상대를 위해 좋은 말을 해주어도 그 말대로 따라 주기를 바라지 마라. 따라 준다면 자만이 생기고 따라주지 않으면 못마땅하여 성냄이 일어난다. 어떠한 현상이건 일어나도록 하지 말고 사라지도록 하지 마라. 일어나는 대로 사라지는 대로 놓치지 말고 움켜쥐지 말고 단지 있는 그대로 정확하게 알기만 하자. 일어나도록 원하면 탐심이고 사라지도록 바라면 성냄이고 일어나고 사라짐을 모르면 어리석음이다.

지금 어떤 마음으로 수행하고 있는지 잘 살펴보라. 바라는 마음도 없고 조급한 마음도 없고 걱정도 없고 평온한 마음으로 단지 현재의 현상에 마음만 있도록 해야 한다. 용맹스러운 마음으로 방일하지 말고 수행하라. 명상의 일부 방법만 활용한다 하더라도 지혜의 등불은 얻을 수 있다. 그 지혜는 사라지지 않고 인생에 견고히 자리하며 그 이익은 금생에서 끝나지 않고 래생에도 적용된다. 또한 고통을 종식시키고 윤회의 굴레를 벗어나게 하여 닙바나를 얻게 된다. 1그램의 수행 실천이 10톤의 수행 지식보다 가치가 있다. 왜냐하면, 수행 지식을 효과적으로 수행에 쏟아부을 때만 가장 고귀한 수준의 미묘하고 건전한 행복을 얻을 수 있기 때문이다. 위빠사나를 수행할 때 그 수행 절차와 기법을 철저히 이해해야 한다. 또한 인내심을 가지고 팔정도라는 힘들이 동시에 일어날 때까지 알아차려야 한다. 그렇게 도달한 궁극의 자리에는 모든 고통이 완전히 사라져 영원한 행복인 닙바나만이 변함없이 지속된다. 그것은 금생에 오지 않을 수 있다. 금생이 끝나는 순간까지, 그리고 그 후에도 어느 전생부턴가 걸어왔던 그 길을 나는 지금 가고 있다. 영원한 행복과 영원한 자유를 얻고자….

사두 사두 사두.

- 제6부 -

노인은 달린다

그림도 그리고 북도 치고, 노래도 부르고 춤도 추고,
글도 짓고 연주도 하고, 몸을 위해 운동도 하고,
나를 위해 수행도 한다.
즐기고 싶고 살고 싶어서 저절로 항상 New Start다.

나는 고소공포증 환자다

"야! 너 지금 뭐해! 정신 차려 임마!!" 내 등에 업힌 전우 김종수의 다급한 비명이었다. 나도 모르겠다. 정신이 몽롱하고 아무 소리도 들리지 않고 그저 온몸의 감각이 둔하고 굳어 있을 뿐이었다. 유격훈련의 막바지 코스 구난 구제 하향 횡단을 훈련하는 중이었다. 크리스마스이브 날 칼바람 부는 화순 동복 유격훈련장의 겨울은 살얼음이 얼고 살벌 그 자체였다. 절벽 바위 끝에서 전우 한 사람을 등에 업고 무릎을 편 기마자세로 절벽 위에서 내린 견인줄 하나를 두 손으로 움켜쥐었다. "하강 준비 끝." 그렇게 보고를 하면 조교의 하강 명령에 의해 "유격" 구호를 외치며 60m 절벽을 내려가야 하는데 순간 온몸이 급속히 경직되고 말았다. 재촉하고 기다려 주고 다그치고 했지만 결국은 조교가 견인줄을 끌어올리고 나는 하강 실패의 수난을 맞게 되었다. 내 등에 업혔던 전우는 다른 동료와 편을 짜고, 나는 쉼 없는 올빼미 체조로 하루 종일을 보냈다. 수시로 구조 훈련을 재시도 하건만 실패의 연속이었다. 하루해가 다 가고 강평 시간이 되었다. 조교는 나를 강평장에 들이지 않고 절벽 위에 대기시키고 절벽 아래 평지에서 교관님의 강평이 진행되었다. "추운 날 다들 수고했다. 불행히도 이번 클

래스에서 한 명의 낙오자가 생길 위기에 있다. 여러분의 응원으로 332번 올빼미가 힘을 내어 마지막 시도를 해서 꼭 성공하기를 기대해 보자. 알겠나?" "예—!"

지금 생각해 보면, 나는 고소공포증으로 고생하고 있었다. 그러나 1960년대 그 당시는 「고소공포증」이란 말도 없었다. 다만, 높은 곳을 무서워하는 겁쟁이 정도로 치부하고 말았다. 나 역시 그것이 남자답지 못하고 담력이 약하고 겁 많은 졸장부란 걸 잘 알기에 죽을 맛이었지만 방법이 없었다. 아무리 마음을 다잡고 이를 악물고 정신을 차려도 높은 곳에 서면 아예 눈앞이 깜깜하고 온몸이 전기에 감전된 듯 굳어지고 덜덜덜 떨리는 현상을 어쩌란 말인가. 여기서 낙오하면 장교 임관을 못하는 것도 문제고 저 많은 동료들에 이 무슨 창피이고 망신이란 말인가. 별 요량 없이 '발끝만 보자. 눈 감지 말고 아무것도 보지 말고 발끝만 보자.' 마음을 굳게 먹었다. 조교는 나를 절벽 위에 다시 세웠다. "준비됐습니까?" "332번 올빼미 하강 준비 끝!" 이미 통과하여 아래 강의장에 모여 있는 전체 동료들은 나를 올려다보며 함성을 지른다. "332번 파이팅!" 가슴이 울컥 뜨거워졌지만 '발끝만 보자.'를 뇌이며 부들부들 떨고 있었다. 조교가 내게 소리 지른다. "준비됐습니까? 자신 있습니까? 애인 있습니까?" "빨리 출발시켜 주십시오!" "하강!" "유격—!" 그러나 발은 떨어지지 않고…. 그러나 그때였다. 내 왼발이 아래로 내려딛었다. '그래 발끝만 보자.' 드디어 움직이기 시작했다. 90° 세운 절벽을 내가 내려오고 있는 것이었다. 아래 강의장 올빼미들이 박수를 보내고 환호를 하며 야단이었다. 그렇게 바닥에 내려온 나는 그냥 땅바닥에 주저앉아 일어서지를 못했다. 얼굴이 백지장처럼 허옇고 현기증에 도대체 일어설 수가 없었다. 내 짝이 달려들어 내 양 팔다리를 주물러 주었다. 그렇게 그날은 어렵사리 하루를 견디고 나니 교관과 조교에 미안하고 100여 명 동료들에게 미안하고 고마웠다. 다음날은 그 악명 높은 하향 횡단 훈련이 있는 날이었다.

건너편 산꼭대기에 매어 놓은 밧줄에 도르래를 걸고 대략 30° 경사를 급속으로 미끄러져 내려오다가 아래 강물에 도달하면 즉시로 도르래를 놓아버리고 강물 속으로 꼽히듯 잠수하는 것이다. 도르래를 일찍 놓게 되면 강물에 도착 전에 땅에 떨어져 죽을 것이고 너무 늦게 놓으면 강물을 넘어 반대편 절벽에 부딪혀 죽을 수 있는 상황이다. 어쨌든 내려오면서 아래 대기 중인 조교의 깃발을 보고 있다가 깃발을 내리면 도르래 손을 놓아야 하는 것인데 눈발이 심하게 휘날려서 천지가 하얗다 못해 아무것도 안 보였다. 한참을 내려오니 지상의 모습이 보이기 시작하고 어렴풋이 조교 깃발이 보였다. 한 달 동안 휴일도 없는 훈련의 마지막 코스! 그것도 크리스마스 날 강행되는 하향 횡단! 강물은 1㎝ 정도 두께 살얼음이 덮혀 있는 상황에 내가 물속에 꽂힌 후 온몸에 살갗이 찢어지는 고통을 느끼는 순간 깜빡 정신이 나갔다 들었다 하는 걸 느꼈다. 동료들의 도움으로 젖은 옷이 벗겨지고 알몸에 마른 옷을 다시 입혀 모닥불 앞에 앉혀 주니 그때야 말도 할 수 있고 웃을 수도 있게 되었다. 동료들은 얘기했다. "별을 달아 준대도 이런 훈련은 다시 못 받겠다." 모두들 고개를 끄덕이며 공감을 표했다. 서로들 모르는 척 눈시울을 붉히며 스스로 위안하고 있었다. 이튿날 새벽 유격장에서 그 눈발을 헤치며 20km 구보로 천은사까지 달려가 유격훈련 수료식을 가졌다. 모두들 스스로를 위로하고 서로 서로 격려하며 눈물을 삼켰다. 도대체 나는 잘한 것이라곤 없었다. 몸을 쓰는 훈련도 이리 겨우겨우 꼴찌를 하고 보니 칭찬을 해야 할지 반성을 해야 할지 모를 일이었다.

그 후 임관하고 전후방 각지에서 군 생활을 해 오던 중, 고급 장교의 필수 교육과정인 고등 군사반 교육을 광주 상무대 보병학교에서 6개월간 받게 되었다. 큰일이 났다. 공부라면 고약한 전력이 있다. 초·중·고교 시절 공부 성적이 항상 꼴찌에서 두 번째였다. 중학교를 졸업할 때도 영어로 내 이름을 쓰지 못했다. 고교 졸업 때도 삼각 함수를 몰랐다. 대학 시험을 준비할 때는 석 달 동안 학원을 다니며 중학과정부터 다시 배워서 학교를 갔다. 고등 군사반 교육은 95%가 이론교육이며 수료 후 본인의 희망에 따라 전속시켜 준다는 특전이 있었다. 어쨌든 숙명이라 생각하고 목숨 걸고 욕심을 부렸다. 6개월간을 보병학교에서 8시간 교육받고 집에 오면 하루에 3시간만 자고 책상에 앉아 있었다. 중간시험 결과를 보니 내가 6등을 했다. 상상할 수도 없는 일이 생긴 것이다. 용기가 생기고 공부가 재미있어졌다. 더욱 열심히 공부한 결과 목표한 5%에 들었다. '하면 되는구나!' 뛸 듯이 기뻤다.

나는 내 고향 광주 상무대 보병학교 교관으로 근무하고 싶어 행정반에 들러 희망 서류를 제출했다. 수료식 전 날 모두 전속 명령을 받았다. 이 무슨 청천벽력인가!「특전사 제3공수특전여단」이 내 부임지였다. 즉시 행정실에 찾아가 착오였기를 기대하며 확인해 봤으나 착오는 아니었다. 내막인즉, 국가에서 최근 공수부대 확충을 위해 3개 여단을 창설하는 중이며 3천명의 공수요원 확충이 필요한데 특히 최근 고등 군사반 졸업생 중 우수학생 20%를 무조건 공수부대로 유입한다는 것이다. 나의 고등 군사반 클래스에서 1등부터 24등까지 24명 모두 특전사였다. 내가 공수부대를 가려고 눈깔 빠지고 허리 부러지게 공부한 셈이 된 것이다. 운도 없고 재수도 없고 팔자도 더럽다는 표현이 딱 맞는 것 같았다. 고행의 길을 걷듯이 서울 거여동을 찾아갈 수밖에 없었다.

나는 3공수여단 예하 팀장의 직책을 받고 공수훈련에 투입되었다. 특전요원이 갖추어야 할 능력을 구비하기 위한 전투 기술은 실로 다양하고 특이해서 위험하기도 하고 흥미롭기도 하지만 고달프고 어렵기도 했다. 폭파, 통신, 의무, 정보작전 등등이지만 그 중 시급한 것이 공중침투를 위한 공수훈련이다. 4주간의 특전 훈련 중 마지막 4주째 훈련, 그것이 문제였다. 막타워(뛰어내리는 탑)훈련과 실제 비행기 비행 중 낙하산을 메고 뛰어나와 낙하산에 의해 지상에 낙하하는 훈련이 그것이다. 훈련장에는 두 개의 막타워가 있는데 그것을 바라보는 피교육생들에겐 공포와 두려움의 대상일 수밖에 없다. 나는 겁을 먹을 것 같아 아예 위를 쳐다보지도 않았다. 그 옛날 유격훈련에서 겪었던 고공의 공포를 어찌 잊겠는가. 막타워 훈련 날이 다가오자 나의 정신과 온몸이 마비되는 듯한데 동료 한사람이 내무반에 들어오며 흥분하여 외쳤다. “야! 큰일 났다. 내가 지금 막타워에 살짝 올라가 봤는데 아래를 내려다볼 수가 없어! 장난 아냐! 큰일인데 이거!” 호들갑 같은 엄살을 피웠다. 33피트 높이가 인간에게 가장 큰 공포를 느끼게 하는 높이라는데 그 막타워가 33피트 높이란다. 안 그래도 겁에 질려 있는데 그 동료의 행동은 얄미울 뿐이었다. 이 훈련을 통과 못하면 어찌 될까? 공수 요원이 불가함으로 육군본부에 장교 재분류 심사를 실시해서 전역 조치가 된다는 것이다. 그야말로 백척간두에 서게 된 것이다. 이제 진일보할 차례이다. 절체절명의 순간에 방법이 없다. 다만, 나의 요결 「발끝만 보자」를 되뇌이며 아침 일찍 우리는 훈련장 막타워 앞에 정렬하였다. 지체되고 있는 훈련이 의아한데 여군 공수단의 막타워 훈련을 먼저 하게 되니 우리는 견학하며 대기하는 거란다. 특전사에 여군공수 1개 소대가 있는데 그들이 오후에 비행기 타기 전에 막타워에서 한 번씩 워밍업을 하고 간다는 것이다. 이내 도착한 군 버스에서 20~30대

베레모를 쓴 젊은 아가씨 열댓 명이 내렸다. 우리는 눈이 휘둥그레져서 도대체 어찌된 황홀한 눈 호강인가 싶어 침을 꼴딱거렸다. 그들은 일사불란하게 움직여 잠깐 몸 풀기 PT 체조를 하더니만 거침없이 막타워에 뛰어오르더니 지체 없이 두 눈을 똑바로 뜨고 아래 교관을 바라보며 "공수!"를 외치며 뛰어내린다. 10여 명 전원이 연속으로 두 번씩 줄지어 뛰어내리는데 30분도 채 걸리지 않았다. 순식간에 정리하고 버스를 타고 흙먼지를 날리며 사라져 버렸다. 우리는 넋이 빠져 그냥 멍 때리고 있을 뿐이었다. 세상에! 여자들이! 우리의 구시대적 사고가 깨지는 순간이었다.

교관 조교의 벼락같은 호령에 화들짝 정신을 차리고 PT 체조에 들어갔다. 내 순서가 되어 막타워를 올라가는데 목재 계단이 흔들흔들 삐걱대는 것이 저승 가는 것처럼 무서웠다. 어찌어찌 꼭대기에 올랐으나 뛰어내릴 탁 트인 공간을 앞에 두고 설 수가 없다. 구석에 쪼그리고 앉아 일어서지도 못하는 나를 바라보는 조교의 얼굴이 염라대왕 같았다. 육군 중사 앞에서 대위가 이거 무슨 꼴이란 말인가. 그러나 굳어버린 온몸을 어찌할 수가 없었다. 30분가량을 실랑이를 벌이다가 결국은 포기하고 계단을 내려오고 말았다. 다른 동료들은 막타워를 뛰어내리는데 나는 PT 체조만 하고 있다. 휴식시간이 되어 양지바른 언덕에 모두 모여 앉아 담배를 피우거나 한담들을 나누고 있는데 나는 속 터져 살 수가 없고 모두들 나를 비웃고 조롱하고 있는 것만 같다. '발끝만 보자는데 그게 안 되냐? 유격훈련 때는 됐잖아! 용기를 내보자! 해야 한다!' 나는 벌떡 일어나 소리쳤다. "여러분! 여러분을 존경합니다. 여러분 중에 막타워에서 옷에다 오줌 싼 사람 있습니까? 나는 오줌 쌌습니다!" 좌중이 순식간에 무거운 침묵이 흘렀다. 나도 오줌 싼 줄을 몰랐는데 막타워에서 계단으로 내려오는 나를 보고 모두들 쑥

덕대는 걸 보고 난 알았다. 막타워에서 조교가 지휘봉으로 내 궁둥이를 꾹 찔렀을 때 싸고 말았던 것이다. “제가 죄송해서 노래 한 곡 부르겠습니다.” 그동안 군대 생활을 하면서 무수한 오락시간이나 행사에 불려 나가서 초청받고 했지 스스로 노래 일발장진은 처음이었다. 훈련할 때 기어들어가던 목소리가 한을 풀듯이 터져 나왔다. 「산에 산에 꽃이 피네. 들에 들에 꽃이 피네. 꽃이 피면 새가 울고 님이 잠든 무덤가에 너는 다시 피련마는 님은 어이 못오시는가~」 일절 노래가 끝나자 박수 함성이 훈련장을 울렸다. “당연히 앵콜송을 부르겠습니다.” 「이 몸이 떨어져서 어디로 가나. 이제는 뛰어야지. 정든 가지를. 바람이 나를 몰고 멀리 가면은~」 막타워에서 떨어지지 못하는 이 몸뚱어리를 저주라도 하듯이 애절하게 불렀다. 막타워를 잘 뛰는 동료들도 막타워가 즐겁지만은 않는 듯 공감해 주는 눈치였다. 나는 발끝 보기 작전을 성공시켰다. 오후 교육이 끝나갈 무렵 나는 다시 막타워에 오르고 뛰어내렸다. 군화 끝을 찡그리고 바라보던 나의 눈동자는 아래서 올려다보고 있던 교관의 눈과 마주치는 걸 느꼈다. 교관은 합격을 외치며 자기 일처럼 좋아했다. 네 번을 합격해야 하니 나만 연속으로 뛰는데 그 뒤로 8번을 뛰어 네 번을 성공해 합격 판정을 받았다. 교육시간은 나 때문에 예정보다 40분이나 늦게 끝났다.

성취감과 함께 밀려오는 미안함과 자괴감이 그저 힘겨울 뿐이었다. 그러나 어쩌랴. 스스로 위로하며 스스로 격려하며 하루 교육을 끝내고 내무반으로 돌아오는 길에 하염없이 흐르는 눈물을 주체할 길 없었다. 먼 훗날 내가 이 눈물을 회상할 때 어떤 기분일까 하는 생각을 했다. 그렇게 스스로를 다지며 내일부터 하루 한 번씩 4일간 네 번의 실제 비행기에서 실제 낙하산을 타야 했다. 동료들에게 들은 대로 저녁에 새로운 속옷을 준비하고 깨끗이 목욕을 하고 일찍 잠을 청하지만 피곤한데도 명일 거사 땜에 쉬 잠들지 못했다. 만일 잘못되면 죽는 건 죽는 거고 죽은 시신을 현장에 많은 사람들이 볼 텐데 팬티와 러닝셔츠가 후지면 창피하니까 몸이 더러워도 창피하니까 목욕을 꼭 하고 속옷을 정갈하게 하는 것이 징크스를 피하는 전통처럼 되어 있는 듯했다. 마치, 죽으러 가는 사람처럼! 별별 생각이 다 들지만 그저 묵묵히 내 일을 준비했다.

첫날은 「씨누크」라는 큰 헬기에 40명 정도가 타고 점프에 나섰다. 하늘을 나는 비행기에서 뛰어내리는 것이다. 안 그래도 모두 다 겁에 질려 긴장 일색으로 제정신이 아닌데 내 앞줄에 있던 한 장교가 뛰어내려야 할 순간 마스타(지휘자)의 비상 낙하산 줄을 잡고 놓지 않는다. 조교 4명이 달려들어 그 주먹을 펴려 하지만 초인적인 괴력을 당할 수 없어 낙하가 중단되었다. 결국 비행기가 낙하 현장을 벗어나서 다시 돌아 선회하게 되었다. 뛰지 못한 그 장교는 비상 낙하산 줄을 잡은 손바닥이 칼로 난도질을 한 듯 갈기갈기 찢겨져 피가 낭자했다. 뛰어내리는 순간 대부분 주춤하기 마련인데 보통은 조교나 교관이 밀어내거나 발로 차는 일이 허다 하다. 나도 뛰어내리긴 했으나 내가 어떻게 했는지 기억이 없고 뛰어내리는 순간의 큰 충격은 금방 사라지고 순간 온 세상이 무덤처럼 조용한 것에 놀랐다. 행여 이 순간 내가 죽어서 이처럼 고요한 것 아닌가 하는 생각을 했다. 사방을 살펴보니 머리 위에는 낙하산이 멋지게 천막의 지붕처럼 펼쳐져 있었다. 내 몸은 내가 의도적으로 하지 않았는데도 교육받은 대로 자세를 취하고 있음을 확인했다. 순간 교육의 중요성을 실감하며 아래로 지상을 바라보았다. 1,590피트에서 시작돼 초속 8m 속도로 낙하하고 있는 나 스스로가 대견했다. '아! 내가 해내고 있구나.' 좌우 낙하산 줄을 조정하여 이동을 시도해 보며 내가 착지할 지상 위치를 관찰하고 있었다. 아, 여기서 무얼 해야 할까. 아무런 생각도 나지 않는다. 그저 점점 다가오는 지상을 내려 보고 있을 뿐. 하늘 높은 곳이 이렇게 고요하다는 사실을 몰랐다. 이제 신물 나게 반복해 훈련했던 착지를 해야 한다. 그 접지에서 허리 다치고 다리 부러지는 경우가 너무 많기 때문에 마지막으로 긴장해야 한다. 한순간이다. 조심하고 조심해서 배운 대로 접지해야 한다. 땅이 나를 향해 달려온다. 10m, 5m, 3m. 하이쿠! 꾸당쿵! 나는 나동그라졌다. 정신을 차려보니 나는 땅에 누워 있고 파란 하늘이 위에 있었다. 착지가 되었다. 아픈 데 없는가. 이때 어디든 통증이 있다면 그건 부상이다. 일단 살아있고 아픈 데가 없다. 손을 움직여 보고 발도 움직여 본다. 괜찮다는 생각이 들면서 나도 모르게 벌떡 일어나 머리 위쪽으로 뿌려져 있는 낙하산을 신속히 수거해서 집결지를 향해 뛰기 시작했다.

집결지에는 버스와 트럭이 대기 중이었고 고생한 우리를 위한 막걸리 파티가 준비되어 있었다. 내가 도착했을 때는 이미 꽤 많은 동료들이 달려오는 나를 환호로 환영해 주었다. "너는 알철모에다가 많이 묵어 부러라!" 내가 그렇게 인기가 많은 사람인지 몰랐다. 하기야 막타워에서 그 고문관 짓을 다하고 우세란 우세를 다했건만 그래도 결국은 여기까지 해냈고 자청 노래를 불러 공감대를 이뤄 준 탓이었겠다. 김영복, 천행무 같은 친구들은 그저 눈물만 글썽이며 나를 맞아 주었다. 철모에 화이바를 빼내고 알철모에다가 막걸리 한 바가지를 부어 내게 불쑥 내민다. 무던히도 목 타고 배고픈 내게 내민 그 알철모를 두 손으로 거머쥐고 단번에 쉬지 않고 다 들이켰다. 막걸리가 아니라 청량한 생명수를 마시듯. 내 일생에서 막걸리를 이리 맛있게 마시기도 처음이고 막걸리 맛을 못 느끼고 마시는 것도 처음이었다. 김치 가닥에 돼지고기를 씹는 황홀함은 무슨 행복인가? 어떤 동료는 고리타분한 술맛을 더 자극적으로 즐기기 위해 신고 있던 군화를 벗어 그 속에 막걸리를 부어 디립다 마셔대기도 했다. 그날 점프는 1명 실패 외에 안전사고 없이 진행되었다. 집에 오는 두 시간 동안 집사람이 그렇게도 보고 싶었다. 살아왔다고, 해냈다고 자랑하고 싶었다. 집에 오니 아내는 다음날 입을 속옷을 잘 챙겨두고 있었다. "잘하고 올 줄 알았어!" 퉁명스러운 한 마디로 아내가 상냥함의 극치를 보인다.

이튿날은 C-123 전투수송기 탑승이다. 훨씬 겁나고 두려운 상황이다. 어제의 경험이 있으니 좀 나으려니 했는데 천만의 말씀이다. 선배들의 말에 의하면 뛰면 뛸수록 무서운 것이 낙하산 점프라는 것이다. 날고 있는 비행기 안에서 이제 걸어 내려갈 수는 없다. 죽어서라도 낙하산을 타고 내려가야 한다. 그러니 살아서 낙하산을 타고 내려가야 한다. 해보자! 내가 이기나? 누가 이기나? 세월 지난 지금도 나는 아직 나를 이기지 못하고 있다고 생각했다. 세월 흐르고 언젠가 가족들과 함께 놀이공원엘 간 적이 있었다. 나는 공수부대 출신이니까 청룡열차며 직승구조물, 그네 등 펄펄 날 줄 알았다. 나는 그날 목마 하나만 탔다. 그것도 두 손으로 목마 기둥을 꼭 부둥켜안다시피 하고 속으로 벌벌 떨면서 즐겁게 탄 적이 한 번 있었다. 그때도 고소공포증은 나아지지 않은 것 같았다.

뜀박질

내 나이 일흔이 되던 해 봄날 평소 존경하던 홍대 출신의 조각가 최정미 작가와 함께 서귀포 학생문화회관에서 2인 전시회를 가졌다. 전시회가 끝나갈 무렵 우연히 전시장에 들렀다는 손님을 맞았다. 제주대학교 학군단장이신 중령 박하서 님이셨다. 박 중령은 군인답지 않게 문화예술에 관한 관심과 흥미가 많을 뿐 아니라 우리 전통이나 고전예술에 대해서도 상당히 박식한 상식을 갖고 계셨다. 그분이 내게 특별한 제안을 하셨다. 자기 학교의 학군단 학생이 200여 명인데 그들에게 우리의 전통예술에 대한 특강을 해 달라는 것이었다. 나는 자신이 특강 경험이 많다면서 흔쾌히 수락하였다. 특강 날짜가 정해지고 장소와 강의 참석자를 정하고 난 후 학군단장은 특별히 양해를 구했다. "선생님 강의를 꼭 듣고 싶다는 학부형 한 분이 계시는데 그분을 참석시켜도 될까요?" "예! 좋지요!" 그날의 강연장은 300명 정도 수용할 수 있는 대강당이었는데 맨 뒷줄에 단장님을 비롯한 간부들과 교수님들을 포함 일반인들도 눈에 띄었다. 특히 내 강의를 듣고자 했다는 분도 계시려니 하며 "저도 예전에 장교로서 여러분이 받는 훈련을 받은 바 있어 추억이 새로워지며 감회가 깊다."는 얘기로부터 시작된 강의는 논스톱으로 120분이 넘어서 끝이 났다. 단장실에 모여 앉아 그 학부형이란 분과 정중한 첫인사를 나누었다. "평소 선생님에 대해 매스컴을 통해 잘 알고 있었는데 찾아뵙고 싶었습니다. 제 아들이 학군단 학생인데 선생님 특강이 있단 말을 듣고 학군단장님께 부탁드려 오늘 뵙게 되었습니다." 단장실을 나오면서 그 학부형은 "학교 앞 카페에서 저하고 단둘이 차 한 잔 나누시지요." 특별히 할 얘기가 있나보다 하고 자리를 같이 했다. 그분은 한의원을 운영하는 한의사였다. 그분은 앞으로 자기가 할 일이나 비전에 대한 얘기를 꺼내 놓는데 어찌나 흥미롭고 진지했는지 질문과 대답이 서로 끊이질 않아 두세 시간은 족히 대화를 나눴을 것이다. 결국 며칠 내에 그 손 원장님이 운영하고 있다는 치유의 숲 한의원을 찾아가기로 약속하고 헤어졌다.

일주일 후 저지리에 있는 한의원을 방문했다. "진작 오실 줄 알고 기다렸는데… 왜 이제야…." 기다렸다며 반가워해주신다. 사모님 역시 한의사인데 부부가 손수 준비한 저녁을 먹은 후 조촐한 술자리를 가졌다. 그날은 바로 12월 말일 망년회의 밤이었다. 새벽까지 술자리가 계속되고…, 수없이 많은 얘기와 약속이 이루어지고 손 원장은 나의 주치의가 되었다. 한두 시간 눈을 붙이고 새해 첫날 새벽에 다시 모여 새벽 뜀박질이 시작되었다. 손 원장은 한의사이면서 마라톤의 절대 신봉자였다. 실력 또한 프로 중에 프로였으며 더 나아가 인간의 모든 병이나 건강 문제를 운동으로 치유할 수 있다는 이론이 학술적으로 확립되어 있는 최고급 지식인임을 알게 되었다. 이런 분을 알게 되어 나는 횡재를 했다는 생각이 들었다. 저지오름의 새벽은 신선하고 명쾌한 기운이 가득했다. 40분간의 뜀박질은 오락이나 레크리에이션을 즐기듯 행복했다. 간밤의 과도한 음주와 부족한 잠으로 인한 피곤함은 온데간데없고 종일토록 지루하거나 피로하지 않았다. 여느 때 같으면 두통과 어지러움과 숙취로 시달릴 게 뻔한데 신기할 지경으로 심신이 가볍고 맑았다.

이튿날 아침 평소처럼 7시쯤 일어나 간단한 체조를 하고 내가 살고 있는 숲속 움막에서부터 높은 곳을 향해 숲길을 손 원장께 배운 대로 가만가만 가볍게 뛰기 시작했다. 내 움막 뒤 오솔길을 따라 두 개의 작은 개울과 앙증맞은 두 개의 언덕배기를 타고 선돌선원 뒤편을 비켜 안고 올라가면 곧 선돌이라는 입석대에 다다른다. 그 석불에 간단한 예를 드리고 뛰어 올라갔던 그 길을 다시 되돌아 움막에 도착하니 딱 40분이 걸렸다. 정리체조를 한 다음 개울에 아담처럼 훌렁 벗고 냉수마찰을 하고 나니 신선이 따로 없고 스스로 신선이다. 움막에 앉아 따뜻한 차 한 주전자에 바나나 한 개로 아침식사를 대신하고 나면 온몸에 생명수가 고이는 듯 황홀할 뿐이다.

매주 한 번 한의원을 방문하여 상황을 보고하고 구두처방을 받고 건강, 과학, 경제, 사회, 정치 문제까지를 주제로 밤을 지새우며 토론하고 가벼운 음주를 즐긴다. 이렇게 하기를 2년이 지나는 동안 손 원장은 나에게 마라톤 대회에 출전하기를 수도 없이 주문하고 권유하고 강요했다. 이 나이에 내 건강이나 유지하면 됐지 무슨 대회 출전이냐고 흘려들었는데 극구 강요하시는 바람에 10km 대회에 출전하게 되었다. 내심 걱정되고 두려웠지만 막상 치르고 보니 너무 쉽고 간단하고 싱거울 지경이었다. 거의 2년을 그야말로 하루도 빼지 않고 아침마다 한 시간씩 산길을 뛰었다. 눈이 오는 날은 상관없지만 비가 와서 곤란한 날에는 시내 생활체육관에 가서 러닝머신을 한 시간씩 뛰었다. 2년 동안 아침마다 한 시간의 뜀박질은 내 몸을 바꿔 놓았다. 2년 전만 해도 내 몸은 무릎관절 때문에 두 시간 이상 등산을 못했고 허리 디스크가 있어서 오래 걷거나 앉아 있지도 못했다. 오십견이 있어서 팔을 휘

두르지 못했고 사시사철 몸살감기를 끼고 살았다. 입속이나 콧속은 수시로 헐고 염증이 심해 항상 칫솔질을 싫어했다. 다리나 팔에는 가려움증이 상존하고 발바닥이나 발목이 아파서 절뚝거릴 때가 많았다. 저혈압에 약간의 당뇨도 있어서 항상 피곤하고 항상 기력이 없는 한 마디로 움직이는 종합병원이었다. 이러한 증상들이 서서히 사라지더니, 이젠 아픈 곳이 없다. 아픈 곳이 없으니 매사가 능동적이고 생활이 즐거워졌다.

10km 마라톤을 뛰어본 후 용기를 내어 20km 하프코스에 도전했다. 역시 별로 지치지도 않고 그냥 쉽게 끝이 났다. 욕심이 생겼다. 내 평생에 마라톤 완주란 기록을 남겨보는 것도 자랑스러운 일이 아니겠는가. 용기를 내어 일흔 한 살의 나이로 춘천국제마라톤에 손 원장과 함께 출전을 했다. 두근거리는 긴장과 해내고 말겠다는 각오가 뒤엉키며 대역사를 치르게 되었다. 42.195km 완주에 당당히 성공했다. 그러나 기록은 아쉽게도 제한 시간을 넘은 6시간 25분이었다. 완주에 만족하자 하면서도 제한 시간 안에 들어오지 못한 아쉬움 때문에 결국 또다시 도전하기로 맘먹었다. 이듬해 일흔두 살 나이에 제주국제평화마라톤대회에 손 원장과 함께 출전했다. 목표는 6시간 안에 들어오는 것이었다. 저번 춘천대회 때 기록에서 25분만 앞당기면 되는 것이다. 손 원장은 나를 훈련시켰다. 대회를 3주 앞두고 장거리(30km)를 주 1회씩 뛰게 했다. 힘은 들었으나 그런 훈련을 무난히 소화할 수 있었다.

드디어 대회 날! 컨디션은 그런대로 괜찮았다. 물론 전날 밤 긴장으로 잠들지 못해 2시간 정도 밖에 못 잤던 것 같다. 수면은 충분하지 않았으나 아침밥을 충분히 많이 먹고 마지막일지도 모르는 출전을 했다. 생각보다 힘들었다. 내 앞을 차고 나가는 사람들이 너무 많아 이번에도 실패일까 하는 불안이 고통으로 다가왔다. 30km 지점을 통과할 때는 포기하고 싶은 생각이 굴뚝같았다. 남은 13km를 도저히 이 속도로 갈 수 없을 것 같았다. 배는 고프고 허리 아래쪽이 거의 감각이 없이 무거웠다. 주저주저하며 뛰던 끝에 10km가 남았다는 푯말을 보았다. '벌써 3km를 뛰었나?' 하는 의구심이 들면서 '할 수 있겠는데!?' 하는 마음이 생겼다. '조금만 더 견디다가, 쓰러질 작정으로 최선의 질주를 해보자.' 마음을 단단히 하며 어금니를 깨물었다. 드디어 5km가 남았다는 푯말을 보았다. 나는 모자를 뒤로 재껴버리고 긴 머리를 날리며 있는 힘껏 속도를 내었다. 100m 달리기를 하듯이 최선의 힘을 한꺼번에 쏟아부었다. 죽어라고 달렸다. 온갖 인상을 다 쓰며 판소리의 클라이맥스 고개를 넘듯 달려 도착점을 통과했다. 5시간 25분쯤이 나의 기록이었다. 나는 해냈다. 성공한 것이다. 목표시간을 35분이나 초과 달성했으며 작년 춘천 기록에 비해 60분이나 앞당기는 기염을 토했다. 눈물이 났다. 그런데 아쉬웠다. 5km 남은 지점 말고 10km쯤 남은 지점에서부터 전력 질주를 했어도 괜찮은 체력이란 걸 지금 느끼면서 눈물을 흘리며 웃었다. 내 나이에 나의 기적을 나는 이룬 것이었다. 손 원장은 자기 일처럼 축하해 주었고 그로부터 손 원장은 나의 인생의 멘토이며 주치의고 우상이자 지존이 되셨다.

지금도 매일 운동을 거르지 않는다. 나의 움막에서 아침체조 후 출발하면 완만한 경사의 내리막길을 1.5km쯤 달려서 관음보살 석불을 뛰면서 알현한 후 20° 경사의 산길을 1.5km 달려 올라가면 공동묘지의 넓은 분지가 있는 곳에서 다시 1.5km를 하강하여 선덕사에 이르러 지장보살과 약사여래불, 해수관음보살상을 뛰면서 배알하고 1.5km를 다시 오르는 경사지를 달려 나의 움막에 도착하는데 매일 6km 산 숲길을 거르지 않고 달린다. 그리하여 내 몸은 건강한 사오십 대와 다르지 않음을 내 스스로 느낀다. 나이 들어 보살펴 줄 사람도 없고 필요한 만큼의 돈도 재산도 없는 신세인데 이렇게 돈 안 들이고 노력만 하면 되는 운동으로 혼자 지낼 수 있게 되었다. 남의 도움 받지 않고 수행자로서, 예술을 즐기고, 건강을 유지하며 살다가 훌쩍 떠나기를 바랄 뿐이다.

마라톤! 만능의 선생이요, 내 인생의 해결사요, 몸이 건강하니 정신 건강이 따라오고, 그래서 손경문 선생님께 감사드린다. 나의 큰 보물 뜀박질을 모든 이에게 권해 본다. 나는 올해 일흔셋이 되었는데 백발이던 머리카락을 비롯한 털들이 절반 정도 다시 검어진 것 같다. 인생을 뛰라는 표식이자 신호인 것 같다. 뛰면 몸이 튼튼해지고 몸의 면역력이 높아져서 잡다한 잔병이 침범하지 못해 건강을 유지할 수 있게 된다. 내 몸에 있는 만능 명의가 100명이 있다는 나의 주치의 손경문 선생의 말씀에 공감하며 그 명의들을 충분히 써먹을 수 있는 방법이 뜀박질이란 생각이다. 오늘 아침에도 6km를 나는 뜀박질했다.

나무 북소리

통나무로 만든 북을 처음 봤다. 한국 도량에서는 목탁을 두드려 공양시간을 알리는 데 미얀마에서는 이른바 木鼓를 친다. 직경 한 자 정도 되는 통나무를 한 길 가량 토막 내 한쪽을 길게 가름 내고 속을 대강 파내면 북이 완성된다. 이를 세워 매달고 떡매처럼 생긴 큼지막한 나무망치로 통나무 몸통을 메어친다. 장작 패는 소리와 북소리를 섞어 놓은 것 같은 둔탁한 소리가 나는데 둔탁하면서도 정감 있는 소리를 낸다. 꿍 꿍! 쿵 쿵! 리듬 또한 단순하다. 소리에 맞춰 수행자들이 1열로 공양간에 입장한다. 모양은 거칠고 단조롭지만 소리는 정겹다. 통나무 북은 하루에 두 번 운다. 통나무 북이 울리면 낭하에 줄을 서 있던 요기들이 서로 끌고 끌리듯 움직인다. 그렇게 통나무 북의 하루 임무가 끝난다.

공양을 마친 뒤 공양간을 나오면서 그는 꼭 그 나무 북을 한번 만져 보거나 주먹 끝으로 살짝 알밤을 준다. 무겁고 둔탁한 통나무 북이 작은 소리로 "드둑!" 하고 대답한다. 저걸 힌트 삼아 귀국하면 숲속의 내 움막에 멋진 조각품 겸 목고를 만들어야지…. 그는 그렇게 작은 야심 하나가 생겼다. 내가 울리는 선돌의 목고는 무슨 의미일까? 선돌에 기대어 사는 모든 생물들과 사람들의 건강과 안녕은 물론 서로 돕고 사랑하고 정을 주고받으며 멋지게 사는 것이다. 다른 하나는 선돌에 관련된 모든 일들과 모든 사람들이 어울려서 평화스럽고 행복하기를 비는 것이다. 이런 자애관의 마음이 온 우주법계에 퍼져가기를…, 쿠 국 궁!!

라디오 제보

-중략- 지난(2017년?) 10월 23일 춘천 국제마라톤대회가 열리던 날 저는 선수로 참가하여 42.195km를 죽을힘을 다해 완주했습니다. 메달을 받아 목에 걸고 숙소인 춘천시에 있는 T 호텔을 혼자 찾아가야 했습니다. 같이 간 일행들 모두 진즉 내 앞에 완주를 마치고 돌아가고 없는데 처음 가본 춘천시는 낯설 뿐 아니라 행사 때문에 산만하고 어수선했습니다. 많은 인파와 차량들로 시끄럽고 방향도 모르고 사방이 혼란스러운데 몸과 마음은 피곤에 지쳐 쓰러질 것만 같았습니다. 몇 사람을 붙들고 물어봐도 모두 나 같은 외지 사람들뿐이라 난감했습니다. 가까스로 교통순경을 붙들고 T 호텔을 가야 한다고 했더니 여기선 택시도 없으니 전방 12시 방향 큰 도로를 따라 걸어서 10분쯤 가면 경찰서가 나오는데 그 경찰서 맞은편에 T 호텔이 있다고 가르쳐 줬습니다.

다른 방도가 없어 패잔병처럼 팬티에 운동 셔츠 하나 입고 선수 번호판을 그대로 가슴에 붙이고 걷는데 춥고, 배고프고, 온몸은 땀과 비에 젖어 물에 빠진 생쥐 꼴이 되었습니다. 이를 악물고 경찰서 앞까지 갔으나 T 호텔은 없고 엉뚱한 S 호텔만 덩그러니 서 있었습니다. 인적도 없고 호젓한 그곳에 망연히 서 있다가 마침 지나가는 젊은 여자에게 "T 호텔이 어딘지 아세요?" 여자는 불쾌한 듯 나를 쏘아보더니 "이 건널목을 건너가서 찾아보세요." 아직 어린 아가씨에게 호텔을 물어봐서 예의가 아니었다는 생각을 하면서도 "아, 지금 여기 사람이 아무도 없잖아!" 속으로 변명하면서 아가씨가 가르쳐 준대로 횡단보도를 걷는데 갑자기 아까 지나갔던 그 아가씨가 나를 앞지르며 "힘드신 것 같아요…!" 하고 말을 걸었습니다. 그렇게 보였겠지요. 물에 젖어 질퍽거리는 러닝화에 팬티, 백발에 허연 수염을 달고 벌벌 떨면서 시퍼런 입술을 하고 절룩거리는 70 넘은 노인네 품이 가련하고 한심해 보였을 것입니다.

"제가 찾아 드릴게요!" 그 아가씨는 건널목을 건너 나를 붙들고 바로 앞 작은 마트로 들어갔습니다. "여기서 따뜻한 우유를 한 잔 우선 드셔요." 허기와 갈증이 심했지만 그 복장에 나는 돈도 없고 휴대폰도 없으니 마트 갈 생각조차 못 했습니다. 온열 박스에서 따끈한 우유와 쌍화탕을 꺼내 손수 뚜껑을 따 주던 친절을 덜컥 빼앗듯 하여 숨도 쉬지 않고 마셨습니다. 아가씨는 자신의 휴대전화로 114에 전화해 T 호텔이 경찰서 앞이 아니라 인성병원 옆이라는 사실을 알아냈습니다. 그리고 택시를 타야 한다면서 마트에서 나와 택시를 잡아 나를 태워주면서 운전사에게 택시비까지 건넸습니다. 나는 억지를 부려서 아가씨에게 전화번호를 받았습니다. 전화번호를 적은 쪽지를 반팔 운동복 위 포켓에 꼭 집어넣고 그 천사와 헤어졌지요.

호텔에 돌아와 몸을 추스르고 샤워하고 새 옷을 입고 동료들과 그날 일들을 지껄이며 닭갈비로 걸팍진 저녁시간을 보내며 나는 그 천사에게 전화를 할 요량으로 메모지를 찾았습니다. 없어졌습니다. 소지품을 다 뒤지고 또 뒤지고 찾고 또 찾아도 찾을 수 없었습니다. 그것은 황망하고 황당하여 미치고 팔짝 뛰다가 죽을 일이었습니다. 감사하다는 말 한마디도 전할 수 없게 되었습니다. 저는 나 자신이 이렇게도 못난 바보란 걸 실감합니다. 세상에는 가끔 너무도 아름답지 않은 사람이 있다고 그 천사님은 생각했을 겁니다. 세월 흐른 지금 잊으셨을 수도 있겠으나 아름답지 못한 누명을 쓴 것 같은 저는 못 잊고 있습니다. 어떤 사극 드라마의 여주인공이던 탤런트 이연희 씨를 닮은 그 천사의 목소리와 얼굴은 지금도 생생합니다. 아쉽고도 또 아쉬운 안타까움을 감당하기 너무 힘들어 MBC 싱글벙글쇼에 저의 이 메시지를 강석, 김혜영 님께 소원해 봅니다. "천사 아가씨! 그때 정말 감사했습니다. 정말 복받을거여…."

요양원과 움막

요양원은 자식 없는 노인이나 경제력 없는 노인들을 수용하는 시설로 노인들에 대한 박대나 학대가 실존한다고 나는 생각해왔다. 그런데 그런 시설에 대한 확실한 파악을 해볼 필요가 생겼다. 내 어머님을 그곳에 모셔야 할 상황이 올 수도 있는 형편이었다. 광주에서 잘 지내시던 어머님이 어느 날 키워준 손자들에게 쫓겨나셨다. 소요산에 칩거 중인 나에게는 말을 못 하시고 혼자 살고 계시는 당신의 언니 집에서 언니의 시종이 되어 더부살이로 얹혀사셨다. 그러다 허리를 다쳐 입원 치료를 했는데 퇴원을 하고 보니 돌아갈 집이 없었다. 나는 자식들의 처사를 꾸짖고 슬퍼하며 어머님을 제주로 모셔와 같이 살게 되었다. 그렇게 6~7년을 잘 지내셨다. 허리병 후유증으로 처음엔 대소변을 받아내야 하는 상황이었으나 며느리의 지극정성으로 어머님은 완전히 회복하시고 건강하게 지내셨다. 그 후 서서히 치매가 오기 시작하더니 급기야 대소변은 물론 의사소통마저 곤란해지고 말았다. 부인의 고생도 이만저만이 아니고 본인도 힘드시고 집안이 엉망이 되고 말았다. 잘못하면 내가 이혼 당할 수도 있겠다 싶어 부인에게 찍 소리를 못하고 사는데 그도 한계가 있지 해결책이 되지는 않았다.

그때부터 백방으로 요양원에 대한 공부와 정보 수집에 나섰다. 평소 생각했던 요양원에 대한 나의 편견을 바로잡고 서귀포시에 위치한 원불교 요양원이 그 중 훌륭하다는 여론에 따라 그곳을 낙점하고 찾아가서 상담했다. 시설을 둘러보고 입소해 있는 노인들을 살펴보았다. 생각처럼 나쁘지 않았다. 환경은 청결하고 정숙하며 음식은 정갈했다. 목욕 실태, 화장실, 외출, 산책, 운동, 오락 등등 일과와 관리 시스템도 잘 짜여 훌륭했다. 내가 들어가서 살고 싶을 정도였다. 간호사, 요양보호사들이 노인들을 대하는 태도나 표정이 친절하고 정스러웠다. 자손이 아무리 효자라고 해도 부모를 24시간 그렇게 돌봐줄 수 있겠는가. 그런 곳에 들어가기만 한다면 그곳이 바로 천국일 것 같았다. 입소하기 위해서는 몇 가지 조건이 있었다. 3급 이상 장애 판정을 받아야 하고 요양원 정원이 18명인데 현재 정원이 차서 빈자리가 생길 때까지 기다려야 했다. 그러나 지금 꼭 입소해야 한다면 같은 원불교 교당인 함덕 요양원에 자리가 있으니 주선해 주시겠단다. 얼마나 감사한 노릇인가. 됐구나 싶어, 어머님을 모시고 병원을 찾아 진단을 받고 3급 장애 판정을 받아 결국 함덕 원불교 요양원에 입소하게 되었다. 그동안 대소변 처리, 식사 관계는 아내가 챙겨 드리고 목욕은 방문목욕 서비스로 한동안 해결해 왔으나 놀아주거나 외출하거나 병원을 다니며 약 먹이는 일 등 점차 집안에서 감당하기가 버거워짐에 따라 요양원을 택하게 된 것이다. 어머님을 요양원에 모셔드리고 헤어져 돌아오는 길에 운전이 힘들 정도로 우울한 감정을 참느라 힘들었다. 소리내어 흐느끼는 부인을 보니 그간 수고한 아내가 더욱 고맙고 미안할 뿐이었다. "당신 고생했네." "자주 들여다봐야지요!" 내 부인은 그런 여인이었다.

그로부터 1년 후 원불교 서귀포 요양원에 자리가 생겨 어머님을 함덕에서 서귀포로 모셨다. 서귀포 요양원에서 벌써 4년째 계시는데 그동안 더욱 쇠약해지셔서 지금은 침대와 휠체어에 의존해 계시고 말씀도 못하시고 나를 알아보지도 못하신다. 중치가 막히고 맥이 빠진다. 매주 월요일 오후 2시 원불교 법회 때면 어머님은 휠체어에 타고 나하고 나란히 앉아 법회를 보는 한 시간 동안 손을 꼭 잡고 계시다가 법회가 끝나면 3층 어머니 방으로 모신다. 침대에 눕혀드리고 돌아올 때면 나를 미워했던 어머니! 이제 내게 욕을 못해서 얼마나 속 터질꼬? 자기 자식은 밉게 키우고 남의 자식 둘과 손자 손녀 셋을 자기 자식처럼 키워내시고도 그 누구에게도 효도를 받지 못하시고 이젠 말을 잃어버린 불쌍한 내 어머니!

"다음 생에는 자식 많이 낳으시고 잘 키워서 효도 받고 호강하며 사소서. 이 자식이 못났지만 당신이 낳은 자식이니 이제라도 그만 미워

하시고 절 놓아주세요. 당신도 복이 없어 요양원 신세 아닌가요. 저도 복이 없어 70 넘은 독거노인이 되어 인적 없는 깊은 산중에 무허가 움막에서 혼자 밥 끓여 먹고 빨래하고 청소하며 삽니다. 어머니 계신 곳이 요양원이요 저 혼자 있는 이곳 움막은 저만의 요양원입니다."

| 추천의 글

기인 로천선생의 표리상동(表裏相同)

김용관
수행자 / 전 KBS 해설위원장 / 전 동양대학교 교수

로천 선생은 기인이다. 겉도 속도 기이한 분이다. 길게 기른 흰 수염과 길러 묶은 머리에 작은 귀고리가 귓불에 늘 붙어있다. 형형한 눈빛과 함께 이런 용모가 내면의 범상치 않음을 겉으로 드러낸다. 그리고 사람들은 궁금해한다. 선생의 내면세계에는 과연 무엇이 있을까?

선생의 내면세계 또한 기이하다. 특히 그가 최근 몇 년 동안 미얀마 파욱의 수행처에서 이룬 내적 성취가 그렇다. 수십 년 수행해도 얻기 쉽지 않다는 사마타 명상의 경지를 그는 불과 한 달 수행으로 이뤄냈다. 그리고 선생의 그런 진보는 아직 진행형이다.

하지만 이런 성취는 결코 우연이 아니다. 그가 살아온 삶의 역정을 돌아보면 한순간 한순간이 정진이었다. 신산이기도 할 우여곡절로 점철된 그의 삶은 여러 분야에서 작지 않은 성취들로 가득 차 있다. 나는 선생의 걸어온 길을 이 글을 통해 알게 되었고 그의 삶과 내면세계를 이해하게 되었다.

가난은 선생의 숙명이었다. 화순 너릿재 꼭대기에서 보낸 어릴 적 추억에서부터 가난과 외로움의 기억이 시작된다. 학창시절의 가난을 거쳐 가난 때문에 일찍이 직업군인이 됐다. 고소공포증을 가졌으면서

도 공수 특전대 장교의 삶을 살았다. 얽히고설킨 가족사와 젊은 시절의 로맨스 등 글의 많은 부분이 그런 삶을 구성하는 희로애락의 에피소드에 할애돼 있다. 하지만 독자들은 신산의 삶을 살면서도 그가 이룬 성취들에 주목해야 한다.

그는 중년의 나이에 늦깎이 화가로 예술의 세계에 입문한다. 그림뿐 아니라 판소리 수업에 중년 이후의 삶을 바친다. 그리고 이뤄낸다. 이 분야 상세한 성취는 책의 내용을 이루고 있어서 서둘러 요약할 필요가 없겠다. 하지만 그의 이런 성취는 피나는 정진의 산물이다. 선생은 무등산 밑에서, 또 소요산 속 작은 거처에서 홀로 예술 혼을 불살랐다. 쉼 없는 정진은 내면적 완성의 토대가 됐으리라.

선생은 지금 홀로 한라산 속 작은 거처에 머문다. 그의 하루는 정진으로 점철돼 있다. 아침마다 뛰는 산악 마라톤을 하루도 거르지 않는다. 명상수행 또한 매일의 주요 일과를 이룬다. 매년 겨울이면 미얀마 파욱의 수행처에 간다. 그렇게 수련과 수행이 쌓인다. 중년의 예술적 성취를 바탕으로 노년의 내면세계에 서서히 살을 붙여간다.

선생과 나는 수년 전 미얀마의 한 수행처에서 다시 만났다. 제주의 한 명상 모임에서 한때 교분이 있었지만 소식이 끊긴지 거의 10년 만이었다. 각자의 길을 가다 교차점에서 그렇게 다시 만났고, 지금은 또 각자의 길을 각각 가는 중이다. 선생의 오늘의 성취와 내일의 삶을 응원 드린다.

이 도서의 국립중앙도서관 출판예정도서목록(CIP)은 서지정보유통지원시스템 홈페이지(http://seoji.nl.go.kr)와 국가자료공동목록시스템(http://www.nl.go.kr/kolisnet)에서 이용하실 수 있습니다.(CIP제어번호: CIP2019024763)

로 에피소드

2019년 07월 05일 초판 1쇄 찍음
2018년 07월 10일 초판 1쇄 펴냄

지은이 _ 김대규
펴낸이 _ 나문석
교　정 _ 김옥경
편　집 _ 장상호

펴낸곳 _ 도서출판 두엄
등록번호 : 제03-01-503호
주　　소 : 대구광역시 중구 명륜로12길 21
대표전화 : (053)423-2214
전자우편 : dueum@hanmail.net

ISBN 978-89-85645-79-9 03810